HOLDING SERVE

Michael Chang

マイケル・チャン 自伝
勝利の秘訣

マイケル・チャン 著
マイク・ヨーキー 編
山形優子フットマン 訳
持田明広 監修

Forest Books

私の父母、ジョーとベティー・チャンへ

二人がいなかったら、すべては不可能でした。

その変わらない愛と支えに深く感謝しつつ……

目次

装丁＝桂川　潤

はじめに

本書の出版にこぎつけるまでに、気の遠くなるような時間が過ぎました。というのも初めて自伝の執筆を頼まれたのは一九八九年、全仏オープン優勝直後、そう、試合終了から三十分経ったか経たないかぐらいだったと思います。

もちろん「三十分」は大げさですが、国際テニス連盟が定めた世界四大大会グランドスラムの一つに、当時、男子史上最年少で優勝し一躍名をあげたとあって、メディアや世界中のテニスファンたちは、私の本の出版を強く望みました。実際、多くの出版社から「ライフストーリーを書いてほしい」と頼まれましたが、長いこと断り続けた次第です。というのも、時が熟すのを待つ必要があったからです。

ご存じのように、自伝とは歴史を変えた人物や、何らかの理由で脚光を浴びるようになった人の思いや考えをまとめた書物のことです。三十歳になったとき、もし神が平均寿命を私にも下さるのなら、これからさらに四十五年の人生が残っているはずと思いました。そう思うと、三十歳で自分の人生本を出すのはバカバカしいことです。これからの人生が、今までよりも長くなる公算が大きいのですから。

しかしながら、私のスポーツ選手としての寿命は、あと数シーズンしか残されていないのも事実でした（それさえも神の許しがあればの話ですが）。選手生活の終盤戦を迎え、新たな人生の章を開く前、つまりプロテニス選手引退前に、自分の思いを今こそ記録に残すことが必要と思うようになりました。本書は、人生の途上での考察と言えるでしょう。

また、全仏オープン優勝当時十七歳で、自分自身についての本を書いたとしたら、つまらないものだったでしょう。もちろん、私の幼少期は恵まれたものでしたが、それまでの人生は学生生活、小学一年生のときから学校とテニスコートで黄色いボールを打ち続ける日々が続いたわけです。加えてプロテニス選手の人生とは、おうおうにして単調なものです。ほとんど全員が同じホテルに宿泊し、起床、朝食、会場への移動。控え室でウォームアップ前に三十分ほどくつろぎ、それから、いよいよ試合。その後はインタビューに応じたり、人と会ったり、トレーナーとのセッションがあったり。そして、ホテルに戻り、食事をし、休憩という具合。まさにワンパターンです。試合に負けた場合は、飛行機で次の会場へと移動して行きます。ジェット機は、私たち選手を試合会場に運ぶか、まれにあるツアーの中休みに、懐かしいわが家に運んでくれるかの、どちらかです。

本書では、自分のこれまでの選手生活をふりかえり、好調なとき、不調なときの両方に触れます。加えて、みなさんが今まで知らなかった私的な部分についても語りたいと思います。これまで少なくとも、千回以上取材を受けてきましたが、人生で一番大切なことは何かと聞かれることはまずありませんでした。ジャーナリストたちも、私の答えとは関係なしに、自分たちが書きたいことだけを書くのが常でした。もちろん、中には的を射た記事もありましたが、たいていは、やはり不十分でした。

これまで特に詳しく語らなかった自分の素顔とは、私がクリスチャンであるということです。試合が終わると決まって感謝し、神に栄光をささげる私のインタビューを、みなさんは耳にしたことがあるかもしれません。実はこれが自分なのです。華々しく活躍していた選手時代も引退後も、変わらない「本当の自分」とは、一貫してクリスチャンだということです。本書を通し私にとっての信仰とは何か、また、観客の歓声、テレビ出演、サイン会、さらに栄誉ある勝利よりも、もっと意義深いものがあることを、自分がどのように学んだのかを綴りたいと思います。私は、これまでプロテニスの道にすべてをかけて生きてきました。しかし、神の愛と導きがなかったらどうだったかと考えると、思わず身震いするばかりです。

人の人生を通して、神はご自身の計画をあらわされます。私の人生だけでなく、もちろん、あなたの人生にも神は最善の計画を持っておられるのです。この本を最後までお読みいただくなら、その計画がどのようなもので、また、私が自分の人生の次の章を、どんなに楽しみにしているかも、おわかりいただけると思います。本書を手にしていただき、ありがとうございます。

第1章　パリの春

世界中を渡り歩くテニス選手たちに共通点があるとしたら、それは「時差ボケ」でしょう。時差ボケは職業病と言うほどのものではありません。シアトル郊外にあるマーサー島の自宅に戻ったときには、私は疲れた体と神経を無理やり調整しようとして、日の出まで眠ろうとするようなことはしません。自分の体内時計を、自然調整させてやりたいからです。午前二時でも心身ともに目覚めるのなら、そっとベッドを抜け出します。

そんなときはトレーナーを着て、ジーンズをはき、履き古したテニスシューズをつっかけて、島の西側の水際が一望できるワシントン湖に面するわが家のバルコニーに出るのが常です。北には、東の方向に向かってI―九〇号線の吊り橋を渡る車のヘッドライトの白光が見えます。六車線から成るこの橋は、マーサー島をシアトルの西と、ベルビューの東に接続します。

ワシントン湖は静寂に包まれたまま。墨のように黒々とした水面は、まるでガラスでできているかのように滑らか。対岸を行き交う車が放つ光がビーズのように連なり、湖面に映ります。家の周辺がまだ深い眠りの中にある真夜中、私は一人、釣竿を手に湖の桟橋まで歩き、自家用の約六メートルあるレンジャーバスボートに乗り込みます。モーターをつけ、家から五分ぐらい離れたI—九〇号線の橋の近くにある、お気に入りの釣り場まで出かけ、エンジンを止め、静寂と平安の中に身を任せながら、おもむろに釣り糸を湖に垂れます。

満天の星がまたたく夜空を仰ぐと、旧約聖書・詩篇一九篇一節「天は神の栄光を語り告げ、大空は御手のわざを告げ知らせる」という箇所を思い出します。夜の美しさと静寂のただ中で、私は過去に引き戻されて行くのです。フランスのパリ——光の都で、一人の少年を、たった二週間で大人の男性に変えた出来事が、蘇ってくるのです。

ローラン・ギャロスでの前半戦

一九八九年五月三十日火曜日は、二週間にわたって開催される世界最高峰のクレーコート・トーナメントである全仏オープンの開催日、世界中のテニスファンたちが押しかけたその日、私は十七歳三か月と七日という年齢でした。全仏オープンの会場は、並木に囲まれたパリ郊外西、ブローニュの森の中にあるローラン・ギャロスです。第一次世界大戦下、仏空軍の英雄にちなんで命名されたアール・デコ調の会場は、フランスがデビスカップのタイトル防衛のために一九二八年に建てたものです。フランス式の正式な名前はローラン・ギャロ、一九八八年に私が初出場したとき、アメリカ人がいつの間にか間違ってsも発音し、ギャロスと呼んでいることを知りました。

その年の全仏オープンが始まったとき、私の世界ランキングは一八位でした。けれども、ジョン・マッケンロー、エミリオ・サンチェス、トーマス・ムスターの三人が怪我で出場しないことがわかると、トーナメント委員会は私を一六人のシード選手の一人にしました。（加えて私は、ピート・サンプラス、ゴラン・イワニセビッチ、ファブリス・サントロとともに十七歳未満の選手の一人でした。）

当時ローラン・ギャロスは、フランス語で「テール・バテュ」、文字どおり踏み固められた地面と言われる、滑りやすい赤いクレーコート一八面の会場でした。紅鮭色のコートは、エルメノンというフランスの村で製造されていた特別な粉砕レンガでできていました。クレーコートは、ロサンゼルス・ドジャースの、野球場内の土埃の上でテニスをするようなもの。つまり、クレーがテニスボールのはずみをかなり抑えるため、選手が強烈なサーブを打ったり、フォアハンドを思い切り打ったとしても、ボールがコートに落下した途端にスピードがかなり落ちるのです。その結果、テニスは単なる「パワーゲーム」から、忍耐力、ポジショニング、スタミナ、不屈の精神力などが試される、よりメンタルなゲームに変わるのです。コートで動く際に、バランスを崩さず、自分のショットを滑り込むようにして打つフットワークを身につけなければなりません。クレーコートに慣れていないと、バランスをとるのが難しく、まるでローラースケートを履いてテニスをするような感じといっても過言ではありません。

クレーコートが少ない南カリフォルニアで育った私ですが、少し試したかぎりではクレーはお気に入りでした。ジュニア時代を通して、二、三回しかクレーの経験はありません。それでも、強烈なサーブや強いフォアハンドよりも、むしろ粘り強さとカウンターパンチから成る自分のゲームスタイルは、ハードコートやローンコートよりもクレーコートとの相性が良いと思っていました。けれども、たかが十七歳の選手の経験は、ベテラン選手に比べれば当然、取るに足りないものだったのです。

一般的に、一九八〇年後半のアメリカ人はハードコートで育ってきたため、クレーは苦手でした。落下したときに速いままなら得点につながったボールも、クレーの性格上、減速されてしまうため、相手に簡単に打ち返されてしまうからです。二、三回コーナーに決め球を打ち込んでも、その都度対戦者が巧みにボールをふわりと浮かせて返してきたら、再び打ち返さねばなりません。強烈なサーブを打った直後に、サービスダッシュしてボレーと思っても、クレーだとボールが跳ね上がってレシーブが簡単に打ち返されてしまうので、予想外に早くボールが自分の目の前を通り過ぎて行ってしまったりするのです。白いソックスに赤い土埃がこびりつくクレーでは、これまでの考え方を変えないと痛い目にあうことになります。

当時、ローラン・ギャロスはアメリカ人選手にとって赤土の墓場と化していました。一九八九年の全仏オープンの幕開けに際し、ローラン・ギャロスを制覇したアメリカ人は一九五五年トニー・トラバートが最後で、以来、実に三十四年が過ぎていました。スタン・スミスもアーサー・アッシュも及ばなかったし、ジョン・マッケンローは一九八四年、イワン・レンドルとの決勝戦で、2セットを連取してリードしていたにもかかわらず、逆転でイワンに勝利を譲ってしまいました。キャリアの中でもっとも不本意な敗北だったことでしょう。ジミー・コナーズは準決勝に四回も進出しましたが、決勝戦進出に向けての最後の山を越えることはできませんでした。ハロルド・ソロモン、ブライアン・ゴットフリート、ビタス・ゲルレイティスは、決勝戦まで行きましたが、ゴットフリートとゲルレイティスは、ともに一方的なストレート負け（訳注　1セットも取れずに負けること）でした。アメリカ人たちは、パリで自分たちを無用の長物のように感じたため、毎年五月になると、往年の優勝者トニー・トラバートに、決まってスポーツ記者から「今年こそ、アメリカ人選手の不毛の時代は終わるでしょうか」との電話がかかってきたそうです。この毎年の電話インタビューを彼は、「私にとって春の恒例行事」と表現したほどです。

トニーが記者たちの質問に対して上手く答えている間に（「パリにおけるクレーの祝宴はない」というのが典型的な記事の見出しだった）、私が住んでいたオレンジ郡のプラセンシアから車で九十分、南カリフォルニアの砂漠にあるリゾート、パームスプリングで、私はトレーニングを受けていました。ランチョ・ミラージュの近くにあるミッションヒルズ・カントリークラブにはいくつかのクレーコートがあったうえ、ホセ・ヒゲラスという偉大なコーチもいました。

もう一人、私よりも六か月年上のピート・サンプラスという若いプロテニス選手と一緒に、ホセの指導下で訓練を受けていました。ピートとは八歳のころから一緒にプレーをし、サンディエゴのポーウェイ・ハイスクールで開かれたトーナメントで初対戦した間柄です。当時のピートは両手でバックハンドを打っていましたが、それはバックボードのように固定された、安定感のあるものでした。南カリフォルニアのジュニアテニス界は狭い社会で、ピートと私と、もう一人ラスベガスから来ていたアンドレ・アガシ、この三人はよく同じトーナメントで出会いました。中でもピートと私は年齢が近かったので、一緒に練習をしながら育ち、一時はダブルスを組んだことさえありました。私の母ベティーと一緒に地方遠征に出かけたときは、当然ピートとも一緒に時間を過ごしました。知らない土地では、知っている者同士が寄り添うのは無理もないことです。

パームスプリングのミッション・ヒルズでも、クレーテニスを熟知している一九七〇年代スペインのエースだったホセ・ヒゲラスの下で、いつものようにピートと一緒に二、三週間過ごしました。ピートも私も当時、すでにプロ入りを果たしていて、ルーキー・プロというプログラムの下、全米テニス協会（USTA）が、私たちの経費を負担してくれました。大使館用の施設の近くにあったアパートに滞在しましたが、ある日トレーニングが終わるとピートが来て、食事も一緒にということになりました。あのころはトレーニングが終わると死にそうになるくらいお腹が空きましたから、ピートは空腹を満たすためには、どこへ行ったらよいかをよく心得ていました。十七歳の男子は、そうでなくてもいつもお腹を空かせています。

母が作っていたパスタソースの匂いをピートは嗅ぎつけました。母特製のトマトソースは私の大好物です。牛肉のミンチが大量に入っていて、スパイスの香りが効いています。母は料理上手でしたが、この日ピートの嗜好が、わが家とはちょっと違うことを発見しました。

「ピート、あつあつのスパゲティを食べていかない？」と母、ピートは二つ返事で呼ばれることに。

母はパスタ用のお湯を沸かすために台所に戻りました。

十五分後に昼食ができあがり、母の「さあ、どうぞ」を合図にガツガツ。私は「母さん、すごくおいしいよ」と言いながら、ふと腹ペコのはずのピートを見やると、彼が食べていないのです。

ピートはこう質問しました。

「ねえ、ミセス・チャン、缶詰のラグーソースはないの？」

「ラグー？」間もなく母は理解しました。「ピート、これは手作りソースで、できたてでおいしいのよ。」

「同じようなソースならそれでいいんだ。でもぼくは普通のソースが好き。本当にラグーソースはないの？」

ピートと私は、ミッション・ヒルズでのトレーニングを続行しました。トレーニングが終わると、私は毎日三十分ほどジョギングをしました。すると、ジョギングの最中に足がつるようになったのです。おかしいな、なんでつるのだろう？　体調はすごく良いのに、毎回、激痛とともに足がつり、走るのをやめて、ロッカールームに歩いて戻るという状態が続きました。コーチのホセと母にそのことを報告しましたが、二人とも解せない表情でした。

ある朝、休憩時間にホセと、近づいている全仏オープンについて話し合いました。パリは何百マイルも先の遠い世界のような気がしました。

「ホセ、どうかな。優勝できる見込みはあるかな？」とやる気満々で問いかけました。今思うと本当に生意気な質問で十七歳ならではの図々しさだったと思いますが、そのときは真剣そのものでした。「近い将来はできると思う。でも、おそらく今回は無理だろう」とホセは答えました。「とにかく、一所懸命やるしかないさ」とも。私を落胆させずに励ますこともコーチの仕事の一つです。

「いや、いや、ホセ！　今年のことを聞いているんだ。なぜ今年はダメなの？」

ホセはしばらく間を置いてから、こう言いました。「今年のローラン・ギャロスでの優勝は、現実的ではない。だからと言って、この世の終わりではないよ。これから先、そのチャンスが巡ってくるだろう。」

自分の年齢からしても、全仏オープンでの優勝を期待する理由は何もなかったのですが、心の中で、パリで何か素晴らしいことが起こるような予感があったのは確かです。それが何かはわからなかったのですが、私の胸は希望と期待でいっぱいでした。休憩時間が終わってコートに戻るとき、前にもまして軽やかな足どりになっている自分に気づきました。

私は知りませんでしたが、全仏オープンが始まる前、母は父ジョーと興味深い会話をしたようです。「すごく不思議なんだけれど、なんだかマイケルが全仏オープンで優勝するような気がするの」と母が話し出し、父は驚いて「なんだって？」と反応したそうですが、母が冗談を言っているのではないことに気がつきました。

「まさか！　本当に？」

「私は真剣よ。」

「ま、楽観的な姿勢は結構だが」と父は言いました。父は母の直感を疑うつもりはありませんでしたが、息子の全仏オープン優勝なんて、どうみても現実的ではないと思ったようです。父はそのことについてしばらく考えていましたが、優勝を期待するのは度が過ぎると判断し、ひとまず考えないようにしたそうです。

ヨーロッパのバカンス

私は両親と一緒にパリに飛びました。

兄のカールは、カリフォルニア大学バークレー校の一年生の期末に差しかかっていたので残りました。カール自身、有能なテニス選手で、テニスの奨学金を大学からもらったほどです。その年はカリフォルニア大学「ベアーズ」のテニスランキング三位に食い込んでいました。一方、クレーコートでの訓練のために雇ったコーチ、ホセ・ヒゲラスも、両親とともにパリに来てくれました。彼は私にとってなくてはならない存在となっていました。

パリに着いた途端、フランスはお祭りムード一色でした。一九八九年はエッフェル塔建立百周年に当たる年だったのです。そのうえ、フランス革命二百周年、七月十四日のパリ祭に向けて、国中が湧いていました。

その一週間、両親と私は世界の別の場所で起こりつつある革命、中国のニュースを追いかけていました。四月から、北京や上海で数千人の大学生たちが「民主主義万歳」と口々に叫びながらデモを繰り返していたのです。北京の天安門広場では五万人の学生たちが警察隊の垣を破り、世界中にアピールするために、ハンガーストライキを敢行しました。その前の月には、立ちのかなければ軍を動員するとの李鵬《りほう》国務院総理の命令が出ましたが、学生たちはそれも無視したのです。

戒厳令に立ち向かい、数百人、数千人の中国人たちが天安門広場を占領し、政府への抵抗を続けました。米国の象徴である自由の女神像の張り子が広場に掲げられ、世界が固唾を呑んで成り行きを注視するなか、中国政府は、その張り子の女神像を政府への侮辱とみなしました。私たちは当然ながら、ホテルの部屋でCNNニュースに釘づけになりました。父は中国で生まれ、一九四〇年代後半に台湾に逃れ、その後に米国に移住しました。母は中国人の両親の下、インドのニューデリーで生まれました。私の家族は中国系アメリカ人ですが、親戚はまだ中国にいました。

一方、試合のほうは、くじ引きによって初戦の相手がアルゼンチンのエドゥアルド・マッソにあたりました。フランス人の審判は、私の名前マイケルを「ミカエル」、苗字のチャンを、鳴り物のゴングのように発音し、「チョング」とアナウンスしました。それでも、パリで試合に出られるだけで幸せでした。エドゥアルドがタイブレークの末に第1セットを取りました。第2セット以降は私が挽回し、6—7、6—3、6—0、6—3で勝利しました。

試合後、父が「次の対戦相手を知っているかい?」と聞いてきました。

「知らない」と私は言いながら、「ピートは勝ったの?」と尋ねました。

「そのとおり。ピートと対戦するんだよ。」

ミッション・ヒルズの砂漠の太陽の下、苦労をともにした仲間と対戦するために、一万キロ離れたこのパリにわざわざ来た格好になったことを、ピート・サンプラスが実際どう思ったかはわかりませんが、たぶん、おかしなことになったと思ったことでしょう。私自身も不思議な気がしましたが、きっと自分が勝つとの自信はありました。当時、私のランキングはすでに二〇位以内でしたが、ピートはやっとのことで一〇〇位以内に入ったばかりでした。ジュニアでは十二回か十五回対戦しましたが（私が勝つことのほうが多かった）、プロ同士としては初対戦となります。

ピートは記者団に、プロ同士の対戦だとは思わないと語りました。子ども時代からのライバルとの戦いだからです。それは、すごい挑戦状でした。南カリフォルニアで五〇キロも離れていないところに住む長年のライバル。二人の若者は常に未来のアメリカのテニス界を背負うとして引き合いに出され、そして今、そのどちらかしか勝ち進むことができないのです。

私たちの間に何か特別な思いがあることを理解したトーナメント・ディレクターのパトリス・クレール氏は、この試合を、涼しい午後のコート・セントラルで設定しました。一万六〇〇〇人を収容できるこのスタジアムは、四分の三ほどしか埋まっていませんでしたが、大きな会場にピートは気押され気味になったのだと思います。ピートらしくないミスショットを連発したので、九十分間で6—1、6—1、6—1と私が圧勝し、彼を家路に着かせました。こんなにひどくピートを負かすことは、もう二度とないでしょう。

三回戦はスペインのフランシスコ・ロイグとの試合で、六月四日が対戦予定日でした。かたや、耳に入ってくる北京からのニュースは悲惨なものでした。政府軍が出動して天安門広場を一掃したため、血が流されました。武力で、人々の新しい自発的な動きは押さえ込まれ、犠牲者は数百人にも上ったのです。

私のトーナメントに対する士気までやや下降気味になってしまったかのようでしたが、それでも予定どおり試合は続きました。フランシスコとの試合は調子良く進み、ストレートで勝ちました。はじめの三試合を勝ち進んだおかげで、ランキングは一六位に上がりました。トーナメント委員会は私を一六人のランキング上位選手の一人としてシード権を与えていましたから、私としてはその期待に応えることができてうれしく思いました。しかし、四戦目で私を待ち受けていたのは、当時世界ランキング一位、チェコのイワン・レンドルでした。イワンは、余分なものを一切排除して、淡々と試合をする強者でした。そして、相手をローラン・ギャロスの赤い土埃のように粉々にするのを楽しむ人でもありました。

試合期間中の日曜日、一日だけ休みがありました。月曜日から仕事の父は、ロサンゼルスに帰らなければならなかったので、その日は父との別れを惜しみました。父は石油会社ユノカルの重合体研究の化学者で、長い休暇が取れませんでした。忙しいのはわかっていても、私の人生最大の試合を、母の隣で父にも見守ってほしいと心から願わずにいられませんでした。

運命の日

イワン・レンドルは、このツアー最恐の選手でした。容赦してくれないうえ、不用意に甘いショットを打ってしまうと思い知らされるからです。ネットぎわで短いボールを甘く打ってしまうと、至近距離から私のボディーを狙ってボールを強く打ち込まれます。ボールが足に当たったときに、赤紫色のみみず腫れを置き土産につけられても、それはミスショットをした自分が悪いのです。厳しいボールを打っておけば、そんなことにはならなかったわけですから。テニス界では、相手をとことん打ちのめすことを「ドリリング（ドリルで穴をあけるという意味）」と言います。イワンは選手時代、多くの選手たちを「ドリリング」しました。そのうえ、テニスボールが足に命中して、ボールに印字されているロゴの"penn"（訳注　テニスボールのメーカー）が刺青のようにつくものなら、含み笑いさえ浮かべるのです。

今回の全仏オープン以前に、二度イワンと対戦したことがありますが、一度も私には「ドリリング」を仕掛けてきませんでした。その当時は、私が危険を冒してまでネットに近寄らなかったからかもしれません。私が短いボールを甘く打ち返しても、イワンは冷静に返し、正攻法で勝ちました。私めがけて打つようなことがなかったので助かりました。

イワンは私に好感を持ってくれたようです。それはたぶん、私が彼にとって脅威的な存在ではなかったからだと思います。イワンとの初対戦は一九八九年全仏オープンの六か月前、アイオワ州デモインで開催された試合でした。その試合では、実は私は補欠選手でしたが、出場予定だったボリス・ベッカーが直前に欠場したのです。ベッカーの代わりに私が出場できるのか？

プロになりたてほやほや、十六歳の私は喜んでその要請に飛びつきました。エキシビジョンだろうがなんだろうが、世界王者と対戦することは、それこそ自分の力を試す絶好のチャンスでした。必死に頑張りましたが、とてもイワンの力量には及ばず、あえて自分から仕掛けることもなく2―6、3―6のストレートで負けました。試合後、母と私は、イワンと一緒にリムジンでホテルに戻りました。

試合については無言のままでした。しかし、彼のほうから「わかってるとは思うけど、きみの今の試合のやり方だと、ぼくを痛めつけることはできないよ」と話し始めました。それからイワンは、まるで公認会計士が企業のバランスシートを分析するかのように、私の試合を評価しました。フォアハンドがまだ弱い、バックハンドのボールが短すぎる、ネットに出て来ない、サーブが甘い。「それに加えて、ぼくのほうで試合をコントロールできるから、ぼくを打ち負かせるような要素は一つもない」と意見を述べたのです。その声音には、自慢や虚勢は微塵もありませんでした。スウィート・シックスティーン（十六歳）の私の能力を、ただ公平に評価しただけでした。

そう言われても、イワンに対して怒りは湧いてきませんでした。悪意からの言葉ではなかったので、むしろ、前向きに受け止めようと思いました。イワンが世界のテニス界の最高峰に登りつめたのは、計算高く、冷静な視点による懸命な努力の成果だったからです。

このアイオワ戦の後に、もう一度、アトランタにあるハーツルーという緑色のクレーコートで彼と対戦しましたが、これはエキシビジョン・トーナメントの一つでした。このときは、満足なプレーができました。セットカウント1―1の後、第3セット（ファイナルセット）を7―5で私が取って勝利し、イワンを驚かせました。その結果はエキシビジョンなので正式な勝利とみなされませんでしたが、自分の中では自信につながりました。

今、ローラン・ギャロスでは絶好調のイワンが一六位の私を相手取ろうと待ち構えています。彼は、その年の一月に全豪オープンで初優勝、全仏オープンを迎えるまでに七つのトーナメントで六回決勝に進み、五回優勝していました。その面持ちは、負けはしないと固く決意しているように見えました。

試合の前日は休日だったので、全仏オープン八日目に向けてメディアからの注目が集まりました。「イワンは手加減をしません」と、記者会見で私は言いました。「それは彼の顔を一目見ればわかります。顔つきがそう物語っています。私を勝たせてはくれないでしょう。」力量のある選手は、相手がだれであろうと、一度負けた相手には二度続けて負けたくはありません。例えそれが、アトランタでのエキシビジョンであってもです。

数人のジャーナリストたちは、この試合が「ゴリヤテ対ダビデ」の組み合わせだと書き立てました。旧約聖書に出てくるもっとも強い巨人ゴリヤテを相手取って戦った羊飼いの少年ダビデの物語を、イワンと私の対戦に重ねたのです。まんざらではない気がしました。ダビデは小石一発でゴリヤテを倒しましたが、イワンが一発で倒れるはずがありません。サテライトのＥＳＰＮ放送のコメンテーターで元テニス選手のフレッド・ストールがよく言うように、「長くつらい一日」に向けて、襟を正して試合に臨むしかありませんでした。

アレー！ という叫び声

私たちの試合は、その日、コート・セントラルの第二試合として組み込まれました。ローラン・ギャロスは一九二〇年末から一九三〇年にかけて、四銃士と言われた往年の選手たち、ルネ・ラコステ、ジャン・ボロトラ、アンリ・コシェ、ジャック・ブルニョンと、フランステニスの栄冠をフランスに取り戻した時代を映したスタジアムとして歴史的にも有名です。設立当時の観客席は一万五六六五席もありました。（一九九八年に改造され現在の座席数は一〇〇〇〇席ほど少なくなりました。）フランスのファンたちは、テニスに精通しています。気に入らないとコートめがけて口笛を吹き、（米国では口々にブーと言いますが）あからさまに、あざ笑ったりします。気に入ると「アレー！（行け）」という叫びと拍手が、まるで意思のある生き物のようなうねりとなり、勝利に導くほどの勢いです。フランスのスポーツ界は、一九八四年の全仏オープン決勝で、ジョン・マッケンローに2セット先取された状態から巻き返して優勝し、最初のグランドスラム制覇を成し遂げる闘志を見せたイワンに対しても、温かい態度を示すことは決してありませんでした。

その後もイワンは全仏オープンで二度、全米オープン三度、全豪オープン一度の優勝を果たし、合計七回のグランドスラムでの優勝を経歴につけ加えてきました。脂が乗った二十九歳という年齢で、イワンはもっとも恐れられたプレーヤーになった半面、もっとも支持層が薄いプレーヤーでもありました。それは多分、流行のダークスーツに身を包み、派手なネクタイやスカーフを巻き、パリの有名ブティックの最新デザインを身につけるローラン・ギャロスならではの観客に向けて彼がプレーしなかったからでしょう。イワンは会場にビジネスライクな姿勢を持ち込み、だれも寄せつけず、自分の集中力を散漫にさせるようなものは、すべてシャットアウトしました。

試合当日の朝、私はホテルの部屋で、母が作ったチキンスープの香りで目覚めました。ローラン・ギャロスから車で十五分、ポン・ドゥ・セーヴルにあるホテルの一室に母と滞在していました。遠征試合をするようになった八、九歳のころから、すべてのトーナメントに同行してくれた母とは、費用節約のため、いつも同室でした。十五歳でプロ入りし、生活のために試合をするようになってからも母同伴の遠征は続き、ダブルベッド二つの一室に滞在しました。

ホテルに滞在したその二週間も、母は毎日、近くのスーパーに行っては、肉や野菜などを手に入れ、チキンスープを作ってくれました。母は本当に料理上手です。ホテルの部屋には台所もなければ、ホットプレートもないため、カリフォルニアのわが家の電気炊飯器をヨーロッパの電流二二〇ボルトでも使えるように変換し、わざわざ携帯していたのです。

母は鶏を一羽買い、きれいに洗い、炊飯器の中で丸ごと料理しました。それからスープを取り出し、今度は麺を同じ炊飯器で茹で、その中にすべてを戻すという手順で、世界一のチキンスープを作りました。このチキンスープを作るのにだいたい九十分かかります。形として目に見える母の愛でした。

「ほら、大きくならなくっちゃ」と母は言いながら、炊飯器の釜ごと私に渡します。私は対戦者よりも数センチ低い身長一七二センチ、一〇キロから二〇キロほど軽い体重六一キロと、体は小さめです。ですが食欲は旺盛で、とにかくたくさん食べました。その朝、私はスープをすすり、チキンを噛みながらも、母がとても落ち着いていることに気づいていました。母は試合の朝、いつも静かな面持ちです。そういう意味では、その朝もいつもと同じだったのかもしれません。

午前十時、コート・セントラルで、イワンと隣り合わせでウォームアップをしました。コーチのホセを相手にフォアハンドとバックハンドを打ち、ボレーも返し、サーブの練習もしました。三十分ほどボールを打ってからロッカールームに戻り、シャワーを浴びて新しいテニスウェアに着替えました。

赤と青の線が入ったリーボックのシャツと白い短パンを履きながら、父がロサンゼルスに帰る前にくれたアドバイスを頭の中で反芻《はんすう》しました。「攻撃的なカウンターパンチ」、「イワンのボールの速さを、そのまま戻せ」と父は言いました。

「わかった、バァバ。」私はいつも父のことを、中国語でお父さんという意味の「バァバ」と呼んでいます。(同じように愛情を込めて、母のことはマミーと呼びます。)

父は「バックハンドは、コートのラインに沿ってまっすぐ打ち込むように」と言いました。続けて「アトランタでは、それが効果的だったから」とも。

そうだった。何度かコートラインに沿う球をバックハンドで打ったとき、イワンが打ち返せなかったことを思い出しました。父は言いました。「イワンが一番危険なのは、ベースラインの中央から三〇センチほど左に立つときだと覚えておきなさい。そこからだと、インサイドアウト（訳注　アドコート〔コートの左側半分〕に来たボールを、バックハンドではなく回り込んでフォアハンドで、相手のアドコート側に打つショット。最近は、ラケットを体の内側から外側に向けて振るスウィング軌道を意味する言葉として使用されることが多い）で、フォアハンドの強烈な逆クロスのボールをお前のバックハンドに向かって打ち込めるうえ、ラインに沿ってフォアハンドのコーナーにも打ち込めるからだ。彼が癖のない平凡なショットを打つように仕向けなさい。動き回らせるんだ。フォアハンドを避けないように。イワンの強力なフォアハンドにボールを返すときは、バックハンドでラインぎりぎりまで深く打ちなさい。ベースラインのコーナーにイワンを追いやることができれば、フォアハンドで返してきたとしても、ベースラインの中央付近に立たれたときよりはましだ。そうなったら、ボールがどこに打ち込まれてくるのか、お前が読めなくなるからね。」

私はうなずきました。ジュニア時代のころから父の言うことは的確だったので、アドバイスを聞く耳は持っています。父は何年もの間、試合のビデオを撮り、私の対戦相手を研究し、化学者にしかできない方法で手の込んだグラフやフローチャートを作り出したのです。「最後に一つ」と父は念を押しました。「イワンはバックハンドスライスが苦手だ。彼は体から離れたボールは、チップ（訳注　スウィングするのではなくブロック気味にはじくように打つスライスショット）気味に返してくる。ショートアングル（訳注　角度をつけてボールを短めに打つこと）のボールをバックハンドに打ち込み、彼がそのボールをお前のバックハンドにチップで返してきたら、両手バックハンドでダウン・ザ・ライン（訳注　サイドラインに沿ってボールを打つこと）に強いボールを打てばいい。イワンにはサイドラインぎわで攻めるべきだ。それが、もっとも効果的なショットだよ」と強調しました。

強力で質の高いストローク力を持っているイワンと一日中打ち合い続けるのは、無謀なことだとわかっていました。自分のスピードと瞬発力を得点につなげるよう駆使しながら、父が指摘したアングルをフルに活用して、私の強みであるボールをあちこちに散りばめて打つことにかかっていました。体力的に自分より強い選手と対戦するには、相手の裏をかき、精神力を相手より持続させるしかありません。

当然のことながら、だれもがイワンの勝利を確信していました。この試合は私にとっては、ダメもとでしたから失うものは何もありません。かと言って、ただこの瞬間を〝楽しもう〟とのこのこ出て行って、イワンに打ち負かされても笑っているのは御免でした。絶対に嫌でした。勝ちたかった。アトランタのエキシビジョンですでに彼を破ったことがあるので、再度、勝つことは不可能ではないと思いました。

灰色の空の下、試合は始まりました。最初のサーブから激しい戦いが始まりました。はじめの2セットは、シーソーゲーム。けれども、デュースやアドバンテージなどの大切なポイントでは、主導権を握れないままでした。第1セット、第2セットともに、3―3、4―4まで競り合いましたが、その都度、イワンが先取していきました。さすが、世界一です。彼は自分が本当に必要なときに、自身のゲームの質を、さらに向上させることができる才能を持っていました。

はじめの2セットは4―6、4―6で私が競り負け、非常に悔しい思いをしました。けれども、まだ試合が続いていて、しかも作戦どおりにイワンを走り回らせていることは私の強みでした。マイナス点と言えば、ここまで来てしまったからには、残りの3セットを連取するという方法でしか勝てないということです。第3セットの第1ゲーム終了時のコートチェンジの際、このセットだけは取るという短期目標を立てました。世界一の選手に相対し、一方的ではなく競り合いながら2セットを取られたのだから、なんとしてでも1セットだけは欲しいと願いました。イワンとの試合を第4セットに持ち込むことができれば、ものすごく良い経験ができるうえ、多くを学べるはず。

大きな山を制覇するには、一歩一歩前進するしかないと、常に思っていました。子どものころ、山のような宿題が入ったカバンを背負って家に帰って来たときに、この方法を学びました。家の玄関に入ったとき、宿題の重みで、私の顔には「くじけてる」と書いてあったに違いありません。

その顔を見た母が「どうしたの?」と、母親ならではの優しい温かな声で尋ねました。

「マイケル、一度に終わらせることはないのよ。一番はじめにやらなければならない大切な宿題はどれなの? それをまずやっちゃいましょう。それから、ほかの宿題のことを心配すればいいのよ。」

母は忍耐強く、宿題をどのように計画的にするかを教えてくれて、何を一番はじめに手掛けたらよいかを指導してくれました。たいていは算数が先でした。算数の宿題にしばらく時間をかけ、それが終わると、宿題の山はそれほど威圧的ではなくなっていました。

今、私はイワンという名前の山を登ろうとしていましたが、試合が終わる前に頂上に達することができないのではと危惧しました。そこで、子どものころの宿題のように、とにかく一つひとつやろうと思ったのでした。

やじる声、不満の叫び

第2セットの後半からESPNが米国での放送を開始しました。東海岸では朝の九時、カリフォルニアのプラセンシアでは午前六時、まるでプレゼントが待ちきれないクリスマスの朝の小さな子どものように、父は居間に急いでかけつけ、試合の中継に見入りました。コート・セントラルは観客で埋めつくされ、フランスのファンたちが試合に興奮して、得点ごとに、時には両選手に向けて歓声を上げ、口笛を吹いているのがわかりました。

第3セットから、私のプレーは良くなってきました。テニス用語では、"impose"という言葉を使うのですが、私はイワンに対して〝威圧的に〟なってきました。グラウンドストロークを深く返すことができるようになってきたし、サーブは鋭くなり、ポイント獲得にも勢いが出てきました。それでも、わずかな差でイワンのサーブをブレイクできず、ゲームカウントでリードすることはできませんでした。ゲームカウント3—3でこのセットも激しい競り合いが続きました。はじめの2セットでは、イワンは重要なポイントをうまく押さえましたが、第3セット3—3での彼のサービスゲームのプレイクポイントで、私はどうにか、彼のバックハンドがネットに引っかけるミスを誘うことに成功しました。イワンのサービスゲームをやっとの思いでブレイクすることができたのです。これで4－3、私のリードです。

次の自分のサービスゲームをキープし、5－3となりました。第9ゲームは、イワンもこのセットを簡単には終わらせまいと気力をふりしぼってきたので、なかなかブレイクできませんでした。もしかしたら、彼のほうも私の力が発揮され始めてきたことを感じとっていたのかもしれません。三度目のデュースで、私は何とか2ポイントを連取し、彼のサービスゲームを再びブレイクして、第3セットは6－3でようやく私のものとなりました。何よりも重要なことは、第3セットをイワンのサービスゲームをブレイクして取れたことで、第4セットを私のサーブから始めることができるようになった点でした。

母とコーチが座っている観客席を私は一瞥しました。ちらっと見ただけでしたが、母がうなずき、ホセが大声で声援してくれました。イワンは、ここへ来て私のプレーが改善してきたのを感じていたはずなので、第3セットを落としたことには特に驚きはなかったと思います。これは、彼にとってこの大会で初めて失ったセットでした。私がじわじわと追い上げていることに、イワンがいらついているのを感じました。

クレーコート・テニスはショットとスタミナを試す、魅惑的なチェスゲームにも例えられるでしょう。セットカウントは1－2でしたが、精神的には互角の戦いになってきました。イワンはプレッシャーが大きくのしかかって来ているように見えました。第4セットは、私はピンチの連続でした。第1、第5、第7、そして第9の私のサービスゲームにおいて、イワンはブレイクポイントをつかんだにもかかわらず、これらのチャンスをものにできず、私は間一髪で私のサービスゲームを死守することができました。イワンは少しうろたえ始めたようでした。審判のジャッジに疑問を感じ、コートのコンディションにもケチをつけ出しました。ラケットでクレーの土を散らしながら、「このコートはおかしい」と叫ぶ場面もありました。イワンは明らかに平静を失っており、些細なことに神経を苛立たせていました。

プレーをしていれば、相手の気性を知っているならなおのこと、相手が何を考え何を感じているかが、伝わってくるようになります。試合の流れが変わったのは、私が4—2でリードの第7ゲーム、四回目のデュースで私がサーブをしたポイントでした。イワンはバックハンドでサイドラインの内側にボールを打ち込んだつもりでしたが、ライン審判がアウトとジャッジしました。

イワンは「待ってくれ」と言い、両手を差し出しながらネットまでやってきました。地面に残ったボールの痕跡を指差して、主審（国際審判員）のリチャード・イングス氏に審判台から降りて、ボールマークをチェックするように言いました。コートのサーフェスが土であるため、クレーコートだけが、コート上にボールの痕跡がはっきりと残るのです。したがって、クレーコートでは、主審が審判台から降りていってボールマークを検証し、イン・アウトを判定するのは珍しいことではなく、クレーコートのみに許された正式なルールでもあります（訳注　国際テニス連盟は、二〇〇六年からホークアイを使ったチャレンジシステムを採用するようになったが、クレーコートではいまだに採用されていない）。

どういうわけか、フランスのテニスファンたちは、プレーヤーの異議申し立てのときに嘲るような口笛を吹くのが大好きです。試合が途切れるので邪魔されていると感じるのか、それともフランスのライン審判の名誉を傷つけられたと感じるからかもしれません。いずれにせよ、選手を困らせるほどの勢いで、このときにも甲高い口笛が円形劇場にも似たコート・セントラルに響きました。

それでもイワンはあきらめずに、主審席に座っていたイングス氏に哀願しました。イングス氏はボールマークを調べたうえで、右の人差し指を下げて、「アウト」のサインを出しました。それを合図に再度鳴り出したフランス人の口笛の渦のなか、イングス氏は元の自分の席に戻っていきました。

イングス氏はフランス語のアクセントで、アドバンテージを「アド・ヴォン・タージュ・チャン」とコールしました。イワンは嫌悪感をあらわにし、あきらめずに訴え続けました。「違う！　あなたは間違えている！」と不満げに叫びました。イングス主審は、そんな言いがかりは絶対に許しません。「レンドル、規則違反だ」と英語で言い渡しました。そのうえ、これはイワンの二度目の規則違反だったので、私にペナルティーポイントを与えるとのアナウンスがあり、そのゲームでは私に1ポイントが加算されて、私がそのゲームを取ることになりました。この結果、ゲームカウントは5―2で私のリードとなりました。

こうして急に、4セット目を取れる良い状況が整えられたのです。チェンジコートの際にミネラルウォーターをちびちび飲みながら、今起きたことについて、あまり深く考えないようにしました。水は変な味がしました。ミネラルの味がすごくしたのです。それでも、水分を取らなければならないことはわかっていました。特に、決着をつける5セット目が視野に入ってきたからです。今やるべきことから手をつけねば。自分は、ほんの少しリードしているにすぎないし、イワンは追い上げようとするときのほうが危険な選手だということを、自身に言い聞かせました。

イワンは自分のサービスゲームをキープし、私とのゲーム差を3―5に縮めました。しかし、私は勢いに乗ったまま次の自分のサービスゲームをキープし、第4セットを6―3で取りました。コート・セントラルの歓声はさらに爆発的なものとなり、ESPN放送は試合を中断せずに、終わるまで中継を続けることにしました。父は、いつもなら出勤のため車を運転しているはずの時間でしたが、ローラン・ギャロスで展開される人間ドラマから、どうしても目を離すことができませんでした。

決定的な最終セット

私は生きているかぎり、一九八九年六月六日にイワン・レンドルと相対した第5セットのことを決して忘れないでしょう。あの運命の午後、自分もローラン・ギャロスに（観客として）いたと声をかけてくる人々がいまだにいます。その人たちは私に握手を求め、ついでに信じられないという顔をして頭を横に振ります。フランス人ならフランス語で〝アンクロイヤーブル（信じられません）〟とつぶやきながら……。信じられないほどのゲーム。それほど第5セットは人々の記憶に残っているのです。

もしかしたらあなたもESPN放送で、第5セットでイワンと私が辛苦のシーソーゲームを展開し、ファンが狂喜して立ち上がった様子を覚えておられるかもしれません。あの日の試合を見たことがなくても、これまで数え切れないほどくり返し放送されている、最後の2ポイントの場面をご覧になったことがあるかもしれません。ですから、どの場面、どのポイントの話をしているかは、おそらくご存じなのではないでしょうか。

イワンと私は互いに熾烈な争いを展開していました。ポイントの一点一点がすさまじい戦いでした。1ポイントを取るのに、強力なショットを十回から十五回やりとりしながら、休憩なしにほぼ四時間。戦いの激しさは増す一方でした。

ファイナルセットの第1ゲームのとき、ナイフで刺すような激痛を、私のふくらはぎと腿《もも》に感じました。痙攣でした。第4セットの終わり頃から痙攣を感じていましたが、以下の理由から、無視することに決めました。

1　あまり気にしない。痙攣を認めてしまうと、コンディションを崩してしまうから。

2　どうすることもできないので仕方ない。

チェンジオーバー時にたくさん水を飲むべきだったのですが、自分一人で対応するしかなかったのです。一九八九年当時は、トレーナーを呼んだり、三分間のメディカルタイムアウトで怪我の処置をすることはまだできませんでした。

強烈な痙攣を経験したことのない方は幸せです。それは地震のように突然襲って来て、体の芯に揺さぶりをかけるので、もうどうにもできません。緊張感が原因で起こることがあるそうですが、たしかにこの試合の緊張は高まる一方でした。イワン・レンドルに対し、奇跡的に第3セットと第4セットを取り、時の勢いに乗っていたのに、今になってこの始末です。

何とかイワンのサーブをブレイクして1—0としました。コートチェンジのとき、私は座って休まないようにしました。座れば足が硬直し、やがて体中が痙攣を起こすことになるからです。それでも椅子の周りをうろうろ歩き回っている間も両足は痙攣していました。ふくらはぎと腿《もも》の状態は深刻でした。

私の動きは鈍くなってきていました。コートを駆けまわって、不可能に近い球を打ち返し、土埃からボールを拾い上げるのが私の強みですから、これは最悪な状態でした。バナナの皮をむいて、もりもりと食べ、大量の水を一気に飲みました。第3セットですでにバナナとフランスパンを食べていましたが、まるで燃料不足の釜戸のようでした。ホセは、痙攣にどう対処したらよいかを指導してくれていました。冷静になり、深呼吸をし、水を飲め。私は目を閉じパニックにならないようにしました。

神様、どうしたらよいのでしょうか。助けてください。

私のサーブの第2ゲームは、痙攣が来ていることを相手に悟られないように必死で戦い、どうにかキープして2—0としました。しかし、私の足は限界に来ていました。第3ゲームが始まる前に、リチャード・イングス氏が主審席から「タイム！（プレーの再開）」をコールしました。私はタオルをコート・セントラルの南側に持って行き、ボールボーイに投げました。見るからに足が痛いとわかるチャーリー・チャップリンのような歩き方をしていたので、観客たちは互いにささやき合いました。やがて、そのざわめきに、サーブしようとしていたイワンが気がついて、辺りを見回しました。なんの騒ぎかと思ったようです。

サーブを受けようと、ヨタヨタとベースラインに戻る私の姿に、イワンもきっと気づいたはずです。イワンがサービス前に行う独特の儀式を始めている間、私は普通サイズより大きい自分のラケット、プリンス・グラファイト一一〇をくるくると回していました。多分、その日の午後だけで二百回ほど繰り返された動作でしょうか、イワンは左足を滑らせてベースラインの前に立ちます。その後、右ポケットから一つまみのおがくずを取り出し、ラケットのグリップにすり込みます。次に、左手の上で二つのボールを、胃のあたりで落ちないようにぐるぐる回し、使わないほうをポケットにしまいます。最後に、片方の眉毛に手を伸ばしてひとなでするか、時には眉毛を一本抜いたりするのです（痛い！）。この風変わりな一連の動作がイワンのサーブの儀式でした。これが終われば、準備万端です。彼は間違いなく、この儀式を精神統一のために繰り返しているはずです。

私はといえば、動けなくなったので、戦略を変更しなければなりません。コートを走り回ることがほとんどできなくなった今、山なりのムーンボール（訳注　中ロブ。トップスピンロブと普通のストロークの中間の軌道を描くボールのこと）を打つことにしました。ボールは弧を描くようにイワンのコート側に飛んでいきます。対戦者にムーンボールを返したのは、十二歳のとき以来でした。もっとも当時は、それしかできなかったのです。フランスの観客は私たちのゆっくりとしたボールのやりとりに不満でした（先にも述べたように、彼らは気に食わないことがあれば口笛を吹いて騒ぎます）。しかし、勝つためには、その騒音をシャットアウトするしかありません。

おもしろいことに、この戦略変更に、イワンは面をくらったようです。彼は上手く対応することができないで、簡単なボールをネットにひっかけてしまい、思わず持っていたラケットを地面に叩きつけました。それでも、満足に走れなくなった私が彼からゲームを取ることは至難の技でした。

私はかろうじてリードこそしていましたが、パンパンになった足でどうやって最終的な勝利を収めるかが最大の問題でした。第3ゲームはイワンがキープし、第4ゲームは私のサーブの速度が落ちたところを狙われてイワンにブレイクされたため、ゲームカウントは2―2の同点に追いつかれてしまいました。5ゲーム目の最中に、足の痙攣はますます酷くなり、正直なところプレーするのは不可能でした。そこで、時間かせぎをすることにしたのです。コート後方のボールボーイにタオルと水を預かってもらっていたので、痛い足をひきずりながら、ボールボーイにタオルと水が欲しいと身振りで伝えました。時間をかけて水を飲み、タオルで顔の汗を拭き取りました。ゲーム進行中時の時間制限は、たったの三十秒、それを優に超えてしまったのでイングス主審に規則違反を指摘されました。そのときは、これ以上、試合を続けられるかさえわかりませんでした。ですが、やれるだけやってみようと決断しました。パリでは〝アバンドネ〟とフランス語で言われる〝試合放棄〟にならないように、と神に祈りつつ、できるだけ時間をかけてレシーブの準備をすることにしました。緊張は痙攣を悪化させるので、穏やかな気持ちでいるほうが良いことはわかっていました。

イワンはどうしたらよいのか、わからないようでした。ドロップショットをいくつか出して、私を前後に走らせるように戦略を変えるべきか、それともコートの左右に走らせて、私が倒れるように仕向けるのか。私が倒れてしまうのは、まさに時間の問題でした。

イワンは私を左右に走らせると決めたようです。私のバックハンドに、強烈なショットを打ちこまれましたが、それはどうにか返すことができました。向かってくるボールに滑り込んで、コートの中央に打ち返したとき、ふくらはぎの筋肉が激痛を伴いながら引きつっていくのを感じました。痛みのあまり私は叫び声をあげながらコートの中央に戻りました。イワンはネットぎわに落ちたボールを返そうと走り出したとき、その私の悲痛な叫び声を聞き、思わずこちらに目を向けました。そのときです。彼にとっては簡単に打ち返せるはずのフォアハンドのショットが大きくアウトし、その大切なゲームを不覚にも私に譲ってしまったのです。これで私の3―2のリードです。

アンダーサーブの企て

5セット目も熾烈な戦いが続いていました。ポイントの一つひとつが「今週の映画」に選ばれるほどドラマチックで、どのゲームも、ちょっとした連続ドラマのようでした。ラリーのほとんどが高い弧を描くムーンボールの応酬であり、もうこれ以上、ムーンボールが返せないと思ったときは、いちかばちかで、相手が触れることさえできないウィナーを打ち込みました。それが成功すると、フランスの観客は、はじけるような歓声をあげました。

私は「祈りの矢」を神に放ち続け、試合を続けるための体力をくださいと願いました。勝利をくださいとは祈りませんでした。それは、もし神が私に勝つことを望まれるのなら勝つだろうと思っていたからです。私が祈ったのは、戦えるだけの力をくださいということだけでした。

6ゲーム目はイワンに再びブレイクされましたが、どうにかこうにか、私は第7ゲームのイワンのサービスをもう一度ブレイクし、4—3で自分のサービスというところまでこぎつけました。もしこのまま私のサービスゲームを二回続けてキープできれば、6—4で私はレンドルを負かすことができます。しかし、この私の最初のサービスゲームを失えば4—4となり、風向きは世界ナンバーワンである彼のほうに向かっていくはずです。

イワンは試合が重大な局面を迎えていることを当然感じていたはずです。彼が、できるかぎりの努力をしているのがわかりました。ポイントカウントは15—30になりました。イワンは、私のサービスをブレイクしてこのゲームを取り、セットカウントを4オールに持っていきたいと考えていたはずです。「このゲームを取れば、チャンはプレッシャーに耐えかねるだろう。そうなればこの試合は私のものだ」と。15—30は重要なポイントです。サーバーがこれを取れば30—30となり、サーバーに有利なカウントとなりますが、これを落とせば15—40となり、サーバーにとって1ポイントも落とせない状況となって、心理的なプレッシャーがかなりかかることになります。

次の十秒間に起こったことは、今でも十分に説明することができません。

私はベースラインに立ち、いよいよ試合のもっとも重要なポイントに向けてプレーをしようとしていました。サーブの準備にかかろうとしたとき、どこからともなく閃光のように、ある考えが脳裏をよぎりました。アンダーサーブをしろ、と。

そこで躊躇せずに、アンダーサーブに切り替えました。アンダーサーブとは、普通のサーブのようにトスを高く上げて頭よりも上の高さで打つのではなく、トスを低く上げ、ボールが地面にバウンドする前に、腰よりも低い高さで打つサーブのことです。私が、手首をすばやくひねって自分の靴の近くでボールを打つと、サイドスピンのかかったボールは時速六〇キロほどのスピードでネットの向こう側に飛んで行きました。イワンはびっくりしたようです。私の弱い普通のオーバーサーブを思いきり打ち返そうと待ち構えていたのに、くるくる回り続けるボールは妙な方向に跳ね、彼の右腰に迫りました。イワンはウィナーのボールを打とうと待ち構えていたのですが、意表をつかれ、スピードよりもコントロールを効かしたフォアハンドを使って私のフォアハンドに返してきました。彼はレシーブするためにサービスライン近くまで来ていたので、そのまま中途半端な感じでネットに近づいてきました。

ボールが深く返ってきたので、ラインに沿ったパッシングショットはできません。そこで、ネットすれすれにボールを低く打ち、イワンにローボレーをさせようととっさに判断しました。イワンについて書かれた本を読むと、ボレーが弱点だとあるので、それなら打たせてみようと思い立ったのです。

これが功を奏しました。トップスピンが効いたボールは、ほんの少しだけネットを擦ってイワンが予想していたよりも軌道を少し高く変えていきました。バックハンドでボレーをしようと構えていたイワンのラケットの上に当たったので、ボールはファウルのように大きくサイドにそれていきました。

コート・セントラルからは大声がはじけたようでしたが、私は興奮のせいで、音など何も聞こえませんでした。私は喜びのあまり両手の拳を振り上げました。そして、これまで一度も経験したことがないほどの活気と興奮に燃えました。もう一度、拳を振り上げながら歩きました。このとき初めて、この試合はもらった、と確信したのです。イワンは呆然としていたというようなものではなく、その耳からは今にも湯気が出そうでした。彼は自分のコートに呆然としながら戻り、頭を指差しました。まるで「これは、精神力の戦いになってきた。気にするな、気にするな」と言い聞かせているかのようでした。

私は、まさか自分がアンダーサーブをするとは、夢にも思っていませんでした。それまで、アンダーサーブなど、したこともなかったからです。南カリフォルニアのジュニアトーナメントで、アンドレ・アガシがふざけてアンダーサーブをしたのを見たことはあります。ではなぜ、そんなことをしたのか、と問われても答えられません。15―30でイワンに相対するため、サービスラインに立った、そのとき、単に頭に浮かんだだけなのです。

あれから何年かたち、あのような重大な局面でアンダーサーブをするのは無謀なこと、と思う人たちがいることを、理解するようになりました。それがかえって逆効果となり、自分自身に火の粉がふりかかり、負けにつながった可能性はなきにしもあらずでした。確かに、あのときもしアンダーサーブのサイドスピンのかかったボールがイワンの体に近づかなかったら（訳注　体に近づいてきたボールは強打しにくい）、強烈なリターンをコーナーに叩き込まれ、彼のポイントにつながっていたかもしれません。そうなっていたら、イワンが勝利に酔い、フランスの観客は私のプレーを批判し、最悪の場合は物笑いにされた危険性もあります。

しかし、私の答えとしては、適切なタイミングの適切なアンダーサーブだったということです。あの瞬間に歴史が作られました。私が死んで葬られた後も、あの信じられない瞬間を捉えた映像は流され続けるでしょう。アンクロイヤーブル（信じられません）。

巨人が倒れる

ゲームカウントはいまだに4—3、ポイントカウントは30—30に追いついただけでしたが、私のアンダーサーブは、少年ダビデが投げた小石が、巨人ゴリヤテのおでこを打ったように、イワンに決定的な精神的打撃を与えました。彼はこの重要なゲームを取るための次の2ポイントをかけて戦いましたが、私の勢いを、もう止めることはできませんでした。イワンはこのゲームを落とし、3—5と遅れをとりました。

イワンは審判台に座った主審と天に向かって、罵倒の言葉をぶつぶつと言い放ちました。第9ゲームはイワンのサーブでしたが、長いラリーの末、私はなんとか30—15（私のリード）にこぎつけました。私はイワンのバックハンド側にボールを打ちました。すると彼は、チップ気味のスライスショットを返して来たので、父のアドバイスどおり、私は両手バックハンドでダウン・ザ・ラインに決定打を打つことに成功しました。ついにマッチポイント！　目から涙があふれ、頰を伝って流れないようにするのに必死でした。勝利はもうそこにありました。しかし、このような状況を覆したベテラン選手を今までに見たことがあるので、まだ決まったとは思っていませんでした。

興奮した観客は、落ち着きを失っていました。リチャード・イングス氏がフランス語で「どうぞ静かにしてください」とアナウンスしました。「お願いします。ほんの少し静かにしてください。試合の準備ができています。」イワンはファーストサービスをフォルトしました。セカンドサービスの準備をしている間に、私はわざとかなり前に、サービスラインからたった一メートルだけ下がった位置に移動しました。

ジュニア時代の試合で、同じように前に歩み寄ったことがありました。相手にプレッシャーをかけ、ダブルフォルトを誘うためです。テニスのルールでは、レシーブするときには、どこに立っても自由なので、ルール違反にはなりません。手を振ったり、動きすぎたりして、相手の注意を散漫にさせることは禁止されています。

イワンは動揺し、こちらを見ました。サービスラインのすぐ後ろに立つ私を見て、彼は私が何をしようとしているかをすぐ察しました。そうです、彼の集中力を散漫にしようとしていたのです。イワンは私を指差し、リチャード・イングス氏にサインを送りました。イングス氏は無反応でした。イワンはクレームをつけようかどうしようか迷ったようですが、フランスの観客の怒りを恐れたのでしょうか、何も言いませんでした。彼は肩をすぼめてから、セカンドサービスをする準備にかかりました。ボールを上に放り上げ、サービスコートの中にサーブを入れようとしました。ところが、ボールはネットの上に当たり、サービスラインから六〇センチほど外れたところに落ちました。とうとう巨人ゴリヤテは倒れました。四時間三十九分の長い戦いの末、セカンドサービスをネットに当てて外してしまったとき、イワンは崩れたのです。

私は込み上げてくる感情を抑えることができませんでした。涙の洪水とともにコートの上に倒れ、イワンと握手する前の数秒間、寝っ転がってしまいました。私の涙は安堵感と喜びから来たものでした。今も、この試合を思い出すと、感情がふつふつとするのがわかります。足が痛かったので、神に助けを請い求めながら試合を続けました。そして、奇跡的な方法で、神は私の祈りを聞いてくださいました。どうやってこの試合に勝ったのかは、今もって答えが出せません。けれども神のなさることには、なぜ、どのようになどと理由づけることは重要ではないのです。神はただ祈りを聞いてくださるのです。

ネットの前で私を祝福してくれたイワンは本当に立派でした。グランドスラムという一大イベントで、十七歳の子どもに負けたことを認めるのは容易ではないはずです。しかし、イワンは本当のプロで、このときも苦い敗北を飲み込んでプロの姿勢を通して見せました。イワンはその後、インタビュー室で記者団に、「マイケルは私にたくさんの勇姿を見せてくれました。そのことは讃えられるべきです」と語りました。「痙攣は非常に痛いもの。プレーするのは不可能に近い」とも。

私は観客に手を振り、涙でくしゃくしゃになりながらコートを去りました。感謝の気持ちでいっぱいな半面、疲労困憊でした。シャワーを浴びマッサージを終えた後、私も各国の報道陣に会いました。

「マイケル、なぜ勝ったと思いますか?」

「私の主であるイエス様が私に力をくださったからです。」

記者団は水を打ったように、しんとなりました。部屋にいたアメリカ人の記者団、ボストン・グローブ、NBCのバッド・コリンズ、ロサンゼルス・タイムズのトーマス・ボンク、ニューヨーク・タイムズのニック・スタウトたちは、私がプロになってからもイエス・キリストについて、自分の信仰について話すのを聞いたことがあります。ですが、ヨーロッパのテニス記者たちにとっては、行き過ぎのコメントのようでした。

「主があなたに力をくれたとは、どういう意味ですか。」

だれかが大声で質問しました。私の言ったことを正しく理解したかどうかを確かめたかったからかもしれません。

「その言葉どおりです。イエス様が、戦い通す力を下さったのです。ですから私は、すべての誉れを主にささげます。」

翌朝、数人のフランス人記者が私をバカにした記事を掲載したことを知りました。私の信仰は、パリ中の話題の中心にもなっていました。こうして、フランス世論は私に敵対するものとなりました。

それ以来、私は試合相手と同じぐらい、フランスの観客とも戦うことになったのです。それも私が「イエス・キリスト」の名前を出したからにすぎません。あの試合で、神が私に勝利を下さったことを私は十分知っていたので、そんなことで悩んだり、心を煩わせたりはしませんでした。私の言うことを人々が信じる信じないに関係なく、あるいはコート・セントラルで私を応援するかしないかに関係なく、私は本当のことを言わなければならなかったのです。イワンとの試合後から、明らかに距離を置き始めたフランスの観客のおかげで、私はこれまでにも増して、全仏オープンで優勝したいと思い始めました。

第2章　グランドスラム──タイトルへの道

イワン・レンドルを劇的に負かしたことは、世界のメディアの注目を集めました。イワンのダブルフォルト直後に、私がコートにひざまずいた姿を撮影したロイターの写真は、世界中のスポーツ新聞が使いました。いったい何社が表紙の一面に、この写真を掲載したかはわかりませんが、おびただしい数だったことは確かです。

今や私は時の人となり、多くの人が私と話をしたいと言うようになりました。その晩、母と私がホテルで寝る準備をしていると、だれかがドアを大きな音でノックしました。母がパジャマ姿でドアを開けると、メディアの集団が不躾にもカメラを構え、次々にフラッシュをたきました。母は急いでドアを閉め、ホテルのフロントに助けを求めました。

当時の私のエージェント、ジェフ・オースチン（全米オープンの勝者トレーシー・オースチンの兄）は、報道陣の質問や電話は、すべて自分の部屋に回すようにとホテルに伝えました。ジェフの電話は二十四時間鳴り続けました。イワンを破ったその日には百件ほどの取材要請がありましたが、すべて断りました。
影響力のある数人のフランス人記者はキリストのことに触れ、私のことをバカにしましたが、ほかのほとんどの記事は今読んでも赤面するほどに好意的で、私の信仰も尊重してくれました。スポーツ記者たちは持っているほめ言葉を総動員して、イワン・レンドルと私の史上稀に見る苦闘を描写したのです。

マイケル・チャンは今日、人々を魅了した試合で、痙攣が癒されるようにと祈ってから、十七歳の少年の持つ勇気を尽くして、世界ランキング一位のイワン・レンドルを負かした……。——ニック・ホワイト、ニューヨーク・タイムズ

その足は痙攣。目には涙。少年マイケル・チャンは負けるくらいなら死んだほうがましという様相だった。——クラウス・ピーター・ヴィット、ビルド紙、ミュンヘン

小さな蚊のようなチャンが、子どもを怖がらせる男レンドルを刺した。瀕死のチャンは自らの心を両手に抱き、祈った。その祈りは応えられた。——レキップ、仏スポーツ紙

一番若いのはバナナを食べ、水をがぶ飲みしながら、もっとも大きいのを叩きのめした。直後に

パリは熱狂（バナナ）した。――コペンハーゲン紙、デンマーク

チャンは汗と涙を垂れ流し、速度が出ない赤チン色のコートの上で、麻痺した筋肉がしょっぱいプレッツェルになるのを避けるため、水分不足の体にボトルから水をがぶ飲みした。ファイナルセットでも、痙攣で苦しんだにもかかわらず、チャンは知恵と生命力において、レンドルを超えていった。最終的にレンドルは破れ、息の根を止められた。対戦者と同様に、観客も息が止まりそうだった。――バリー・ロッジ、サンディエゴ・ユニオン紙スポーツ編集委員

イワンとの試合後ほど、私に休養が必要なときはなかったと思います。午前九時まで熟睡し、炊飯器の中でぐつぐついう、母お手製のチキンスープの良い香りで目覚めました。マッサージを受けるために、母とホセと一緒に車でローラン・ギャロスに行きました。そして、いつもの試合のない日のように、コートの外でホセと球を打ち合いました。そうしていると、メディアが群れをなして集まって来たので、私たちはロッカールームに逃げ込み、トーナメント委員会に近隣のプライベート・クラブを手配してほしいと頼みました。そこから数キロ離れたコートで二十分ほど練習をしましたが、雨が降ってきたので、その日はそれで終えました。

春の雨がコートを水浸しにするのを見ながら、アルノー・デルヴァールというフランス人の友だちと時間をつぶしました。二十代前半のアルノーとは数年前、チャップマン大学（プラセンシアにある

わが家から一五キロほどの所にある小さい大学）のテニスコートに立ち寄って、試合相手を探していたときに出会いました。フランス人のアルノーは、その大学の男子テニス部のテニス留学生でした。彼はテニスが上手で、しかも高校生の子どもに負けても感じの良い、友情に厚い人でした。

私とイワンの試合を見たアルノーは、わざわざ祝福しに来てくれました。その脇の下には、かき集めた新聞を挟んでいました。ひとしきり冗談を交わした後、「マイケル、見せたいものがある」と言い出しました。

「なんだい？」

「フランスの新聞数社が、きみを今朝の一面に掲載したんだ。」

自分のことが大々的に掲載されている新聞を見るなど夢のようでした。それは数ページにわたる写真付きの記事とコメントでした。アルノーはいくつかの見出しとコラムを指差しました。少しは理解できましたが、私のフランス語力では何が書いてあるかまではわかりません。

「マイケル、実は、一部の新聞ではあまり良く書かれていない」とアルノーは言いました。

「へえ、本当？」と驚いた私。

「ほら、例えばこれ、読んであげるよ。」

アルノーが一部を訳してくれた記事では、信仰について、かなり手厳しく扱われていました。フランスのテニス界で尊敬されている数人のフランス人記者は、私が神に栄光を帰したことが「子どもっぽい」とし、信仰をバカにして、子どもの運動会に行ったような感じだと書いていました。私は気にしないようにしました。例えば、見出しにアジア系を軽視する英語「チンク」に該当するフランス語が使われていたり、東洋系に対する人種差別的な内容もあったりしましたが、それでも大して気にしませんでした。「糸のような細い目で獰猛な精神を持つ小さな東洋人」とさえ書かれていました。それらはすべて世論を作り上げるものでしたが、だからと言って、自分が何を言うかを変えるつもりはまったくありませんでした。

その午後、母とホセとローラン・ギャロスに戻りました。メディアの注目を引くと「水槽の魚」のようになるという形容を聞いたことがありますが、それこそメディアは私の一挙手一投足を注視しては記録しているようでした。ローラン・ギャロスのコートの上で動きながら、南カリフォルニアのわが家にある水槽の中で泳ぐブラックバスや黒鱒に仲間入りしたような気分でした。私がすいすい泳ぐのを、みんなが見ているのです。メディアが私を、たった二十四時間で、将来有望な若者から、リーボックに身を包んだ殺し屋に変化したように書いたのには、本当に呆れました。

メディアこそ、魚のように餌を定期的に求めます。そこで、囲み取材のテレビインタビューや小規模の記者会見を、あちこちで開きました。質問に答えるとき、面白いことに気づきました。テニスについて語ると、記者たちは、私の言葉を一つも落とさないようにと熱心にメモをとりましたが、神のことに触れる度、みな書く手を止めて、次に何を言うかとばかりに、こちらを見ました。私の信仰についてては興味はないようでしたが、私にとって信仰は自分のテニスの一部でした。

次の試合を待って

イワンを負かしてから二十四時間後、次の試合のことを考える必要がありました。私は準々決勝へと進みましたが、次の試合は私よりもランキングが低い、ハイチ出身のロナルド・アジェノール選手が相手でした。辛辣な表現をするので有名なESPNのコメンテーター、メアリー・カリーロは彼のことを、「ハイチのセンセーション」と呼んでいました。

ロナルドはポルトープランス出身の笑顔の明るい二十三歳。五か国語に堪能で、ドロップショットが大好きな巧妙な選手でした。ちょうど一年前の一九八八年、全仏オープンでも全米オープンでもすでにベスト16に入っていました。ですから、グランドスラムの試合の勝ち方を知っていました。ロナルドの強みは、フォアハンドでボールを逆クロスに打つインサイドアウト。相手のバックハンドのコーナーに勢いよく打ち込むのが大得意です。加えて、ネットを越えた途端に失速する羽のように軽いドロップショットを持っています。ただし、彼のアキレス腱と言えるのはバックハンド、チップで、ボールを削ぐようにスライスショットで打つのですが速度がありません。

フランス語はロナルドの母国語。そして、彼はボルドーに住んでいましたから、パリでの試合には慣れていたし、フランスのテニスファンたちも彼を仲間と見ていました。また、ロナルドは今回のツアーに出場する三、四人の黒人選手の一人であり、フランス出身のヤニック・ノア選手とは仲が良く、ロッカールームでよくふざけ合うような関係でした。

冷たい雨が降ったりやんだりする春の空の下、トーナメント委員会は私たちの試合をコート・セントラルに指定しました。試合が始まると、母とホセは寒そうに厚いジャケットに身を包みました。二日前にあのような大きな勝利を収めた後遺症を、ホセは当然ながら心配していました。これまでにもグランドスラムで若い選手が大きなインパクトを持って台頭しても、次の試合ではもたなかったことがおうおうにしてありました。確かに、大きな山を越えた直後に、またもう一つ山を登るのは精神的に大変です。負かすつもりがなかった相手に勝つのは、もちろん並大抵ではありませんが、それとは別に高い山を越えた直後に、今度は自分のランキングより低い選手を相手に、もう一度、意志と体力を奮い立たせるのも楽ではありません。大きな試合のように、自然にアドレナリンが発散されないからです。この試合に快勝できれば、自分の腕前が次のレベルに引き上げられることは間違いなしです。

ロナルドは経験豊かなので、私がイワンと握手した二分後には、すでに私をどうやって負かそうかと作戦を練ったことでしょう。彼はこの試合を、グランドスラムの準決勝に躍進するための突破口と見ていました。それはロナルドにとっては、人生における一大チャンスだったはずです。

ロナルドとの試合の滑り出しは好調で、第1セットを取りましたが、頭の隅では、痙攣がまた襲ってきたらどうしようと、私は気が気ではありませんでした。寒さの中で、足の筋肉はこわばり、柔らかくなりません。ロナルドは私をコートの後方に押し込めるように、グラウンドストロークを長く続けるよう仕向けてきました。そうしてから、死のドロップショットを放つのです。イワン・レンドルと比べ、ロナルドはドロップショットを恐れずに頻繁に使いました。その日の午後、私はネットまで何度も全速力で走っていかなければならなかったのです。

ドロップショットを拾おうと必死で走りましたが、イワンと対戦したときに比べて、私の足にはそれほど勢いはありませんでした。第2セットはロナルドが主導権を握り、6―2で取りました。しかし、それよりもまずかったのは、私が彼に振り回されてしまったことでした。第3セットが始まっても、ロナルドは私を操り人形のようにコートのあちこちに振り回し続けました。

若い勝者がたどる典型的な試合のように見えました。小雨のなかでの試合だったので、ボールは水気を吸い、ラケットで打つたびに重くなっていきました。私はコートで苦心しつつボールを拾いましたが、サービスゲームを落としてしまい、ゲームカウント1―3と遅れをとりました。ローラン・ギャロスの踏み固められた地面が、赤砂の蟻地獄に感じられました。

断続的な雨が豪雨に変わったとき、アンパイアが試合中断を宣言。ラケットバッグをあわててつかんで、暖かいロッカールームに逃げ込みました。雨合羽を着たグラウンドキーパーたちは緑色のカバーをコートの上に掛けました。

ホセがロッカールームで待っていました。私はベンチの上にどかっと座り、考えをまとめようとしました。ホセは忍耐強くしばらく待ってから、「コートでは、ちょっと疲れたように見えたよ」と話し始めました。

「あんまり、うまく行かないんだ。」

「大丈夫だ。だけど、自分で試合を落としそうにしているよ。」

「そうなんだ。」

「まだ、建て直せる。足を動かすことだけに集中したほうがいい」とホセは言いました。振り回されて、相手の得点のために利用されることをやめ、足を動かしてショットを決めねばとは、わかっていました。

新しいテニスウェアに着替え、ロッカールームの外にいるはずの母を捜しました。このときほど、母が必要だと思ったことはありません。

私と母はあまり多くは語りませんでした。そんな必要はなかったからです。足の痙攣を心配していると言ったとき、母は「きっと神様が見守ってくださる。今までもそうだったじゃない」と言いました。

「ありがとう、母さん。」この母の一言が、私の肩にのしかかっていたプレッシャーを取り除いてくれました。

雨は二十分間、激しく降りました。試合ができるほどにグラウンドが乾いたとき、再び外に出てウォームアップをしましたが、雨がまた降り出しました。ロナルドと私は、再びロッカールームに駆け込みました。結局、試合は四十五分後にやっと再開になりました。

再開したとき、私は新たな気持ちで試合に臨みました。偶然にも休憩が適切なタイミングでやってきたばかりでなく、雨は私の思考を取り戻すのに好都合な時間を提供してくれました。ロナルドはサービスをキープし、ゲームカウント4—1とリードを広げました。コートチェンジのときに、「まだ一回しか自分のサービスゲームを落としていない」、そう自分に言い聞かせ、頭を切り替えました。それからは、ラリー、ラリー、ラリーの連続。自分のゲームの質を向上させ、ポイントを少しずつ積み重ねていって三十分で5ゲームを連取し、逆転で第3セットを6—4で取りました。これで、セットカウント2—1で私のリードとなりました。

フランスの観客は終始、私に対して冷めており、イワンの試合のときとは大違いでした。しかし、第4セットで再び話題を提供することになりました。ゲームカウントは4—4、ロナルドのサービスゲームでポイントカウントは15—40、つまりロナルドが二つのブレークポイント（訳注　あと1ポイントでレシーブ側がそのゲームを取れる状況）の局面を迎えていたときです。ロナルドはファーストサーブをフォルトしました。このポイントは大きいので、私はレンドル・ポジション、つまりレシーブの位置を上げてサービスライン近くまで前に出ることにしたのです。ロナルドは、私の大胆不適な動きに苛立ちました。彼はボールを上に放る前に、落ち着きを取り戻そうと努力しましたが、イワンとまったく同じで、ダブルフォルトになりました。観客は私を批判して口笛を鳴らしました。多分、地元のロナルドがやられたからでしょう。これでゲームカウントは5—4で私のリードとなり、サービング・フォー・ザ・マッチ（訳注　このサービスをキープすれば試合に勝てる場合のゲームのこと）を迎えました。

最初の2ポイントは私が取りました。30—15になったとき、私はファーストサーブをフォルトしました。セカンドサーブを準備していると、観客がなにやら騒いでいるのが聞こえます。ロナルドに目を向けると、イタズラっぽく笑って、今度は私に対して、例のレンドル・ポジションを取っているではありませんか。サービスラインのすぐ後ろに立って、私のサーブミスを誘おうとプレッシャーをかけています。

これが、スタジアムを沸かせました。ロナルドが仕掛けてきたメンタルな攻撃です。なかなか良い方法だと認めざるを得ませんでした。フランス人たちは大喜びでした。この大変珍しい状況に拍手したり、笑ったりの大騒ぎです。その騒音が静まるのを待ちました。そして、絶対にダブルフォルトはしないと決めました。回転のかかったサーブはきちんと入りました。しかし、私のポイントにはつながらず、そのゲームを逆転されて落としてしまいました。

第4セットはゲームカウント6―6となり、タイブレークに突入しました。タイブレークに入ると、7ポイントを先取しなければなりません。はじめは私がリードしましたが、ロナルドはドロップショットを使って追い上げ、6―5と逆にリードして、セットポイントを握りました。そして私がファーストサーブをフォルトすると、ロナルドは再びレンドル・ポジションを取ったのです！　私はベースラインから離れ、額の汗をぬぐいました。セカンドサーブは無事に入りましたが、今度はロナルドが返し損ない、ボールがネットにかかりました。観客は、そのイージーミスが信じられないという反応でした。私も同感でした。

これでタイブレークは6―6で並びました。ここからは、どちらかが2ポイント差をつけるまでこのゲームは続くことになりますが、私は、その後の2ポイントを連取して、このタイブレークを取ることができました。その結果、試合も6―4、2―6、6―4、7―6で私の勝ちとなりました。ほっとしました。勝ち進んだこともそうですが、何よりもあの痙攣が起こらなかったことにほっとしたのでした。シャワーを浴びた後に報道陣と会見しました。このときの質問は、『レンドル・ポジションに殺到しました。

「ジュニア・テニスのころから、サービスボックス（訳注 サーブを入れなければならないエリア）につめていました。対戦相手は常に私よりも年上でしたから、チビがレシーブの後にネットにつめてくるかもしれないと思ったでしょう。つまり私の年齢と、サービスボックスのすぐ後ろに立つことで、相手にプレッシャーを与えたようです」と説明しました。

「でも、それは子どもの遊び場での戦略ではないのですか?」と記者は質問しました。

「決して相手をバカにしたり、侮辱するためではありません。どうしても得点を取らなければならないときは、どんな手段を使ってでも対戦者の集中力を散漫にしようと、選手ならだれもが思うはずです。それに、相手はサーブを入れることに集中するので、こちらが攻撃しやすくなるのです。」

手厳しい質問が終わると、次の対戦者を偵察しようと私は思いました。コート・セントラルには、南側のコートの上に選手専用席があり、そこはロッカールームから入れました。

眼下では前年にグランドスラム四つのうち三つを勝ち取った去年のチャンピオン、マッツ・ビランデル、それから、お茶目でユーモアのあるロシアの選手アンドレイ・チェスノコフが戦っていました。

チェスノコフは、ほかの選手たちからチェツィーと呼ばれていました。マッツは、一九八二年当時、全仏オープン史上、最年少の十七歳九か月でローラン・ギャロスで優勝した選手でした。

ミスの少ない、素晴らしい二人の試合を見物しました。ロシア人のほうが、火の吹くようなパワーがあると思いました。ボールが跳ね上がってくる瞬間に、チェツィーがバックハンドでコートの反対側に打ち込む様子は、美しさすら感じるほどでした。この選手たちはすごく上手だなあと思いながら、ロッカールームに戻りました。後で、チェツィーが、あっさりとストレートでマッツを破ったことを知りました。

ロシア人がやってくる

アンドレイ・チェスノコフとの対戦はきついだろうと予想していました。それは、まさに予想どおりでした。アンドレイも私もこの試合にかけていました。アメリカ人記者たちは、「チャンは三十四年ぶりにパリで優勝するアメリカ人になれるか」というような記事をすでに書きまくっていました。オーストラリアのスポーツチャンネルでは、ローラン・ギャロスのコメンテーターとして活躍していた往年のトニー・トラバートも引っ張りだこでした。トニーが優勝した一九五五年以来、四九四人のアメリカ人がローラン・ギャロスで敗北していたため、だれもがトニーに、今度こそアメリカ人選手に優勝の機会がめぐってくるか、とのコメントを求めました。

チェツィーとの試合の思い出は、私が第4セットを制した直後のハプニングですが、それは後でお話ししましょう。チェツィーは、あらゆる方法で私を試しました。両手による滑らかなバックハンドには驚かされましたし、フォアハンドも素晴らしかったです。彼のテニスは、ロシアのホッケーのゴールキーパーのように、私の努力の賜物を、遠慮なく阻みました。持久戦をチェツィーに強いられていました。セットカウント1—1で迎えた第3セットが山場となりました。霞んだパリの太陽の下で三時間にも及ぶ苦闘の後、ゲームカウント4—5に差しかかったとき、シード権のないロシア人選手は、あと3ポイントで第3セットを取れるところまできました。

私は負け戦に召集されたような気分になりました。第4、第5セットを戦うスタミナはあったはずなのですが、第3セットのこの重要な3ポイントを取らせないために、私は相当のリスクを負わなければなりませんでした。チェツィーが放つドロップショットのすべてに、飛びつくように走り回ったのです。そして第3セットはタイブレークまでもつれましたが、苦闘の末に、私はなんとかこのセットを取ることができました。しかし、どんなボールにでも突進していったこの方法は、私のエネルギー貯蔵庫を徐々に空にしていったのです。

この試合は、第4セットで勝とうと決心しました。第4セットでチェツィーが3—1でリードしたとき、私は積極的に攻めて4—4の同点にまでこぎつけました。5—4と私がリードしたとき、マッチポイントを二度も迎えましたが、チェツィーはその都度、解決法を見つけ、マッチポイントを逃れました。私は、全仏オープンの決勝戦進出にここまで近づいたのだから、焦らず冷静沈着に対処しようと努めました。私が6―5のリードで迎えた第12ゲーム、チェツィーのサーブでしたが、ポイントカウントが15―40となり（サーバーから見て）、私は再度マッチポイントを握りました。そして、このときはチェツィーのバックハンドがネットにかかり、私はこの第4セットを取ることができました。その結果、6―1、5―7、7―6、7―5で試合に勝ちました。試合所要時間は四時間九分。とうとう、全仏オープン決勝戦への出場権を手にしたのです。

母は父に電話をかけようと、コート・セントラルから急いで飛び出しました。イワンとの対戦後に、もし万が一決勝戦に私が出ることになったら、父と兄のカールは即座にロサンゼルス空港に駆けつけ、次のパリ便に飛び乗ると決めていたからです。その朝、会社を休んでＥＳＰＮで試合を観ていた父は、母に「もう荷造りはすんだよ」と答えたそうです。

「さらに良いニュースがあるのよ」と母は言いました。

「何だい？」と父は聞きました。

「デビッド・マーキンを覚えている？」と母は尋ねました。ＵＳＴＡの会長のことです。彼はジュニア時代から私たち家族に目をかけてくれていて、いつもとても親切にしてもらっていました。

「もちろん、覚えているよ。それが何か？」と父は答えました。

「デビッドがエールフランスに電話して、今日の午後のパリ直行便の切符を二枚予約してくれたの。フライトは午後四時出発だと思う。切符の支払いは心配するなとも言ってくれたの。」

父は、受話器を取り落としたかもしれません。通常のパリ便の前売り券に比べ、直前の値段は三〜

四倍もします。多分、当時の値段で一枚一五〇〇ドルから二〇〇〇ドルはしたと思います。

「冗談だろ」と父は言いました。

「冗談なんかじゃないわよ。」

「言葉がないよ。」

一九八九年当時は、もう一つ厄介なことがありました。フランスは観光客でも、フランス領事館から入国ビザをもらわなければ入国できませんでした。

それはかなり面倒なことでした。唯一の救いは、アメリカの西海岸ではまだ金曜日の午前十時前だったことです。

「ビザは間に合うかしら?」

「わからないけど、できるだけのことはしてみるよ。ロサンゼルスのダウンタウン、ウィルシャー・ブルバード（大通り）辺りにフランス領事館があると聞いているけど、予約も入れていないし。」

「神様がともにいてくださいますように」と母は言って電話を切りました。

その一方で、私は安堵感に浸っていました。今いる地位も出場権もチェッィーがくれたわけではなく、自力で獲得したものでした。コートから一歩出た途端、記者団の短い質問に答えるために、コート・セントラルの地下にあるテレビスタジオに連れて行かれました。ＥＳＰＮ、ドイツのＳＡＴＩ、ＢＢＣ、スカイスポーツ——各社が与えられた三分間に殺到しました。

涼しいスタジオでした。なぜなら、私をインタビューするキャスターたちは全員、テレビ用の濃い化粧をしていて、スポットライトの熱で、汗をかきたくなかったからです。スタジオのセットには、大きすぎる椅子が二脚置かれていました。一脚は私用、もう一脚はキャスターのためでした。スタジオのスタッフに「いつも、こんなに寒いのですか」と尋ねました。インタビューを四、五回受けている間に、私の足の筋肉が麻痺してきました。私は立ち上がろうとしましたが、両脚はつり、パンパンに硬直していました。床にしゃがんで、足の痛みを和らげようとしましたが、その格好から立ち上がろうとしたとき、再び足がつってしまうというひどい状態に陥りました。

だれかが大声でトレーナーを呼びました。側にいたＡＴＰのトレーナーのビルとトッドは、とっさに状況を理解し、立ち上がるようにと私に勧めました。この難しい命令に従おうと、しばらくの間、しゃがんだまま様子をみました。けれども、立ち上がろうとした途端、体全身がつってしまいました。

「マイケル、水を飲んで歩かなければならないんだ。大丈夫、以前にも、こういうのは経験しているよ」とトッドは言いました。トッドはほかの試合で、私の足がつってしまったときも助けてくれたことがあります。しかし、こんなにひどいのは初めてでした。

「今は無理だ。トッド、できない。」

私は再度しゃがんで、痛みを軽減させようとしました。

その後に、もう一度立ち上がろうとすると、激痛が私の足を襲いました。酷使された体が、不足した血液を手足に送ることを拒絶したためです。こういうのは本当に痛い。

「どうしようか」と聞くと、

「しゃがんでいなさい。これからロッカールームに連れて行くから」とビルが言いました。

「どうやって！」　私は歩けなかったし、立つこともできませんでした。

「ぼくたちが運ぶよ。」

トレーナーたちは、それぞれ両脇から私を抱え上げ、しゃがんだ格好のままの私を持ち上げました。重い私の体を、まるでジャガイモの袋でも持つかのようにスタジオからロッカールームへと運んだのです。ロッカールームでは床にしゃがみながら、水をがぶがぶ飲み続けました。

「そうだ、チーフ、水を飲み続けろ」とトッドが言いました。彼はだれでもおかまいなしに相手をチーフと呼ぶのが口ぐせでした。「歩けそうなら、無理にでも立ち上がって、とにかく歩くんだ」とつけ加えました。「歩きはじめれば、血液が循環する。飲めるだけの水を飲め。」

水を飲まなければならないことはわかりましたが、歩くのも一仕事でした。（こむら返りの治療は近年、目覚しく進歩しました。最近ではトレーナーが試合の直前に、直接腕に投与するIV〔静脈注射〕が発達し、点滴の袋が空になる三十分間で、体内の水分は完全に回復します。でも、私はやりません。注射が大嫌いだから。）

しばらくしてから、立ち上がってみようとしました。ところどころ筋肉が固まってほどけず、ふくらはぎのあまりにもグロテスクな様相にみな驚きました。膝が曲がらない棒のような足のまま、二、三歩、よたよたと歩いてみました。

「よし、いいぞ」とトッド、「さあ、飲んで歩いて。飲んで歩いて。それを続けなきゃならないんだよ。」

それから二時間、手渡されたドリンクは何でも飲みました。ロッカールームの冷蔵庫の中にあったありとあらゆる水、スポーツドリンク、ドリンクと呼ばれるものはなんでも飲みました。足の痙攣は、だれかが筋肉を骨からひっぱがそうとしているかのように、私の筋肉をひっぱり、波立つのでした。それはイワンとの試合のときに経験したものとは、比べものにならないほどひどいものでした。

体が水分を吸収し、痙攣が治まるのを待ちながら、私はしかめっつらでスポーツドリンクを飲み続けました。

「今度はアイスマッサージをするからね」とトッドが言いました。

「アイスマッサージってなに？」

「痙攣が治まったら、氷を肌にすり込むんだ。筋肉が回復するにはこの手段しかないんだ。」

トッドは私をトレーニング台の上に寝かせ、右手に大きな氷の塊を持ち、固まってしまった私のものをマッサージしました。普通ならマッサージは気持ちが良いものです。ところが、これはひどいものでした。もっとも、痙攣の痛みに比べれば数段ましでしたが。

「これが終わったら、きっと別の痛さを感じる。氷が筋肉を麻痺させるからね」と彼は言いました。

トッドの言うとおりでした。アイスマッサージの後、トレーナーたちは、再び歩くよう指導しました。トッドは水分を取り続けるようにと言い、私はそれに従いました。大量の水分は内臓の負担となり、その二時間のあいだ十分ごとにトイレ通いとなりました。

三時間のアイスマッサージ、水分摂取、出産を待つ父親のようにロッカールームを歩き回っていると、ようやく、控え室で忍耐強く、私の回復を待っていた記者たちに会えるくらいまでに回復しました。痙攣に「悩まされている」と聞いた彼らは、ステファン・エドバーグとの日曜の決勝戦に臨めるかどうかを知りたがりました。ステファン・エドバーグはサーブをした後、ネット近くまでダッシュしていき、ボレーを決めるという「サーブ&ボレー」の戦法で有名なスウェーデン人で、準決勝でドイツのスター選手ボリス・ベッカーと第5セットまで競り合った、世界ランキング二位の強豪でした。

「日曜は、大丈夫なはずです」と私は答えました。決勝戦のその日、定刻までにコート・セントラルに行かないわけにいきませんでした。

「全仏オープンでアメリカ人が三十余年ぶりに優勝を飾れるこの機会を、どう思われますか」と書き手は尋ねました。

「そういうことは考えていません。けれども、決勝戦まで勝ち進むことは確かに私の夢でした。日曜は自分のベストを尽くすだけです。」

ビザを求めて

一方、ロサンゼルスでは、父と兄のカールが午後のエールフランス便までにビザを二つ取ろうと懸命でした。ビザ取得の列は、フランス領事館内のビザ窓口から広いロビーまで、くねくねと長蛇のように続いていました。二人はその一番後ろに並びました。

並んでいると父の背中をだれかが叩きました。紺色のスーツに身を包んだ紳士が、強いフランス語なまりで「ミスター・チャンですか？」と尋ねました。

「そうです」と父は答えました。

「どうぞ、こちらへいらしてください。」

父とカールが促されるままに横のドアから入ると、中にいた、もう一人の領事館員が二人のビザ発行の手続きをしてくれました。父は別に有名人ではないので、おそらくだれかが私の父と兄が来館することを教えてくれたのだろうと想像するしかありません。

ビザを手に、父とカールは飛行場へと急ぎました。こうしてパリ直行便に乗り込むことができたのです。まさにボン・ヴォヤージュ（よい旅を！）でした。

最後の準備

日曜の決勝戦の前に休日がありましたが、ホセが私の体が鈍らないようにと球打ちを指示しました。ローラン・ギャロスで練習しようとは思いませんでした。車を手配し、前回、密かに練習させてもらった近くのプライベートクラブに行きました。

母がお昼を持ってきてくれたのを覚えています。ホテルの部屋で、炊飯器を使って母が作ってくれたものです。中華風のチキンと麺を炊飯器の中で混ぜたもので、それはそれは美味しかった。

父とカールは、まだシャルル・ド・ゴール空港に着いていませんでしたから、母が私の午前中の予定を埋めました。朝、起きたときから、決勝戦前に髪の毛を切ったほうが良いと言い出しました。確かに前髪が少し伸びていたので、目にかかると邪魔なうえ、歴史的なイベントに向け、きちんとした印象を与えたほうが良いと思いました。

ローラン・ギャロスではサービスの一環として、場内の美容室を無料で提供してくれます。私がホセと練習している間に、母はその日の午後に散髪予約を入れようとサロンに立ち寄りました。

サロンで働いていた二人の美容師は、母がだれなのかすぐにわかったようです。散髪の予約と聞いて、彼女たちは喜ぶどころか猛反対しました。

「マイケルは今、髪の毛を切っちゃだめよ」と一人が言いました。

「どうして?」と母は困惑しました。前髪をほんのちょっと整えるだけなのに。

「今、とっても好調だし、なぜ運を変えるようなことをするの? 髪を切るのは不吉よ」

「不吉?」

「そうよ。試合の前に髪を切るのは不吉よ。マイケルに散髪しないでと言っておいて。」

こんなことを聞いたのは初めてだった母は、肩をすくめてあきらめるしかありませんでした。

ということで散髪はお流れになりました。あと二、三日ぐらいはもつでしょうし。

昼食後、私たちはホテルに戻り、女子シングルスの決勝戦を見ながら父とカールの到着を待つことにしました。興味深いことに、女子シングルスでも十七歳の選手が全仏オープンの決勝戦に出場していました。アランチャ・サンチェスという名前で、スペインの栄誉奪還を担う選手でした。（全仏オープンに勝つまでは、ビカリオという苗字は使っていませんでした。）彼女がコートを飛び回る様子と、守りが背板のように固いことで、「バルセロナのミツバチ」と呼ばれていました。

私は男子テニスで、アランチャは女子テニスで、それぞれトーナメントでの驚異となっていました。彼女と対戦しようと待ち構えているのは、イワン・レンドルの女性版のようなビジネスライクなドイツ人、シュテフィ・グラフでした。アランチャが、世界ランキング一位のグラフに勝てるという望みを持つ観戦者は、ほとんどいませんでした。全仏オープンまでの二十二か月間、シュテフィは二二セットしか落としていませんでしたし、アランチャはシュテフィとこれまで三回対戦しましたが、勝ったことは一度もありませんでした。バッド・コリンズが命名したシュテフィの愛称「フロイライン・フォアハンド」（フォアハンド嬢）は不敵に見えました。

私はアランチャに二つのことで親近感を持ちました。いえ、三つです。私と同様に、威嚇的なカウンターの持ち主であるところ。勝ち目のない決勝戦に出場しているところ。それから、彼女のスポンサーも私と同じリーボックです。アランチャも、試合のときに私が着るのによく似た、赤と青の線が入ったリーボックのシャツを着ていました。母とホテルの部屋のテレビの前で、彼女が必死な思いで7―6、3―6、7―5で勝つまでの三時間の激戦に釘づけになりました。

試合後、アランチャがこの私から刺激を受けたので勝利できたと語ったのには驚きました。

アランチャは、「マイケルがレンドルを負かしたのを見て、私にもナンバーワンを負かすことができないわけがないと自分に言い聞かせました」と可愛らしい、途切れがちな英語で語りました。でも、彼女は完全に誤解しています。実は私のほうこそ、彼女の試合に刺激を受けたのです。私は「アランチャにできたのだから、もしかしたら、明日は私が勝利を収める日になるかもしれない」と思いました。

父とカールは、サンチェス対グラフ戦の最中にホテルに到着しました。私は父に会うことができて、ほっとしました。そして、大学の春学期を終えたばかりの兄カールが、この私の一世一代の晴れ舞台に立ちあってくれることを本当にうれしく思いました。どの部屋にだれと寝るかを話し合った際、父とカールは、母と私は今までどおり同じ部屋がいいと言いました。カールと私が同室になったとしても、それは不吉ではありませんでしたが、母と私にはすでに生活リズムができあがっていたので、あえて変える必要はありませんでした。

その晩、夜の十時ごろ、就寝前に私は聖書を取り出しました。毎晩、寝る前の十五分間、聖書を読むのが日課になっていました。聖書を学ぶことによって神をより深く知りたかったし、神が私たちをどんなに愛してくれているかを知りたかったからです。

神のことばを集中して読むのは、そう難しいことではありません。聖書は、周囲で起こっていることから私を離し、静かな安息を与えてくれるからです。その晩、どの箇所を読んだかは覚えていません。けれども、神と自分だけのひと時を、旧約聖書の箴言《しんげん》を読んで終わりにするのが常でした。三千年前に書かれたソロモン王の知恵ある言葉は、私の人生にも決してかけ離れたものではありません。

聖書を読み終わると、祈りをささげました。祈りのリストはいくつかありましたが、翌日の勝利への願いはありません。神頼みではないからです。わかっているのは、すべて神がご存じだということ、そして、その神に安心して自身を委ねることでした。その晩も、いつもと同じ祈りをささげました。父母と兄のために。神が私を愛してくださっていることに感謝をささげ、こんなにも私を祝福してくださっている神ご自身をほめたたえました。そして、天安門広場で苦しいときを過ごす中国の人たちのためにも祈りました。

ランプを消したとき、暗闇の中で母が「おやすみなさい、べべ（可愛い子）、よく眠るのよ」と言うのが聞こえました。親愛の情を込めて、私のことを〝べべ〟と母は言いました。

「おやすみなさい。マミー。」

決勝戦

ぐっすり眠ったとは言えませんでしたが、眠れなかったわけではありません。朝、起床とともに、今日が自分にとってどんな日になるかと思うと興奮ぎみでした。朝食は、例の炊飯器で作ったチキンスープ。これも勝利に向けての日課となっていましたので、変えるわけにはいきません。

ローラン・ギャロスに出発する前、父と戦略について話し合いました。父は、三月にあったインディアン・ウェルズでの試合のときに、ステファンにとって何が不利だったかを私に思い出させようとしました。私はランキング三位のステファンを、南カリフォルニアの砂漠で、やすやすと6―2、6―3で打ち負かしました。彼とは三度目の試合でしたが、勝ったのはそのときが初めてでした。

「インディアン・ウェルズでの対戦時と同じようにプレーしなさい。エドバーグを負かすには、リターンを上手に返すこと」と父は言いました。

父と私は「そう、言うだけは簡単なことだ」とわかっていました。しかし、もし私がステファンのサーブを上手く返すことができたなら、勝てる見込みはありました。ステファンは速いサーブの代わりに、トップスピンをかけた高く跳ね上がるスピンサーブを、相手のバックハンドのコーナーに向かって深く打ち込んできます。そして、スピンサーブが空中を飛んでいる間に、猫のようにすばやく動き、だれよりも速くネットの前にサービスダッシュしていく選手でした。これまで対戦したどの選手よりも、その動きが一歩ほど速いのです。このステファンの速さにどう対応するかは、そのサーブをすばやく低めにリターンすることにかかっているのです。それができれば、ステファンは腰の高さではなく、足首辺りでローボレー（訳注　低い位置から打つボレー。攻撃的なボールが打ちにくい）をせざるを得なくなります。リターーンが遅れれば、相手がその分前につめてくるため、ローボレーをさせるのが難しくなります。試合とは、こんな些細なタイミングの差で勝敗が決まるのです。

「六〇センチから九〇センチほどベースラインの内側に立って、彼のサーブが跳ね上がる前に早めに打ち返しなさい」と父は言いました。「そうすればエドバーグをやり込めるはずだ。彼のサーブは地面に落ちてから、ものすごく高く跳ね上がるから。」父の言ったことは的確でした。ステファンのサーブが地面から跳ね上がるところを打ち返すのもまたリスクがありました。そのライジングショット（訳注　ボールがバウンドしてから跳ねて軌道の頂点に達するまでに打つショット）をリターンで打つためには、ステファンのサーブからリターンまでの時間が短くなる分、そのサーブの方向を判断する前に私の体を反応させなければなりませんでした。コート・セントラルではミスが許されませんが、私は過去にインディアン・ウェルズでステファンのサーブを破るのに成功したことがあるだけに、もう一度できるだろうと楽観的になれました。

一九八九年の全仏オープンに先駆けて、神がどのように私の人生に関与されてきたかを振り返ると、とても不思議な気がします。私は、レンドル、チェスノコフ、そしてエドバーグをそれぞれ、ローラン・ギャロスまでの六か月以内に負かしているのです。彼らとの試合は、私にとって授業のようでした。そしてその勝利は、偉大な選手たちをまた負かすことができるだろうとの自信につながりました。

とは言うものの、ステファンに絶対に勝てるとの確信を持って試合に臨んだわけではありません。それどころか、どっちつかずの状態、つまりどちらが勝っても負けてもおかしくない状態でした。ステファンは屈強な相手だとわかっていましたが、負かしたことはあります。ということは、また負かす可能性はあるのです。試合の数時間前、コート・セントラルでホセとウォームアップをしました。

それからロッカールームに入って、試合前のいつもの決まった手順を踏みました。試合開始約一時間前に選手ラウンジにいた私を公式関係者が見つけ、「三時二分の入場です」と言いました。

これは、テレビ放送のために、ステファンと私が午後三時二分きっかりに入場するという意味でした。それまでにトイレをすませ、ラケットのバッグをかついでいなければなりません。三時二分は米国へのＮＢＣライブ中継を意識してのことでした。（もっとも、米西海岸は東海岸より二時間遅れとなりますが。）スポーツキャスターのディック・エンバーグとバッド・コリンズがＮＢＣの「カフェとクロワッサン」の報道担当者でした。

三時二分きっかり、私はステファンの後ろに続いてロッカールームを出て、階段を少し降り、眩しい午後の太陽を浴びるローラン・ギャロスに入場しました。気温は二十六度ほどで、風はほとんどありませんでした。私は、この晴れの舞台に感動していましたが、コート・セントラルに一歩足を踏み出しても、それほど上がりはしませんでした。ここは私にとってはもう五度目のコートでしたし、六日前のレンドル戦からは四戦続きでもありました。大きな競技場で試合する目新しさは、すでに消えつつあったので、平静を維持することができました。

五分間のウォームアップのとき、ステファンと私はグラウンドストローク、ボレー、サーブなどを交わしました。その合間に、ステファンと私を紹介するフランス語のアナウンスが流れました。

全仏オープンの選手紹介はほかとは一味違います。普通のアナウンスは、どこで生まれ、何歳で、どんな大きな試合に優勝したかだけに触れます。短いのが良いアナウンスです。フランスでは、試合内容にまで触れるので、長くて退屈に聞こえますが、それもローラン・ギャロスの伝統なのです。

「一回戦で、チャンはアルゼンチンのエドゥアルド・マッソを6—7、6—3、6—0、6—3で破りました」とアナウンサーは語り出し、再び「二回戦では、ピート・サンプラスを6—1、6—1、6—1で破り……」、四回戦にさしかかり、「……そして、イワン・レンドルを4—6、4—6、6—3……」と同時に、コート・セントラルはやじであふれかえりました。

なぜ私にブーイングをするのだろうか、と思いました。試合はまだ始まってもいないのに。それも、一部の観客からでも、上のほうからのやじでもありませんでした。コート・セントラルの観客のほとんどからのブーイングでした。

そうでした。〝レンドル事件〟は、フランスの観客たちが私の信仰について初めて知ったときと思い出しました。キリストについて潔く語ったことを、彼らが評価しなかったことをつけ加えねばなりません。ウォームアップをしながら、私は絶え間ないやじをできるだけ無視しました。

世界中の目が、私の背中に穴が開くほど注がれていたと思わずにはいられません。私は彼らの感情を試合の勝利へと奮い立たせるものとしました。フランス人のアンパイア、ブルーノ・ルブーが「ジュエ」（フランス語でプレーの意味）とコール。その直後に、私は切り札にしていたサーブ、つまりコートのセンターにサービスエースを決めました。それから、ステファンのサーブをうまく左右に散らしてレシーブで返しました。ステファンが目を覚ます前に、あっという間に第1セットを6—1で取りました。

私の願いどおりに事は運びました。ステファンがネットしたミスもあったので助かりました。第2セットで、幸運にも彼が四度めのネットにひっかけるミスをおかしたとき、フランス人の観客がやじをとばし始めました。私は大げさに肩をすぼめて両手を伸ばし、「ぼくのせいではないよ」という素振りを見せました。第2セットの中盤で、私のベンチの左後ろの選手ボックス席に座っている父母を見ました。ホセは両親の真ん中に座っていました。それから、カールが両親の前の列に一人座っているのも見ました。集中したかったので、目は合わせませんでした。家族の激励は、この決勝戦で必ず優勝できるとの私の信念を支えてくれました。

試合の流れは私のほうにきていると思っていたのですが、ステファンはより正確なサーブとボレーで、一方的な展開に終止符を打とうとしました。そして、第2、第3セットを彼はあっという間に奪っていきました。ラインぎりぎりのフォアハンドのパッシングショット（訳注　ネットぎわに出てきている相手の脇を抜く打球）を私が打ったとき、ステファンはバックハンドのボレーで、私のコートのセンターに、見事に球を突き刺したのを覚えています。私が比較的単純なフォアハンドのパッシングショットをクロス方向に打つと、ステファンは三六〇度回転して、そのボールを途中で捕らえ、私が一歩も動くことができないウィナーのボレーをナイフのように突き刺してきました。それを見た観客は大歓声を上げました。私は仕方なく肩をすぼめて、ステファンは素晴らしい動きをすると、自分に言いきかせました。

ステファンは健闘し、第2、第3セットをものにしました。ロナルド戦とチェスノコフ戦では、1

ゲームずつ分け合った後に、勝利の鍵となる第3セットを取ることができましたが、ステファン戦ではそうはいきませんでした。攻撃的でスウェーデン人らしく正確さも併せ持つ万能さはクレーコートでも十分発揮され、今や私が追い詰められていました。ステファンの戦い方は素晴らしいものでしたが、まだまだできることが残っていると私は自分を信じて疑いませんでした。それは苦しい道のりでしたが、あと2セットを何とか勝ち取らなければなりませんでした。

第4セットのはじめ、ステファンはネット前で素晴らしい攻撃を展開し、私を圧倒しました。しかし、ゲームカウントが1―1で私がサーブのとき、ステファンは四回のブレークポイントを手にしましたが、その度に私はそれを阻止しました。ゲームカウントが3―3のときも、ステファンには五回ブレークポイントがありましたが、これらもすべて阻止しました。さらに、4―4のときにもブレークポイントがありましたが、これもしのぎました。私はブレークポイントの度にステファンが仕掛ける罠から、どうにか逃げ出していました。これらのブレークポイントの一つでも取られていたら、全仏オープン優勝の栄冠はステファンに行き、私はおそらく準優勝のプレートを手にしていたことでしょう。

あるブレークポイント、ステファンはフォアハンドで、私のバックハンドのコーナー目がけて私が届かないほどの深い球を打ってきました。それでも、私は何とかラケットに当てて返し、そのボールが相手コートのライン上に飛んでいくのを見ました。それは、パスとも緩いロブともいえない、傷ついた鳥がよろよろと飛んでいくようなショットでした。ステファンは、肩よりも高いチャンスボールをボレーで決めるか、アウトボールと判断して見送るかどうかを決めかねていて、私が返したボールが空中に長く浮遊するのを見ていました。そして、とっさにそのボールを打つのを止めて見送りました。しかし、私のボールは、幸運にもテール・バテュ（踏み固められた地面）のライン上に落ちていきました。

もう一つ、彼のブレークポイントを阻止したプレーで印象的だったのは、ステファンがものすごく鋭角なボールを私のフォアハンド側に打ってきたときのことです。私は大幅にコートからサイドにはみ出してボールを打たなければなりませんでした。それによりあまりにも走らされたので、私にできることは、ハイアライの選手のように一か八かで思いきりボールを叩き返すことだけでした。そのように考えながらも、私はステファンが絶対に取れない一五センチの死角をめがけてボールを打ちました。思いきり叩いたボールは、サイドラインに、信じられないほどのウィナーとして突き刺さりました。第4セット、4―4でステファンが再びブレークポイントを手にしたときも、もうこれで終わりかもしれないと思いました。ステファンは、チップ&チャージ（訳注　スライスショットでリターンダッシュすること）という戦術を仕掛けてきましたが、私はミサイルを迎撃するように、バックハンドのパッシングショットをサイドラインめがけて強打しました。すると、これが、指一本触れることのできないウィナーとして決まりました。私は自分の握り拳を再び固く握り締め、気合を入れ直しました。

ブレークポイントを逃れてサービスをキープできたことで、5―4の私のリードとなりました。ブレークポイントを一つ一つ乗り越えていくうちに、私は帆に順風を受けたヨットのように滑り出しました。ステファンの船は、疲労が重荷となっていました。ステファンは、サーブでダブルフォルトを二度してしまいました。さらにポイントカウントが30―30になってから、彼は私のリターンボールを二回続けてネットに引っかけてしまいました。そして、あっという間に第4セットを私は取ることができました。たったの五分間で、ステファンに「良い試合だったよ」と祝福の言葉をかける敗者の側から、優勝まであと1セットという立場に逆転したのです。ゴールへの道が見えてきました。こうなったら、ステファンに勝つまでは絶対にあきらめません。

ついに、ファイナルセット

第5セットで、私のサーブから始まる最初のゲームをステファンにブレークされたのには肝をつぶしました。私にしては珍しくネットまで出ていったのですが、トップスピンがかかったものすごいロブが頭上を通過するという、痛手を負うことになりました。ステファンは勝ち誇って、両腕を高く上げました。私を心身ともに打ち負かしたと思ったことでしょう。

勢いに乗ったステファンを止めるためには、即座に巻き返しに出なければなりません。長時間の打ち合いの末、今度は私が打ったトップスピンのロブが、ステファンの頭上を越えてコートに入りました。ゲームカウントが1―1となって私のサーブの番を迎えたときは、ほっとしました。私が3―1

のリードで迎えた第5ゲームも長い小競り合いとなり、15―40となって、ステファンはここでも二回ブレークするチャンスを作りました。しかし、またもやこれをものにできず、デュースに入りました。四度めのデュースで、私がサーブをしたときは、彼は明らかに疲れており、私は2ポイントを連取して、このゲームをキープしました。これでゲームカウント4―1です。

私たち二人は、互いにどうにかして相手を木っ端微塵にしようと、三時間半も戦っていました。体力が失われている5セット目になって、ステファンが得意とするサーブ&ボレーの攻撃と戦うのは、大変なことでした。ステファンも負けまいと追い上げ、接戦となった第6ゲームを何とかキープし、ゲームカウントは私の4―2となりましたが、私も次の自分のサービスゲームを油断することなくキープしたため、5―2で私のリードと変わりました。ついに、あと4ポイントとなりました。コート・セントラルは、私が最年少でグランドスラムの優勝者になることを予期し、興奮し出しました。

疲れきったステファンは、ブローニュの森の半分倒れかかった大木のようです。私はポイントを重ね、ついにファイナルゲームで15―40（ステファンから見て）とし、私は二つのマッチポイントを迎えたのです。急に緊張と興奮が押し寄せてきて、息をするのさえ大変でした。後で多くの人々から、このとき何を思っていたのかと尋ねられたのですが、正直言って頭が真っ白だったので何も覚えていません。アドレナリンのせいで変になっていました。

主審が「静かにしてください」とアナウンスをしている間に、私はサーブを受けるためにポジションを取りました。その場で、ぴょんぴょんと跳ねてから、ステファンのサーブを受けるために構えました。その手は震えていました。彼がコートのセンターめがけて打ったキックサーブ（訳注　ボールがバウンド後、サーバーの利き手側に高く弾むサーブ）は、妙な方向に跳ねました。私は、そのサーブをコートの中央にリターンしました。ステファンは、私の位置から少し離れたくらいの簡単なボールをフォアハンドで返してきました。コートの中央深くにボールを返すつもりでしたが、緊張していた私の筋肉のせいで、ボールは予想していたよりも短くなってしまいました。ステファンはそのボールに向かって動き、私のいない方向を狙って打とうとしましたが、腕が固くなってしまい、ボールはネットの中央に引っかかりました。観客は割れんばかりの大歓声を上げました。

私は全仏オープンに優勝したのです。ふらつく足と曲がった背中で、まずは、後方のスタンドにいる家族のほうを振り返りました。そして両方の握り拳を家族に向けました。勝利に酔いしれてではなく、「信じられる?」という具合に。それからネットに急いで向かい、伝統的な試合後の握手を交わしました。

鳴り止まない大きな拍手のなか、「おめでとう」とステファンは言ってくれました。「良い試合だった。」最終的なスコアは6—1、3—6、4—6、6—4、6—2でした。

ステファンは口数の少ない人でしたが、だからといって、あの場では話すようなこともないのです。アンパイアのブルーノ・レベーと握手をしましたが、その横ではフランスのテレビ局のアナウンサー、ネルソン・モンフォールが待ち構えていました。ローラン・ギャロスの歴代の優勝者にマイクを向けるのが彼の仕事でした。最年少でチャンピオンになったことをどう思うか、とインタビューされている最中も、観客の拍手は鳴りやみませんでした。私は、第4セットで、もうダメかと思ったと言いました。そして、本当はなぜ頑張れたのかは自分自身よくわかっていましたが、なぜだかわからないけれど頑張れました、と答えました。

ネルソン・モンフォールがフランス語に同時通訳した直後、私は自分の椅子に座り、水を飲みながら両親に向かって微笑みました。フランス人たちはすばやく、表彰式の準備をしました。当時、選手たちは、国際テニス連盟フィリップ・シャトリエ会長の席があるコートの後ろの特別席まで階段を上って行ったものでした。そこには、フアン・アントニオ・サマランチ国際オリンピック委員会会長や、フランステニス界の重鎮、往年の選手たち、フランスのさまざまな有名人、私たち選手が「モンテ・カルロ世代」と呼んでいた人たちが並んでいました。

私がトロフィーをもらうとき、キャロライン妃が拍手をしていました。六十 年前にローラン・ギャロスが建てられたときの四銃士のうちの二人、九十歳のジャン・ボトロラ氏、八十五歳のルネ・ラコステ氏が、大理石の台がついている銀の大杯を私に手渡しました。すぐにその杯を、私は頭上に掲げ、観客の拍手を浴びました。それからマイクが渡されました。

私はポケットから小さな紙を取り出しました。観客は、私がテスト中にカンニングペーパーを取り出したのを目撃したかのように、くすくすと笑いました。「この紙に記されているのは、勝者スピーチではありません。このような試合の後では、何を言いたいのかわからなくなるので、ちょっとしたメモにすぎません」と、力なく微笑みながら言いました。

それから真面目に、いくらか震える声で、「この二週間は、今日の結果がどうであれ、生涯を通して心に残る忘れられない経験です。みなさんのおかげで、こんなにも楽しむことができたことを感謝します。そして、ここにいる私の家族と友人たちにも感謝します」と、右にいた母と父とカール、それからホセのほうを見ながら言いました。

次に言おうと思ったことは、多分コート・セントラルの怒りを買うとは思ったのですが、はばからずに言いました。「私はイエス・キリストにも感謝したいと思います。なぜなら、キリストがともにいなければ、私は無に等しいからです。」

この言葉は観客の神経を逆なでしました。これまでの賞賛は、不満の声とやじに代わりました。中には、拍手をしてくれた人もいたのかもしれませんが、私の耳には届きませんでした。それから最後に、こう言いました。「来年、またここに来るのを楽しみにしています。神様の祝福がみなさん一人ひとりの上にありますように。そしてだれよりも、(天安門広場で苦しむ)中国の人々のうえに。」

今になって振り返ってみると、フランスの群衆にどう思われるかを考えなかったのは、若さゆえと言えるでしょう。彼らの抗議のやじは私にとっては無意味でした。神の守りがあったからかもしれませんが、とにかく、まったく気になりませんでした。

優勝カップを持ち、写真用のポーズをとると、やじは鳴り止みました。五百個ほどのレンズが向けられたように思いました。そして、カメラマンのほうを見るように、カップに口づけをするように、高く掲げるようになど、指示どおり動きました。それがやっと終わって、カップを持ってロッカールームのほうに歩き始めました。

「すみません、マイケル。それは、持って帰れないんですよ」と、フランスのテニス連盟委員の一人が追いかけてきました。

「持って行ってはいけないのですか?」これがこの日、私が一番仰天した事件でした。

「そうです。それはここに置いておくものです。」

「え?　なぜですか。」

「優勝選手はレプリカをもらうんですよ。はいどうぞ。これがそうです」と、彼は本物よりもだいぶ小さなレプリカを手渡そうとしました。「男子シングルス一九八九年」と彫り込まれたミニチュアのトロフィーを見て、冗談かと思いました。手渡されたものは、ローラン・ギャロスの一万六〇〇〇人、テレビ画面の数百人の前で受け取った本物とそっくりでしたが、大きさは五分の一ほどでした。

私は笑い出しました。

「ご冗談でしょう?」

「いいえ。」

私はグランドスラムの巨大なカップを空高く掲げ、家に持って帰ることをいつも夢見ていました。肩をすくめて、失望を隠しました。もちろん私は、優勝トロフィーやランキングの順位が上がるほかにも、賞金をもらいました。二万九一七五ドル、これまでのキャリアでもらった賞金の二倍以上の額でした。それは、私と私の家族にとっては、世界中のお金が集まったような感じに思えました。

NBCのバッド・コリンズが、インタビューをしようと待ち構えていました。最後にローラン・ギャロスで優勝した往年のアメリカ人プレーヤー、トニー・トラバートも一緒でした。「どうして勝つことができたの？」とバッドが尋ねました。「本当のことを言うと、どうしてだかはわかりません」と小さなトロフィーを持ちながら言いました。「だれかが私のことを見守ってくれていることは知っています。今日の差は、本当にわずかでした。」

トニーが私を祝福してくれたので照れました。「一九五五年にアメリカ人として私が優勝して以来、きみが初のアメリカ人だ。敬意を表するよ。私はきみを応援していたし、今日、優勝することを予想していたよ」とトニーは言いました。

シャワーを浴びた後、まだこなさなければならない記者会見がありました。何人かの記者が、授賞式でのやじについて質問しました。「おそらく人々は私が神のことに触れるので、またかと思うのでしょう。でも、もし私が本当のことを語るとしたら、それはイエス・キリストなのです。私はイエス・キリストのおかげで勝ったのです。これが私の生き方です」と答えました。

午後九時ごろ、まだ明るい空の下、家族とともにローラン・ギャロスを後にしました。高級ホテルのレストランに予約が入れてあって、エージェントのジェフ・オースチンと、自社製品のラケットに変更できないかと以前から勧誘してきたテニス用品会社の重役たちも祝いの席に加わりました。

ビジネスの話をする気がなかったので、その晩は勝利の時を楽しんで過ごしました。滞在していたホテルに戻って休もうとしましたが、優勝後の人生の最初の日は、すでに多忙極めるものだと知らされました。ローラン・ギャロスの美容院は、私の散髪準備をして待っていました。本物の大きい優勝トロフィーを持って、広いブローニュの森の写真撮影も予定されていました。それから、午後一時十五分に（ニューヨーク時間午前七時十五分）生放送のインタビュー、ほかにもいくつかのインタビューの予定が入っていました。

火曜日にパリを去ったとき、USAトゥデイやニューヨーク・タイムズなど大手新聞社で、一面広告が掲載されました。リーボックのシンプルな広告で、大きなページに二つの写真が使われていました。一つはアランチャ・サンチェスの決勝戦、もう一つは、決勝戦での私の写真でした。

広告のコピーは短く、

十七歳で、歴史を勉強しにパリに行く者もいるが、歴史を作りに行く者もいる。

とありました。私は確かに歴史を作りました。ですが、将来何が起こるのか見当もつきませんでした。

第3章　押し寄せてきた名声

スーツケースに大きな夢を詰めパリを立ち、行く先々で話題に取り上げられながら、ロンドンに着きました。次の大きな試合は、テニスの中でもっとも由緒ある、そしてもっとも渇望されるタイトル、ウィンブルドンでした。このころ、私はテレビがどれほど影響力があるかを学びました。若い女の子から、「汚い指のまま」バナナを食べるので幻滅したとの手紙をもらったのです。イワン・レンドルとの試合で、私が何本ものバナナを皮を剝いてから右手で折り、口に頰張り、むしゃむしゃ食べている映像をその女の子はテレビで観たのです。「クレーコートで試合をしたら、手が汚れるのを知らないの?」と指摘されました。

一方、大手メディアはファン向けに〝チャンマニア〟用のイメージ作りに精を出しました。この時期は、アメリカのテニス界が壁にぶち当たっていたときでしたから無理もありません。次のジミー・コナーズ、ジョン・マッケンローはいつ出るのかと、人々が待ち望んでいた時代だったのです。そんな中で、私が注目を浴びたのは当然でしょう。アメリカ中産階級、中国移民の息子、南カリフォルニアの州立コートで、自分よりも年上の大きな選手たちにもまれながら育った、勇気としたたかさを持つ、本来ならばジュニアに属するはずの年齢の小柄なプロテニス選手が、最年少でグランドスラムで勝利した……との触れ込みです。しかし実際、日ごろから熱心にテニスを追いかけているファンは、一九八七年の全米オープンの第一回戦で私が勝ち、最年少の十五歳と話題になったのを覚えているはずです。期待されていなかった私の勝利に興奮した記者が、当時アメリカのトップだったジョン・マッケンローに、「マイケル・チャンをどう思うか」と質問しました。

「マイケル・チャンってだれだい？」とジョンはそのとき、首をかしげたそうです。

今や私は、アメリカのテニス界を担う次世代のヒーローとして有名になったので、ジョンも私の名前を知っています。ですが、出る釘は打つべきと思ったのかもしれません。テニス記者が、私がウィンブルドンで勝てると思うかとジョンに質問したとき、「ウィンブルドンの滑らかなグラスコートでチャンが栄冠をつかんだら、センターコートの真ん中で、自分の履いているパンツを下げよう」と豪語したそうです。

笑えますが、品があるかは疑問です。ジョンは、事を荒立てることが好きなのです。彼が全米オープンのコメンテーターを務めた際、オランダのリカルト・クライチェクとヤン・シーメリンクの対戦で、もしシーメリンクがタイブレーク0—6から持ち直してこのセットを取るなら、「逆立ち」をしようと宣言しました。さて、ヤンはそのタイブレークを持ち直して、大逆転でそのセットを見事ものにしました。こうしてジョンは翌日、スタジオの中で逆立ちを強いられたのでした。

そんな調子ですから、ジョンらしいコメントを聞いても馬耳東風でした。ジョンが私をやっと認めたのは、それから三年後、当時私よりもランクが上で人気絶頂だった三十三歳の彼を、二十歳の私が初めて破った一九九二年の全米オープンのときでした。それ以来、ジョンは私を評価するようになりました。

変化はなし

一九八九年の全仏オープン後のイギリスでは、取材陣から引っ張りだことなりました。ファンは行く先々で同じホテルに泊まり、私の動向を注視し、エージェントは電話対応に太刀打ちできないほどでした。それまで人目を引かない存在だっただけに、ローラン・ギャロスの後に開けた別世界に慣れるのに一苦労しました。そこで私と母は、家での暮らしやツアー時（母が料理、洗濯、そのほかをしきる）のことについて話し合い、これまでどおり何も変えないほうが良いとの結論に達しました。私の月々のお小遣いも、これまでどおり一〇〇ドルに据え置こうかと母にからかわれました。

冗談はさておき、人柄が変わったら駄目だと思いました。成熟するのは良いでしょう。もっと良い人間になるのも然りです。しかし、傲慢で、自意識過剰には絶対なりたくありません。けれども、全仏オープンを十七歳の若さで勝ち取った今、私たちの人生が決定的に変化したのは承知していました。もう、後には戻れません。報道陣は、練習時のコートに殺到し、ロッカールームをうろつき回り、ホテルのロビーで待ち構えました。線引きをするのは容易ではありません。母が取材を中断すると、記者は「十分間で時間切れ」と皮肉っぽい切口上の記事を掲載しました。それに、質問に対する私の言葉遣いも問題でした。同年代の典型的なティーンエイジャーの話し方ではありませんでしたが、何しろ十七歳です。「いや……」「えーっと」「あのー」など、たどたどしく答えるという有様でした。私はまた、「~など」という役に立たないフレーズをよくつけ加え、「私は釣りなどが好きです」または、「私の母は私のために米などを料理します」というような言い回しを頻繁にしました。

記者たちは私を一人前の大人と勘違いして扱い、さまざまなトピックについて質問してきました。例えば、ウィンブルドンは芝生コートをやめるべきか、あるいは自分がアメリカのテニスの未来を代表すると思うか、一九四一年アメリカンフットボールのジョニー・チュン以来の偉大な中国系アメリカ人スポーツ選手になったことをどう思うかなどです。(この人の名前を知らなかったとしても心配ありません。私だって聞いたことがなかったのですから。)ほとんどの記者たちは問題ありませんでしたが、イギリスのタブロイド紙は攻撃的だったので慎重になりました。彼らは事実を無視し、書きたいことを書く輩という印象を受けました。

メディアからのひっきりなしの注目をよそに、ロンドンでは特別なことが二つ起こりました。それは全仏オープンに勝たなければ、遭遇できなかったことです。一つは、ダイアナ妃から、チャリティー募金のためにエキシビジョンマッチをしてほしいと頼まれたことです。本物のプリンセスに会えるなんて夢のようでした。テレビで見たとおり、感じの良い、魅力的な方でした。

ビリー・グラハム氏と共に。
左からダイアナ、グラハム氏、マイケル、カール

二つ目は、米国の福音伝道者ビリー・グラハムと奥様のルース、彼の右腕モーリー・スコビーに会うため、一行が滞在していたロンドンのホテルに両親とともに招待されたことです。たまたま同時期に、グラハム博士は伝道集会のためにロンドンを訪れていたのです。ダイアナ妃にお会いできたことは素晴らしいことでしたが、尊敬してやまないグラハム博士と会い、握手できたことは実に感動的でした。この優しそうな信仰の巨人が、私の心を見つめ、いまだ告白していない罪を見透かすように思われ、たましいが震えたことを覚えています。グラハム博士は緊張した私を見て、話題を全仏オープンの話に振ってくださいました。そして、私がこれからもキリストと歩みながら成長するように、常にキリストとともにあるようにと励ましてくださいました。

私はこの言葉を、旧約聖書でモーセが神の言葉をシナイ山で石板に刻んだように、真摯な気持ちで受けとめました。その晩、最も楽しかったのは、中国で生まれ育ったグラハム夫人が十七歳までの中国での暮らしを話してくれたことでした。夫人の父L・ネルソン・ベル医学博士は、江蘇省《こうそしょう》北部の清江浦で医療宣教師をしていました。彼は、長老派教会の宣教団体が運営している世界最大の病院の院長で、家族は病院の敷地内に住んでいたそうです。

一九二〇年代から一九三〇年代にわたるグラハム夫人の中国での生活ぶりに、私の両親はすっかり引き込まれました。夫人とその家族は、言葉にならないほどのつらい経験をしたのです。いなごの大群による被害、疫病、政情不安、軍国主義の台頭、国家主義的な政府、共産主義、そして日本軍の侵攻。グラハム夫人が、どんなときも中国の人々を愛し、いかに中国文化が自身の一部であるかを語ってくれたとき、私たちは夫人とグラハム博士に家族のような絆を感じました。特に、彼女が一週間に一回は本場の中華料理を作ると聞き、親近感はひとしおでした。

ウィンブルドン選手権が始まる前に、もう一人出会った人がいます。オールイングランド・クラブのロッカールームで、イワン・レンドルにばったり遭遇したのです。私の顔を見ると、うれしそうに顔をほころばせました。

「フランスでの優勝、おめでとう。きみが勝って本当にぼくはうれしいよ」と、彼は心からそう言ってくれました。

イワンにお礼を言いながら、その人柄に再び感銘を受けました。フランスでの勝負の後、テレビをつけると、アンダーサーブを打つ私の映像や、マッチポイントでイワンがダブルフォルトをする直前にサービスラインの近くに立つ私の様子が頻繁《ひんぱん》に放送されていたので、あの試合以来、彼は私を恨んでいるのではと思っていたからです。それなのに、イワンは心から私の成功を祝福する言葉をかけてくれました。

わが家が一番

一九八九年のウィンブルドンで、ジョン・マッケンローがセンターコートで自分のお尻を世界中に披露することはありませんでした。私は三回戦まで勝ち進みました。あのロナルド・アジェノールとも再び面白い試合を行い、4セット目で私が勝ちました。ベスト16に進出し、五回戦のティム・メイヨットに負けたとき、滑らかなグラスコートで健闘できたことに満足しました。サーブとパワーの両輪がグラスコートでの勝利の秘訣です。しいて言えば、この二つは私の強みではありません。

六週間のヨーロッパ遠征は長く、母と私は、カリフォルニアのオレンジ郡の中では、一番小さいプラセンシア市のわが家に帰ることを心待ちにしていました。自分のベッドで眠り、母が台所で作るおいしい料理に舌鼓を打つなんて、天にも昇る心地でした。レストランで食事をしなくてすむうえ、家の水槽で飼っている魚たちの世話もできます。

プラセンシア市の善良な住人たちは、自分たちの息子ともいえる私が、フランスで優勝したことを心から誇りに思ってくれているようでした。NBCの人気キャスター、ディック・エンバーグ氏は、「プラセンシア出身のこの若者は、勝ち進んでいます」というように、何度もコメントの中でプラセンシア市を引き合いに出してくれました。キャロル・ダウニー市長は、十月恒例のプラセンシア市創立記念パレードで、先頭を行く山車に乗り込むことができる名誉ある役に私を指名しました。そのうえ、パレードの後でプラセンシア市の鍵を私に贈呈するとも申し出ました。（私の名前をつけた通りもできたそうですが、行ったことはありません。）

ロンドンから帰って、しばらくしたある日、練習から戻るとテレビ局のクルーが忙しそうにわが家を出入りしていました。居間のカーペットの上にはカメラが四台も設置され、そのケーブルの取り付けに大わらわ。テレビ番組の取材班が、私がどのようにテニスをものにしたのか、なぜパリで優勝できたのかなどを質問しました。その後、家の前に大きな黒いリムジンが待っているのに気づきました。バーバンクにあるＮＢＣスタジオで、ジョニー・カーソンの人気テレビ番組「ザ・トゥナイト・ショー」にゲスト出演するための迎えの車でした。

私はこのインタビューをとても楽しみにしていました。この番組をお茶の間で見る、ほかの何百万人のアメリカ人と同様、私はジョニーのしゃべりに笑いを誘われて育ってきたからです。それに、彼がテニスファンだと知っていました。毎年、英国のウィンブルドンに行き、テニス選手をゲストとして招くぐらいですから。また、恒例のロサンゼルス・オープンの男子ツアーが開幕すると、カーソン氏はＵＣＬＡテニス会場のベースラインの真後ろ最前列を必ず陣取って試合観戦をしていました。

「今晩のゲストは先月全仏オープンで優勝し、私たちの心をとらえ、世界中のファンから尊敬を勝ち取った、才能あふれる若者です」とジョニーは語り出しました。「そのときの映像をまずお見せしましょう。」彼と視聴者が見入ったシーンは、おなじみ、私のアンダーサーブと、イワン・レンドルのサーブ時に、サービスラインに接近する私の姿でした。

まず、ジョニーが私を紹介し、テレビで何度も目にしたスタジオのセットに私が登場、ジョニーの机の横の椅子に座ります。社交辞令を交わした後、全仏オープンについても少し談笑し、それからレンドル戦について聞かれました。イワンのことを思いながら、「彼にとっては受け入れ難かったに違いありません。相手はたった十七歳の若僧です。それに2セットもリードしていましたし、おまけにその小僧は足の痙攣で苦しんでいたのですから」と言いました。

スタジオ内の観客が笑ったのでうれしくなりました。ジョニーは前もって話すことを用意せず、自由におしゃべりしながら、話を発展させていきました。ですが、インタビューの後半で、テレビ局があらかじめ調べていたと思われる質問を投げてきました。

「ぼくは、きみがまだ運転免許を持っていないことを知ってるよ」と言うのです。ジョニーのトレードマークである両眉毛をつり上げながら、「それで、きみはデートに行ったんだってね。だれが運転したんだい?」とからかうように聞きました。

十七歳で運転免許なしで南カリフォルニアで暮らすのは、水道が通っていない家で暮らすようなもの。その不便さはだれよりもこの私が一番よく知っていました。

「(よし、それなら、楽しませてやろうじゃないか。) 最後にデートしたときは、両親が運転してくれました。」こう明かすと、観客たちは爆笑しました。そして例のトレードマークの眉毛が再び、ひくひく。このデートの話は笑えると自分でも認めます。そのうちに、幸運なことに時間切れとなり、それ以上恥ずかしい思いをしなくてすみました。時間があったら、父母と一緒に彼女を迎えに家に行き、ショッピングセンターで降ろしてもらい、レストランで食事をした後に映画を観たことや、その後に両親に電話をして迎えに来てもらったことも言わなければならなかったでしょう。

カールソンさん、そんなこと全然たいしたことはありませんよ。本当に……。

感謝礼拝

ショーに出演した後、父母とカールと一緒に車で九十分かけて、サンフェルナンド・バレーの西端にあるサウザンドオークスに行きました。そこにある中国人教会の駐車場に車を止めると、すでに集まっていた親戚や友人たちが出迎えてくれました。その土曜日の夜は、感謝礼拝が予定されていました。ローラン・ギャロスで起こったことについて、神に心からの感謝をささげるのが目的です。

私の祖父であるケーウン・チャンは、一九八一年に創立した中国人教会の創始者の一人でした。私は祖父のことを、中国語の愛称で「ゴンゴン」と呼んでいました。祖父の娘であり、私の叔母であるレベッカおばさんは、家族とともにサウザンドオークスに住んでいました。私は子どものときから、親戚付き合いが大好きでした。叔母には私の従兄弟に当たる三人の子どもがいて、名前はジミー、ジョー、ジェリー。私たちは大の仲良しでした。

祖父はチャン家の家長で、それにふさわしい人でした。グラハム夫人であるルースと同い歳で、中国の広東省《かんとんしょう》で育ちました。あるとき、祖父の母親がガンになりました。一九四〇年代半ば、医学が発達していなかったので、死の宣告を受けたのも同然でした。

曽祖母は仏教徒で、家族全員が仏教を信じていました。ガンとわかったとき、思いやりのあるクリスチャンの女性が福音を分かち合ってくれ、それを聞いた曽祖母はクリスチャンになりました。家族は、彼女がクリスチャンになったので驚きましたが、その直後にガンが治ったと聞き、もっと驚きました。奇跡を目の当たりにして、家族一同がキリスト教に改宗したのです。

祖父の家は、工業用アルコールと家庭用の砂糖の製造を手がけていて、一般の中国人よりも裕福でした。しかし、多くの中国人たちと同じように、蔣介石《しょうかいせき》による国家主義と毛沢東の共産主義との間で勃発した内戦に巻き込まれました。毛沢東が勝利を挙げた際、地主だった祖父とその家族はマークされて捕らえられました。一九四九年に蔣介石とその支持者は台湾に亡命し、直後に私の親族も同様に台湾に亡命しました。そのとき、全財産を本土に残していきました。

家族が台湾に到着したころ、父は七歳ぐらいでした。（父の姉妹の一人は本土に残りましたが、現在は彼女もアメリカに住んでいます。）父は一九四二年に、六人兄弟の三番目として広東で生まれました。父の幼少期については詳しく知りませんが、家族は台湾で再び経済的な巻き直しに成功したようです。

毛沢東が台頭した一九四〇年、別のある中国人家族が台湾の港に向かって亡命しました。ドミニカ共和国の中国大使として活躍していたマイケル・ツンとその家族です。マイケルの四人の子どもの二番目に生まれたベティー・ツンは、一九四四年にニューデリーで生まれました。ちょうどそのころ、この家族は戦時外交の旅の只中にあったのです。

父と母は台湾では面識がありませんでした。ですが、母は一九五九年、十五歳のとき、父は八年後の一九六六年、二十四歳で台湾からニューヨーク市近辺に移住しました。それぞれ言葉もわからない、文化もまったく違うアメリカにやって来たわけです。母の父は外交官だったため、USA特別移民に認定されましたが、父は学生ビザで入国しました。母の家族、ツン家はニューヨーク市内フォレスト・ヒルズに住みました。父はニュージャージー州ホーボーケンにあるスティーブンス工科大学の大学院に通っていました。父は化学工学の上級学位を取り、一方、母はミネソタ大学で医学技術の学位を取得しました。

ある週末、ニューヨーク界隈で中国語を話す家族同士の集まりがあり、父はメイ・ツンという女性に出会いました。二人の会話は弾み、その日の晩にメイは、音楽好きで歌がとても上手い私の父ジョー・チャンを、同じ趣味を持つ妹のベティーに紹介したいと申し出ました。

お見合いを意識した紹介かどうかはわかりませんが、ジョーとベティーはデートをし、意気投合しました。一目惚れだったのでしょう。それから六か月後に、二人はゴールインしました。

両親は小さなアパートに引っ越して、二人だけの暮らしを始めました。二年半後に、最初の赤ちゃんカールが生まれました。母は内分泌学の研究所で働き、父は昼間ライヒホールド・ケミカル社で働きながら、スティーブンス工科大学の夜学で修士号を取得しました。そのほかにアルバイトもして、何とか暮らしていけるように頑張ったようです。アメリカで苦戦するほかのアジア系移民の夫婦と同じように、両親は生計を立てるので精いっぱいでした。暮らしは大変でしたが、自由の国アメリカで、アメリカン・ドリームを追いかけることを謳歌したことは確かです。

神の威厳

サウザンドオークスの中国人教会堂は、両親と親戚、集まった数百人の友人たちで埋め尽くされました。パリで起こったことについて神を賛美し、感謝をささげる荘厳な二時間の礼拝となりました。私は家族とともに最前列に座り、感情が込み上げてくるのを抑えようとしていました。神の偉大なる存在が心の中を満たしていました。神が、このような信じがたい方法で私のような者を恵んでくださったこと自体がとても不思議に思えたし、自分はそれにふさわしくないと感じました。神はご自身の目的のために私を通して働かれました。けれども、年若く未熟だった私は、その神の目的が何なのか理解していませんでした。それでも、神をほめ称えるこの素晴らしい礼拝のときが持てたことを心から感謝しました。

家族は講壇で何か一言、あいさつするよう促されました。父が英語で話すと、同時通訳の人が中国語に訳しました。母は中国語で話し、同じ人が今度は英語に訳しました。

講壇に私が上がったとき、大勢の会衆を見ることすらできませんでした。未熟なティーンエイジャーだった私は、実はとても恥ずかしがり屋でした。公の場で話す場数も多く踏んではいませんでした。

会衆が自分のことを知らないと想定して、話しかけようと思いました。「私をご存じない方もいると思いますが。私はマイケル・チャンです。私は十七歳で、プロのテニス選手です。」

そんなことを言うのは、南カリフォルニアのヴェンチュラ・ハイウェイは毎日午後五時に渋滞するというような、当たり前のことを言うようなものでしたが、とにかく続けました。「まず初めに、イエス・キリストに感謝をささげたいと思います。なぜなら、キリストなしでは、私は無に等しいからです」と一言一言を心を込めて言いました。

次に一連の質問を会衆に投げかけました。

「もう1ポイントも取ることはできないと思った痙攣の激痛のなか、イワン・レンドルに勝つことができたのは偶然が成せるわざだったのでしょうか？」

会衆は控えめに頭を左右に振りました。「ロナルド・アジェノール、アンドレイ・チェスノコフ、そしてステファン・エドバーグに追い上げて勝利したのは、偶然が成せるわざだったでしょうか？」

会衆は今度は「ノー（違います）」と応えました。

「もちろん、すべて偶然ではありません。私はパリで自分一人の力で試合を続けたのではありません。イエス・キリストは本当に生きています。」

会衆からの割れんばかりの拍手を受け、私は再び恥ずかしくなりました。終わった後、ほっとして、本当に謙虚な気持ちになりました。

感謝礼拝の後、謝恩会が教会のホールで開かれました。中華料理の祝宴でした。私は二枚の皿に料理を山盛りにし、大きな長方形のテーブルに両親と親戚とともに座りました。祖父の心を読むことができたなら、自分たち家族のこれまでの長い道のりに思いを馳せていたに違いありません。

幼少期

一九七二年二月二十二日火曜日に、ニュージャージー州ホーボーケンのセント・メアリー病院で私は生まれました。ホーボーケンが大いに誇る、おなじみの青い目フランク・シナトラと同じ誕生日でした。どうやら私は、二という数を切り札として生まれて来たようです。

・二番目の子どもで、二人目の息子。
・一九七二年二月二十二日、午後二時生まれ。
・背丈二二インチ（約五五センチ）、重さ一二オンス（約三四〇〇グラム）。
・母方の祖父マイケル・ツンの名前をとったのでマイケル二世。
・人生において、もう一つ「二」が私につきまといます。それは少々残念です。なぜなら一位になれなかったからです。これまでのテニス人生で、最高ランキングは二位でした。

私が生まれたとき、兄はちょうど三歳と九日を迎えたばかりでした。私が六か月のとき、小さな息子たちとの住まいを変えなければいけないような事件が起こりました。ニュージャージーの小さなわが家に泥棒が入り、金目の物を取ろうと荒らしていったのです。家にだれもいなかったのが不幸中の幸いでした。しかし、家中が荒らされ、家族にとって大切なものが一面に散乱しているのを見た母は、大きなショックを受けました。そこで、ニューヨークのベイサイド、ハドソン河付近に住む母の両親の家に六か月間、避難しました。

赤ん坊だった私は良い意味で、とても頑固だったそうです。祖母のドロシー・ツンが、八か月だった私の面倒を見ました。そのころは多分、乳離れしていたのでしょう。両親が作ったミルク授乳のスケジュールによると、朝の授乳時間は午前六時きっかりでした。

ところが四月になって、アメリカではサマー・タイムがスタートしました。祖母の部屋で寝ていた私は、ベビーベッドの中で冬時間の午前六時になると、祖母を起こしたようです。もちろんお腹が空いて泣いたのですが、祖母にとっては夏時間の五時だったため、あと一時間はゆっくりと寝たかったようです。

祖母は「私は時計どおりにしますよ」と、赤ん坊の私に言いわたしました。授乳まであと一時間も待たなければなりません。はたして私に祖母の言葉がわかったかどうかは疑問ですが、泣き叫ぶどころか、すぐに自分の親指を吸い出し、次の一時間を静かに耐えたそうです。

よちよち歩きのころのことは、ほとんど覚えていません。アメリカのおもちゃメーカー、トンカ製のトラックとテディベアが好き。ポパイに憧れていたので、野菜を食べることは受け入れていたようです。両親は子育ての合間にテニスを始めました。実は母が最初でした。あるバザーで、木製のラケットを一ドルで買い、自分が卒業した高校の壁で練習を始めました。その後は父が試し、ボールがラケットに当たる感触が気に入り夢中になりました。

けれども、両親にはテニスを楽しむ余裕などありませんでした。彼らは、私のおしめを取り替えたり、家中を走り回る元気な二人の子どもたちのお尻を追いかけるのに大わらわでした。ほかの移民たちと同じように、家族を養うので手いっぱい、いつの日か安定した生活を、と願うばかりでした。

父は新しい職探しを始めました。3Mという企業に履歴書を送りました。3Mは、セロテープから、一九六九年にニール・アームストロングが月面を歩いたときに履いたブーツの裏地合成繊維まで生産する巨大な複合企業でした。本社はミネソタ州セントポールにあり、一九七〇年代に急成長を遂げた会社です。父は面接を経て、化学技術者として採用されました。これを受けて、一家のミネソタ行きが決まりました。父が知っていたミネソタと言えば、ゴーファーという土ねずみをマスコットにしている州で、ニューヨークの冬がお遊びと思えるほど冬が厳しいということでした。

家族に広がったテニス熱

一九七四年、ミネソタ州ウッドベリー（セントポールの郊外）に引っ越したその年、父はテニスブームに乗りました。一九六〇年代後半に、トーナメントが〝オープン〟になり、プロのテニス選手でもアマチュアの選手（陰で少額のやり取りがありましたが）でも、世界的な強豪との対戦が可能になったのです。

ロッド・レーバーやケン・ローズウォールのようなオーストラリアの強豪が、再びウィンブルドンや全米オープンで、将来有望なプロテニス選手のアーサー・アッシュ、スタン・スミスなどと顔を合わせることが可能になったことに、テニスファンたちは大喜びでした。テレビでも頻繁にテニスの試合が放映されるようになりました。父が生まれた二〇年代、三〇年代のベビーブーム世代は、静けさの後に続く速さ、そして獰猛なまでの激しさを兼ね備えたこの「最高のスポーツ」に魅了されていきました。父は、テニスが知的な面でも刺激的な競技だと悟りました。

ニュージャージー州で何度かテニスをしていた父は、ミネソタ州ウッドベリーに引っ越してからというもの、それこそ夢中になりました。北部であるミネソタのテニスシーズンは当然短いものでしたが、父は社内トーナメントのシングルに出場するまでになりました。テニスをしないときは、テニスについて本や雑誌を読みあさるほどでした。

週末になると父は近くの公園でずっとテニスをしていたので、母が子どもたちも一緒に連れて行ったらと提案しました。兄のカールと私がうるさくせがむようになるまでに、そう長い時間はかからなかったはずです。「ぼくも、父さん！　ぼくたちもプレーしてみたい！」

私が初めてラケットを振ったのは六歳、小学一年生でした。父は古いテニスボールをたくさん詰めたかごを持って、公園のコートに私たちを連れて行きました。コートに入ると、すぐにどんどんとボールを打ったのを覚えています。父とは卓球もしたので、テニスのボールを打つのはそれほど難しいとは思いませんでした。私の背が卓球台に届くか届かないくらいのころから、父は家の地下室に卓球台を設置し、私は椅子の上に立って、父の打つピンポン球を返していました。

テニスコートではカールと私は同じ側に立ち、フォアハンドとバックハンドを父と練習しました。カールはボールを強く打って決めるのが大好きでしたが、私はそのころから相手のコートにボールをくり返し打ち続けることが得意でした。子どもたちが楽しむ姿を見て、父は思わず財布の紐を緩め、私たちをテニスレッスンに通わせることを思い立ちました。ところが問題が一つ。近隣にあるフェラン・テニスクラブのプロ、アーニーのレッスンに、子どもを二人とも入れるだけのお金はありませんでした。そんなわけで、父と私は次善の策を取ることにしました。カールだけが一時間ほどプロにフォアハンド、バックハンド、グラウンドストロークを習う間、父と私は静かにそれを見学しました。プロの教えることを父はノートに取り、私は見逃すまいと集中しました。その後に、カールがその日に学んだ内容を父が私に指導してくれました。

当時はまだ木製ラケットでしたが、当時話題になっていたのは、プリンスのラケットでした。新発売のプリンスラケットは面が大きく、たくさんのストリングが張られていました。私もこのラケットが欲しいと思いました。

「父さん、プリンスを買ってちょうだい。」

「お前の頭が、プリンスのラケットよりも大きくなるまではおあずけだ」と、父はポーカーフェイスで答えました。

私の頭がプリンスのラケットより大きくなるわけがありません。もちろん冗談だったのですが、私は本気で頭をひねりました。怪訝そうな息子の顔を見て、父は「冗談だよマイケル。プリンスを買ってあげよう」と笑いました。

いつも父は私をからかいました。ぶどうの種を飲み込んだときは、「マイケル、大丈夫かなあ、飲み込んだりして。その種が頭から芽を出すかもしれないぞ。気をつけろ」という具合です。私を茶化すのが父の楽しみの一つでした。

秋も深くなると、ミネソタでは屋外テニスコートが春の復活祭まで閉鎖になります。この間、私は家の地下室で柔らかいスポンジボールを使ってテニスの真似事をして遊びました。ミネソタでは、たいていの家に、ボール遊びに十分なほどの広い地下室があります。父と母が仕事から帰宅する前、学校から一足先に戻ると、すぐにラケットとスポンジボールをつかみ地下室に直行し、そこで自分の世界に浸りきっていました。

子どもの想像力は、そうでなくても生き生きしています。毎日、午後の地下室で想像の世界のジミー・コナーズやビョルン・ボルグと「試合」をしました。会場はウィンブルドンか、全米オープン、たいていは5セットで私が勝ちます。ラリーをするときは壁を睨んで「サービス」し、得点を1ポイント1ポイント数えながら懸命にプレーしました。壁に当たった球が私に向かって真っ直ぐ返り、床にバウンドしているならゲームはまだ続く。――自分のショットがウィナーを決めたと思えば、そうなります。ボールが正面に当たった後、横の壁に当たった場合は、ボルグのミスでアウト。頭の中で試合の光景を想像しながら遊びました。結果はいつも7―6で私が勝ちますが、自分と実力が似ている相手とタイブレークになったら、たいていは7―5までもつれ込みます。私が落とすときは「ラブ」で、0―6。そんなときは、早く試合を終えたいからでした。

地下室の試合は、初めはわざと2セット続けて落とし、ドラマチックに追い上げを果たす舞台作りをするのです。そして、たいていは5セットのベストで観客が総立ちになるなか、勝利に酔いしれるという筋書きでした。

大人になった今も、目を閉じるとあの家の地下室が鮮明に浮かびます。でも、夜は別でした。あのころは、地下室の窓から昼間の日差しが差し込んでいなければ試合はできませんでした。夜、暗闇の地下室に降りるのは怖くて嫌でした。魔物が住んでいると本気で思っていたからです。

地下室でも、バックハンドはいつも両手で打ちました。なぜなら、ビョルン・ボルグが黒い取っ手のドネーラケットで、そのように打っていたからです。地下室を駆け回り、スポンジボールを追いかけながら打ち続け、勝った負けたを瞬時に判断するのは楽しいものです。このゲームは、私の反射神経を鍛え、実際の屋外コートでの試合の腕前はどんどん上達しました。テニスを始めて一年後、やがてカールと私は、毎週末のようにジュニアテニスのトーナメントで、木とプラスチックでできたトロフィーを手にするようになりました。「テニスの才能がある息子さんが二人もいるのですね」と、両親は声をかけられるようになりましたが、残念ながら、一万の湖がある州と言われるミネソタ州のジユニアテニス界では、井の中の蛙も同然でした。

カールと私が寝た後に、父母は毎晩夜遅くまで話し合いました。

「どうしたらいいかしら?」

「カリフォルニアに引っ越そうか」と父は考えを巡らせました。「カリフォルニアなら一年中プレーできるし、ジュニアトーナメントは世界一と定評がある。」父はいつものように得意な下調べをしていました。

「でも費用がかかりそうね。」

「なんらかの犠牲を払うしかない」と父。

「孟母三遷《もうぼさんせん》ね」と今度は母が言いました。中国のことわざで、子どもの教育のために、母は三度引っ越すことも厭わないという意味です。母は家族のために最適な巣作りをしようと心に決めていましたから、息子たちのために、よりテニスが盛んな地に引っ越すことを望みました。

夢のカリフォルニア

一九七九年夏、常に太陽の口づけを受ける北サンディエゴ、ラ・コスタに引っ越しました。有名なラ・コスタ・リゾートから東に数マイル行ったところでした。ラ・コスタ・リゾートには、ジミー・コナーズが師事したことで有名なパンチョス・セグラ選手がいました。両手でフォアハンドもバックハンドも打つ、がに股のエクアドル人パンチョスは、アメリカの有力選手ジャック・クレーマーのワゴンで地方巡業をし、今で言うテニスツアーのはしりを仕掛けた人でした。そのころのプロテニス選手と言えば、一試合だけのエキシビジョンだったようです。アイオワのダベンポート、カリフォルニアのベーカーズフィールドなどをラケット一本で渡り歩いたのです。

両親にはラ・コスタの会員費は高すぎましたが、サンディエゴにいるということは、パンチョスに師事した人からレッスンを受けることができるというメリットがありました。両親も私たちも、何よりも出場する試合の質がミネソタよりも高いことに期待を寄せました。やがて、わが家の週末は、サンディエゴのチュラビスタから、北ハリウッドまで各地で開かれる試合の予定でいっぱいになりました。ミネソタ州と異なり温暖なカリフォルニア州では、一年を通じて、望めばほぼ毎週ジュニアのトーナメントに参加することもできました。

ラ・コスタに引っ越した直後、あまり年会費が高くないテニスクラブに入りました。それがエンチニータスにあるサンディエゴ・テニスクラブでした。ブラッド・ハンフリーというプロ選手にカールと私は師事しました。そして兄や、ほかのジュニアたちと一緒に放課後、試合をしました。レッスン内容、上達具合など、テニスに関することはすべて父が管理しました。兄と私の練習用のボールも、打ち続けてくれました。サンディエゴ・テニスクラブで数年過ごした後、カーディフ・コーツ・ラケットクラブに移籍、そこでも兄のカールとはいつも一緒に練習しました。

とは言うものの、チャン家はテニス一色ではありません。成績が良くなければテニスをさせてもらえなかったし、友だちと遊びに行くことも許されないほど、勉強は重視されていました。成績が落ちると、魚釣りという一家の趣味も時間が取れませんでした。一方、カリフォルニアの海岸に住んでいたので、浜にたむろするビーチボーイになる恐れはどうだったでしょうか。私にかぎって、それはなかったと断言できます。というのも、水泳が苦手だったからです。水から頭を出して泳ぐので、学校ではいつも仲間にからかわれました——素晴らしい犬かきだと。母は私を水泳教室に通わせましたが、あまり成果はなかったようです。

私の家族は、サンディエゴの北部に位置するラホヤビーチが好きでした。いつも波が穏やかなこのビーチはサーフィンや、水遊びには最適でした。私は砂や水との相性は良くなくて、浜辺で気分が悪くなったことも一度や二度ではありません。潮が引いた浜辺で、かにを捕ろうとしただけでも、広大な太平洋のそばにいるだけで胃が痛くなったりしたのです。

というわけで、海にたむろする若者たちの仲間入りはできなかったのですが、両親はおそらくほっとしたことでしょう。その点では、心配は無用でした。家族の絆が強いアジア系アメリカ人の家庭では、子どもは夢を追い、両親はその夢を育てるべきと考えていました。私がいつか全米オープンに出場し、ジミー・コナーズと対戦したいと話しても、両親は決してバカにしたりはしませんでした。私が志を高く持ち、自分のベストを尽くすように必ず励ましてくれました。そして、その目的達成のためには、人一倍努力しなければならないことも身をもって教えてくれました。

私の両親は愛情豊かですが、厳しい人たちです。多くの子どもたちと同様に、カールも私も両親を試す時期がありましたが限度を超えると、必ずぴしりと躾けられました。数回、厳しい罰が与えられたことを覚えています。あるとき両親に従わなかった私に、父は罰跪《ファグァ》という中国式の罰を与えると言い渡しました。腕をまっすぐ前に伸ばしたまま床に正座させられ、「私がよし、というまでは腕を伸ばしたままでいなさい」と指示をされます。父が「よし」と言うまでの時間は、永遠に続くかのように思えました。これは肝に堪えました。

また、まだミネソタに住んでいた小さかったときのことです。カールと私が何か悪さをしでかし、電気もつけないで暗い台所に二人そろって座らされました。台所は私がいつも怖がっていた夜の地下室に隣接していたので、本当に怖くてたまりませんでした。例の魔物が夜になると地下室に出ると思っていたからです。

こうしてカールと私は、両親を尊敬することを学びました。そして、小さいころからの厳しい躾こそが、わが家を愛情が豊かにあふれた秩序のある家庭にしていたと確信します。私たちは精神面においても肉体面においても両親がいつも守ってくれて、支えてくれると信じていました。アジアの文化では子ども第一です。そして子どもが好む分野には、両親は時間とお金をかけて、その子どもがその道で光り、秀でるよう支援します。父の口癖はこうでした。「キャリアを選ぶのは自由だ。何になりたいかは全然気にしてないよ。だけど、選んだものが何であれ、そこで一番になろうと努めてほしい。」

小学校二年のとき、将来の夢について作文を書く宿題が出ました。私は、ウィンブルドンでジョン・マッケンローを相手とした夢のような決勝戦のことを書きました。頭にはヘッドバンドをし、ネットを挟んで、ジョン・マッケンローと向き合う。あの地下室での試合と同様、最初のセットを0―6で落としますが、それから3セット連続で7―6、7―6、7―6で取りました。そういえば、作文中で、ジョンと握手を交わした後、彼はパンツを下げはしませんでした。

生計を立てる

二人の息子に新しいテニスウェアとスニーカーを買うために、どれほど両親がやり繰りしてきたのかがやっとわかるようになったのは、だいぶ大きくなってからでした。母は薬剤師としてパートタイム勤務をしていましたが、ほかにもアルバイトをかけ持ちしていました。一週間のうち、数晩はシーフードの店「オーシャンサイド」で働き、また午後は一週間に数回、近くの中華レストランで友人を集めて中華料理教室の先生をしていました。簡単なものは炒飯から、本格的なものは「オレンジビーフ」と呼ばれるオレンジで味付けした牛肉料理の作り方まで、何でも教えていました。その料理教室の準備を、学校が休みのときに手伝ったのを覚えています。私の学校は、六週間から八週間授業を行い、二週間休みになるというシステムでした。とても良いシステムでしたが、ほかの子どもたちが夏休みになると損した気分になったものです。

十歳のある日を境に、私たちの日常生活は一変しました。帰宅した父は、いつになく沈痛な面持ちでした。どうしたのと聞くと、「会社をクビになった」との答えでした。

それが何を意味するのかを私は理解できず、父がもう海藻を利用してさまざまな商品開発を手がけるケルコ社では働けないことになったと母が説明してくれました。自分なりに理解し、父を励まそうと「また、何か別の仕事がみつかるよ、父さん」と言いましたが、実際には化学研究者の職探しがどんなに大変かは見当もつきませんでした。

父が職探しをする間、家族は節約を迫られました。卵、ネギ、ハムのみじん切りが入った炒飯が食卓に頻繁にのりました。母と私が午前四時半に起きてオーシャンサイドの蚤の市に行かなければならなかったときは、さすがに大変だと子ども心にも思いました。蚤の市には買い物をするためではなく、物を売るために行ったからです。車の屋根には古いマットレスを縛りつけ、車のトランクや後ろの座席に、売れるものはなんでも詰め込みました。本、小さくなった洋服、小物、そして古くなったラケットも。

父が失業中、母はほかのパートの仕事をしました。けれども、帰宅しても仕事の内容などについて詳しくは語りたがりませんでした。というのも、その仕事は墓地販売だったからです。今、思えば、家族の急場をしのぐために、どんなことにも果敢に取り組んだ母は、本当に家族愛に燃えた人でした。母は優秀な販売員でした。しかし、正直に言って、いったいアメリカでどれだけの人が、死ぬ前に自分のお墓を買うでしょうか。母はアジア系の人々に販売しようとしていましたが、アジア系移民は死後のことを考えている場合ではありませんでした。

母がどれほど偉かったかがわかります。彼女が売ろうとしたのはお墓だけではありません。健康食品、中国服の長い上着等々です。母は友だちや出会った人々に、片っぱしから中国服を売りつけました。私の学校の先生たちも数人、その上着を買っていました。母は、国から出る失業保険の小切手をあてにして、家でじっとしているようなタイプではありませんでした。

この逆境に対して、母は信じられないほどの逞しさを見せました。それなのにラ・コスタに引っ越して二、三年後、再び泥棒に入られ、金目のものを盗まれる事態が起きました。今度は、カールと私がテニスをしている八ミリの映像フィルムまで盗まれたのです。年月が経つにつれ、このフィルムは私たちにとって、値段がつかないほどの宝物となっていました。

近所で泥棒に入られたのは、うちだけではありません。泥棒事件から数日後、カールと私はバス停まで歩いていました。そのとき、バス停の反対側に駐車した車の中に四人の男が座っているのが見えました。どうも時間を潰しているようでした。

数分後、四人の男は車から出て、ある家に向かって歩いて行きました。これは、真昼間のことです。男たちが戻って来る前にバスが来たのでカールと私は飛び乗りました。今でも彼らの車のナンバー「84HOW」を覚えています。

あのとき、警察に通報すべきだったのに何もしませんでした。カールも私もまだ幼く、考えの甘い子どもでした。自分の目の前で何が起こっているのか、わかっていなかったのです。

第4章　ジュニア・テニス時代

ミネソタの地下室でスポンジボールで遊んでいた時代から、ローラン・ギャロスのコート・セントラルまでの道のりには、十年と数千時間の練習時間を要しました。両親にテニスを強いられたことは一度もありません。カールと私は喜んでテニスをしました。両親が生活を切り詰めて一ドルでも多く貯金をし、安くはないテニストーナメントの参加費や、プロによるレッスン代を捻出するのを見ながら育ちました。ジュニアテニスで、オーランド、ヒューストン、カラマズーでの全国トーナメントに参加するようになると、旅費だけでも馬鹿になりません。父と母はこの大きな支出をどうにかするために、とても質素な暮らしをしてきたので、今それを私も引き継いでいます。家族旅行をしなかった理由が今さらながら納得できました。両親はカールと私に、すべてをかけてくれたのです。

南カリフォルニアのジュニアテニスの坩堝《るつぼ》に仲間入りしたことは、私たち家族にとって目を見張るような経験でした。ミネソタ・セントポールリーグよりもはるかにレベルが高いばかりではありません。いわゆる「ジュニアテニスのおつき合い」も抱き合わせなのです。トーナメント会場までの長距離の運転、試合が回ってくるまで長時間待機、ネットの向こう側にいる対戦者との必ず起こる小競り合い、(今ほどはひどくはありませんが)ウィンブルドンのタイトルと賞金を早々と眼中に入れて闊歩する、出しゃばりで押しの強い「テニス教育ママ」たちとのつき合いなども含むのです。

ジュニアテニスは、審判だけがストライクかボールかを判断する野球のリトルリーグとは異なり、若いプレーヤーたちが自分側のコートの審判を兼務する(セルフジャッジ)のが原則です。つまり、正式な審判がつかず、疑わしいセルフジャッジの判定に嫌気がさした際に、はじめてライン審判を要請することになります。両親はコートから離れた所から観戦するのが決まりですが、熱中すると親たちはついつい口を出したり、コーチまでしたくなるようです。試合の最中に教えたりすることは、セットを同数取ったときの十分間休憩以外は規則違反になります。

私は嫌でも自分で自分を守るすべを学びました。そうでもしなければ、くせのある相手に難癖つけられ、つけ込まれるのが関の山です。私の背丈は十一歳になるまで一五〇センチ以下だったので、ずいぶんと相手にやり込められました。それでも負けじと、背が高く、強く、年齢も十二歳や十四歳の少年たちとの試合を買って出ました。背丈だけでなくランキングから言っても私よりも上なので、これなら間違った判定に苦しむことなく勝てそうと、私を見くびる相手も多くいました。

そんなに甘くはありません。彼らにとって私が小さく映ったとしても、私はテニスコートでは熱くなるタイプでした。トム・ブラックモアという年上の選手と試合をしたときのことを、今でも覚えています。トムは、南カリフォルニアの同世代のなかでランキングが一位でした。私たちは競り合いました。そして、彼の打ったボールがラインを割ったと思ったのでアウトと判断しました。トムは「お前は、あのボールをアウトと言うのか？」とネットに近寄りながら叫びました。「本当にアウトなのか？」彼は私をおどしてきたのです。私は対戦相手に立ち向かい、その目を直視しながら「あのボールはア・ウ・ト、アウトだ！」と言い返しました。

それが正しい判断だったからこそ、私は立ち向かったのです。相手を怖がってすごすごと引き下がるわけにはいきません。私は文句を言われたら必ず、自分の立場を主張しました。一方、負けたら、明日にでも同じ相手と再びプレーがしたくてたまりませんでした。敗北は、自分の中に闘争心を刻みつけてくれました。

あるとき、二歳年上で私より二五センチほど背が高い、私と同じ名前のマイケルという少年に負けました。その日、まさか負けると思っていなかったので悔しい思いをしました。そして、試合のあと、ロッカールームのかげで少しだけ泣いて、それから怒りがこみ上げて来ました。ちょうど居合わせたマイケルのお兄さんの所に走って行き、「次は負かしてやると伝えてほしい」と弟への伝言を頼みました。本当に心からそう思いました。十歳の少年にとって、テニスの試合は生死をかけたようなもの。そして私は、本当に負けず嫌いでした。

二対一での打球

私の毎日は、決められたことのくり返しでした。起きて、学校に行き、読み書き算数を学び、家に戻る。家に帰ると、食べられるものをお腹につめます。それからテニスウェアに着替えると、カールと一緒にクラブまで母の車で送ってもらい、練習試合をしたり、プロに習ったりしました。父は仕事が早めに終わったときは、一緒に合流し、息子たちの状態を見学しました。

クラブでレッスンなどがない日は、カールと一緒に裏庭でミニテニスをする前、少しテレビを見たり、宿題をしたりします。けれども、父の車が家の駐車場に入ってきたら、すぐテニスクラブに直行です。父は雑誌や本で読んだことを、カールと私に伝授しました。父が「よし」と言うまで、指示どおりに球を打ちます。決して単調ではありません。父のコーチの仕方は熱心で、常に私たちを励ましながら練習したので飽きることがありませんでした。夕方遅くまで続けて夕食が遅くなっても、少しも苦ではありませんでした。

二対一での打ち合いをよくやりました。例えば、私がベースラインからグラウンドストロークを打つと、ネットのところに立つ父とカールがボレーでそれぞれ返して来るのです。父は、特に正しいボールの打ち方に時間を費やしました。ラケットの正しい振り方が大切だと固く信じていたからです。父が私たちのフォームを作り上げ、ボールがラインの外まで飛ばせるようになると、ライン内に収まるような打ち方に磨き上げていきました。私たちのテニスは、父の教育の賜物とも言えるでしょう。昼間は化学研究者、就労時間外は息子たちをテニス研究室の実験材料としたと言う方もいらっしゃるでしょう。しかし、そんな冷たい感じではまったくありませんでした。もっとも、父はよくテニスは化学に似ている、テニスは体、そして訓練と継続、この三部分の融合体だと言っていました。父は、私たちというすでに存在する材料から個性を引き出せるよう指導しました。ですから、カールと私はまったく異なるタイプの選手に育ったのです。

小柄で敏捷《びんしょう》な私は、自分よりも大きく、強い攻撃的なカウンターパンチの効いたプレーヤーを相手に対戦しなければならないため、相手のベストショットを、より速く、より深く打ち返したのです。相手が安定したプレーをする場合は、相手の緩めのスピードに合わせながら、相手をコートの隅から隅へと振り回しました。一方、カールはガッシリとした体型だったので、私のようなプレーは好みません。速いサーブで相手をコートから遠くへと押しやり、力のあるグラウンドストロークで攻め、最後はボレーでとどめを刺すのでした。カールのテニスはスピード一〇〇パーセント、それが個性でした。各自のスタイルは、体型と気性から引き出されたのです。父は賢明に、私たちに与えられた能力と賜物を伸ばしました。父は息子たちを、早い段階からテニスの奨学金で大学に進学させようと思っていたようです。

率直に言って、カールと私はテニスに飽き足りることを知りませんでした。授業終了のベルが鳴ったらすぐにラケットをつかんでそのままテニスができるよう、テニスウェアを着て通学しました。放課後、夕食後、あるいは週末にトーナメントがないときは、家の裏庭のコンクリートの上でミニテニス「ディンク・エム」をしました。庭にひもを張り、その上からカールがシーツをかけてネット代わりにしました。シングルのコートラインは赤いレンガです。

この裏庭のコートは、四、五メートルほどで、まあまあの大きさでした。普通のラケットとボールを使いましたが、コントロールして打たなければなりません。力いっぱい打つと自動的に相手のポイントになります。（このルールは、私たちの兄弟げんかの種でした。）シーツのネットまで走って行っても、そこから力任せに打つことはできませんでした。

裏庭での試合は5セットマッチでしたが、時には3セットマッチも行いました。また場所を変えて、裏庭の芝生にネット代わりのシーツをかけ、グラスコートテニスの真似事もしました。芝生では、予想外のところにボールがイレギュラーしたり、思うようにはいきませんが、転んでも痛くはありません。ウィンブルドンのコートや、当時は全豪オープンもグラスコートだったので、芝生の上での練習も必要だと感じていました。（全豪オープンは、一九八八年にリバウンドエースと言われるゴム製の硬いコートに変わりました。）わが家の芝生に、スプレーで白いラインを描いたのも懐かしい思い出です。

芝生でプレーするのは楽しかったです。芝生ではボールが跳ねず、グラウンドストロークがしにくいので、普段よりも多くネット（シーツ）まで走っていってボレーをしました。そして、センターコートで試合するマッケンローになりきって、ボレーを決めました。

私たち兄弟の裏庭テニスは中学まで続きました。ヒューストンで試合があったとき、「グリーンクレー」と呼ばれる緑色のクレーの粉を紙袋の中にたくさん持ち帰り、裏庭のコンクリート上に撒き、兄と二人でローラン・ギャロスのつもりになってプレーしたことも覚えています。

この裏庭では、テニスのほかにもいろいろな遊びをしました。テニスのボールで野球もしました。ゴロは一塁打、アイスプラントまで飛んだら二塁打、塀にぶつかったら三塁打、そして塀を越えるとホームランでした。

あるとき、私がピッチャーでサインを読み、大きく振りかぶって投げました。カールはバットを思い切り振り、私のボールを打ちました。帽子をかぶっていたにもかかわらず、私のおでこにボールが命中しました。あまりの速度に、ボールがまったく見えなかったのです。

それを見て、カールはお腹を抱えて笑いました。私もわれに返り、テニスボールが両眼の真ん中に命中するなんてと、自分も笑い出しました。硬い野球のボールではなく、テニスのボールだったのは幸運でした。野球の試合でバッターの頭にボールが勢いよくぶつかったのを見たのを思い出し、以来、私は少年野球のリトルリーグには入るまいと思うようになったのです。

カールと同じチームで、コーチは父での試合でしたがサッカーもしました。サッカーは面白いですが、勝利するため、あるいは得点を挽回するためにチームメイトと協力しなければなりません。それよりも、一人で戦うテニスのほうが自分には向いていました。テニスは精神的な強さが必要で、プレッシャーにも強く、重要な局面で適切なショットを打って得点を重ね、うまくいっていないときにもあきらめずに頑張らなければならない競技です。自分のあらゆる資質を試すテニスを、私は気に入っていました。体の大きさと強さではなく、精神力こそがテニスの勝負を左右することを学びつつありました。

兄が一足先に

ジュニアテニスでは、カールが最初にチャンの名前を轟かせました。私より先にアメリカ国内でランキングを獲得したのです。そしてカールが高校生になったころ、サンディエゴ・ジュニアテニスの有力選手の一人となりました。カールはアンドレ・アガシと同世代で、フィエスタ・ボウルの十四歳男子の部で、6—0、6—1と圧勝したのを覚えています。ジュニア時代のピート・サンプラスにカールが負けた記憶もありません。

自分よりテニスが上手な兄を持つことは利点でした。つまり、上手な相手との練習に事欠かなかったのです。兄弟間の競争意識はカールと私の間には皆無でした。もっとも、二人の間でどっちが勝つかの賭けはよくやりました。私たちはライバルではなく友だちであり、仲間でした。ただ、枕投げのときだけは別です。私が数年間でテニスが目覚ましく上達したのは、カールといつも練習したからでした。そして、長い時間をコートでともに過ごしたせいか、兄弟の絆はますます強まりました。コートの外でも、多くのことを一緒にしながら大きくなりました。

ラ・コスタに引っ越してから、しばらくして、ある冒険をしました。ある朝、日の出前に起き、釣竿を持って近所の友だちと誘い合わせ、三キロほど歩いてゴルフ場に行きました。リーダー格の子が「さあ、こっちだ。ついて来い」と言いました。

「本当に大丈夫なの？」と、私はしばらくしてから聞きました。

「警備員に見つからないかぎりね。もしゴルフ場で魚釣りをしているのが見つかったら、警備員はお前の釣竿を没収し、両親を呼ぶと思うよ。」

ラ・コスタの池には、オオクチバスのほかに高価な日本の鯉もいました。

ゴルフ場のグリーンのそばに小さな池を見つけたときは、まだ薄暗く、カールと私にはすべてが恐ろしげに見えました。それでも釣り糸の先に餌をつけ、竿を水面に下ろしました。

ものの三十分もしないうちに、何匹かのバスが釣れました。すると、いきなり森の中から、見るからに恐ろしげな警備員が現れました。

「お前たちは、ここで何をしている？」と彼は怒鳴りつけました。

だれも一言も言わず、その場から逃げようともしませんでした。

「ここで釣りをするな。ここはゴルフ場だ。ここでの魚釣りは禁止だ。」

仲間の一人は勇気があったのか、それとも釣竿を没収されたくなかったのか、「警備員のジョンを知っていますか？」と言いました。

「知らないよ」と警備員はぶっきらぼうに答えました。

「この間、ここで魚釣りをしていたら、ジョンはゴルファーが来る前なら釣りをしてもいいと言いました。」

私たち全員、それがうそであるのを知っていましたが、流れ星に願いごとをするかのように、そのうそを警備員が信じてくれることを願いました。

「ゴルファーたちが来る前でも、釣りは禁止だ。クラブハウスまで連行されたくなければ、今すぐに、ここからとっとと出て行け。」

その言葉を合図に、蜘蛛の子を散らすように、ものの三十秒で、私たちは走り去りました。けれども、カールと私はその後も懲りずに、ゴルフ場の秘密の釣り場に再三出かけました。あるとき、カールは重さ二キロの巨大なバスを釣り上げました。私もフライパン大のバスを釣りました。

私たちは、ジュニアトーナメントでもタイトルを獲得していました。私は十歳にして、サンタバーバラからメキシコ国境一帯での試合を総なめにしました。両親には、私の遠征のための資金はありませんでしたが、幸運なことに、国内選手権の男子十二歳以下の部は、わが家の裏庭も同然のサンディエゴのバルボア公園内、モーリー・フィールドで開催されていました。近くなので、安価で参加できるトーナメントでした。

一九八二年の夏、私が十歳のとき、十二歳以下の部に出場したのを覚えています。試合の出場者には十二歳のアンドレ・アガシが入っていました。試合のため、アンドレはわが家に泊まりました。そしてトーナメント前日、モーリー・フィールドにアンドレと一緒に行き、対戦表を見に行きました。

「準々決勝で、第一シードの選手と対戦するんだ」とアガシが対戦表を指差して言いました。

「準々決勝？　その前にぼくを三回戦で負かさなきゃいけないよ」と十歳なりの精いっぱいの虚勢を張りました。アンドレに無視されたくなかったのです。

私たちは三回戦で対戦しました。あのころのアンドレは、すべてのボールにスピンをかけて打つのが好きでした。バックハンドでトップスピンをかけてボールが急に落ちるようにするか、フォアハンドでもスピンが効いたボールを打っていました。そしてサーブにも、アメリカンツイスト（訳注　キックサーブ。回転を強くかけて、バウンド後にサーバーの利き手側に大きく跳ねるようにするサーブ）がかかっていました。私の試合では、アンダーサーブまでやってみせました。このアンダーサーブは信じられないほどのスピンがかかっていたので、バウンドした後、一メートルほど横に飛んで行きました。

予想どおりアンドレが勝ちましたが、翌年のモーリー・フィールドでは、私はアイオワ州デモインのフリッツ・ヴィッセルに決勝で負けるまで勝ち進みました。その次の年には、まだ成長期が始まっていなかったにもかかわらず（身長一五五センチ、体重四一キロ）、ダラスのマイケル・フラナガンを決勝で破り、初の国内タイトルを手にしました。

国内大会での優勝が引き金となり、いろいろな可能性が開かれました。その一つが、ニューヨーク市で開催されたＵＳＴＡのトレーニングキャンプに招待されたことです。それからは、国内のあらゆるトーナメントに参加するようになりました。カールも、全米レベルの試合をしていました。しかし、二人の息子が国中を飛び回って試合をするため、家計は逼迫《ひっぱく》していました。

父と母は一九八五年に、家を抵当に入れて借金をしました。航空券、ホテル代、食事代、エントリー費、ラケット、ストリング、服に靴、一年間に二百万円以上が必要でした。わが家は母のパートタイムの収入はあったものの、基本的には父ひとりが稼ぎ手でした。とどのつまりは、カントリークラブの同世代の少年たちと、金銭的には太刀打ちできないということだったのです。でも、どうにかこれを克服しようと、家族は一丸となって頑張りました。

父がウィン製のガット張り機を買ったので、自分たちでガットを張れるようになりました。遠征のときは、比較的安価で清潔な「モーテル6」に泊まりました。カールと私がベッドに寝て、両親は床か、時にはお風呂のバスタブの中で寝ました。

ロサンゼルス近辺での試合時は友人の家に泊まったり、主催者側が提供する無料宿泊施設を利用しました。テニス好きの人々が部屋を提供してくれることもあり、両親はとても感謝しました。（私たちもお返しとして、わが家をほかの少年たちに提供しました。わが家に泊まったのは、アンドレ・アガシだけではなかったのです。）

ほかの人々の優しさにも助けられました。ラ・コスタの伝説的なテニス指導者のパンチョス・セグラが、チャン兄弟が巻き起こした旋風を聞き、私たちの試合が見たいと招待してくれました。パンチョスはわが家の金銭事情を理解していました。彼の一時間のレッスン代さえも高すぎて払えなかったのです。しかし、パンチョスは惜しまずアドバイスをくれ、そしてそのレッスン代を一銭も請求してきませんでした。私は彼のテニスに対する洞察力と寛大さを忘れません。

シニアの中の八年生

一九八五年の秋、父はさまざまな方向から、できるだけ多くの試合に私が参加できる可能性を探りました。その結果、高校でテニスをするのはどうだろうか、と思いついたのです。

ただ一つ問題がありました。私は中学八年生だったからです。さらに悪いことに、私が通っていたのは七年生から九年生までである中学でした。ということは、サンディエゴ高校と、カールが十一年生として通っていたサンディエゴのエンシニータス高校のチームで試合をするには、あと二年も待つ必要があったのです。

父がサンディエゴCIF（カリフォルニア・インタースカラスティック・フェデレーション〔高校生のスポーツを支援する団体〕）の理事のケンダル・ウェブに電話をしたところ、私が八年生でも、一科目だけ高校の教科を取るなら、サンディエゴ高校のチームの一員として試合に参加できると教えてくれました。けれども、その代わり高校生になったときに、取得した資格を放棄しなければならないという条件つきでした。

まさか高校生で全仏オープンに優勝するとは当時思ってもいませんでしたが、父は私が八年生で高校生を相手にテニスができるのは素晴らしいと考えました。私も同感でした。なぜなら、競争が熾烈なジュニアテニスに比べ、プレッシャーが少ないチームでカールと一緒にプレーできるからです。その秋、私は九年生の幾何学の授業を取ることになり、サンディエゴ高校のテニスチーム入りを果たしました。

カールと私は毎日、テニスを満喫しました。私たちのコーチであるラリー・ムルヴァニアは、アジア系の二人の少年と一緒に戦略を練ることに、抵抗はありませんでした。二人でコーチを助けました。コーチと一緒に、ほかの選手たちの練習も手助けしました。私たちの最大の敵はヴィスタ高校でした。そこは近くにあるテニスアカデミーで研鑽を積んだ、国内大会級の生徒たちでチームを構成していたからです。カールと私はラリーコーチに、シングルスの出場者やダブルスのペア、さらには戦術などを考えて提案しました。コーチは私たちの言うことに耳を傾けてくれ、そのとおりにしてくれました。カールと私は試合で勝利を収めましたが、チームとしてはわずかな差で負けました。一九八六年の唯一の汚点が、このヴィスタ高校戦でした。サンディエゴ高校のチームの一員であることを私は謳歌しました。ラリーコーチは、練習に来ないなら試合には出られないというような、よくありがちな横暴なコーチではありませんでした。時折、トーナメント出場や一流選手との練習が重なって、チームの練習に参加できませんでしたが、それでもカールと私は、チームの一員としてプレーすることができました。

チャン兄弟が考案した選手の組み合わせが次々に勝利を収めると、ラリーコーチは「おお、よくやった、すごかったぞ。今日はおごりだ。帰りにハンバーガー店に寄ろう。何でも食べていいよ」と言いました。

チームのほかの少年たちも、カールも私もポケットには常に二、三ドルぐらいしかありません。ですから、コーチの誘いに大喜びで飛びつきました。ラリーコーチは私たちを二九セントと、安いことで有名なお店に連れて行ってくれました。ハンバーガーチェーン店の安いバージョンだと思えばよいでしょう。私はほかのメンバーと同じくハンバーガー四つと、ポテトを一つ注文しました。ですが、この種のハンバーガーは、「行きはよいよい帰りはこわい」。食べ終わって二十分後、コーチの車の中でひどく気持ち悪くなりました。ほかのメンバーも同じく、吐き気で苦しみました。

シーズンの終わりに、サンディエゴの選手権がありました。カールと私は、そのシーズンで一つもセットを落とすことなく、ランキング一位と二位に輝いていました。そしてとうとう兄弟二人で、決勝戦出場となりました。兄弟同士の戦いなので、多くの人々の注目を引きました。中学生の弟が、高校生の兄に挑戦するのです。片側のベンチにはカールの友だちが腰掛け、スケートボードで応援にやって来た私の友だちは、もう一つのベンチに並んで座りました。

カールは十七歳、私は十四歳、身体的な強さと大きさからいってもかなりの差があります。カールと私は、ジュニアの試合で過去数年間で六回対戦しましたが、必ずカールの勝利に終わっていました。カールとの試合は安心してできます。なぜなら、互いに手の内を知っている者同士で、どのような試合運びになるのかが予想できるからです。最初のポイントから激しい攻防をくり返し、それからの三時間十五分、互いに必死に戦って、私ははじめて兄に勝ちました。7—6、4—6、7—6。カールは、自分より俊敏で不細工な選手が勝ったと言って私をからかいました。

しかし、その一週間後にやってきた、一流選手たちが出場するサンディエゴCIF選手権に比べたら、この試合は前菜のようなものでした。今度もカールと私は決勝戦で当たりました。この試合は、まさにデジャブでした。前回と同様に3セット目はタイブレークに突入、しかし今回はカールが4—1とリードしていました。兄は弟に対して、守備を少しだけ緩めました。そこにつけ込んで、私はタイブレークを逆転で9—7で取り、6—4、3—6、7—6で勝利を収めました。そして、私はサンディエゴCIF最年少の優勝者となりました。

決勝戦の最中に、唯一兄に対して不満があったとすれば、八方ふさがりになったカールに、ネットの向こうから「いつプロ入りするんだ」と言われたことでした。それから十八か月後、私はプロに転身することになりました。

次のラウンド

やっと背丈が伸び始め、ようやく一六九センチになりました。しかし、背が伸びきった私の対戦相手たちは、次の髭そりを始めていました。一九八六年の夏、ジュニア選手の先鋭たちが集まる全米ジュニア・デビスカップのチームへの応募を勧められました。十七歳から十八歳で構成されたチームの中で、私はまた最年少でした。

競争率は大変高く、ピート・サンプラスも応募しましたが、最終候補で落とされました。チームに入ることができれば、USTAが夏の間の旅費をすべて負担してくれました。滞在費だけでなく、国際大会にかかる費用もです。こうして、ジュニア・デビスカップはわが家の経済的な負担を軽減しただけでなく、次の段階への踏み台となる一流の国際大会への道となりました。

私は、フロリダから来た赤毛のジム・クーリエと同室になりました。乾燥肌のジムは私のローションをよく借りて使っていました。彼とは馬が合いました。

その夏、ミシガン州のカラマズーで毎年開催される全米ジュニア選手権十六歳以下の部で、ジムと対戦しました。この全米ジュニア選手権は、ジュニアトーナメントの中でもっとも重要で権威ある大会なので、当然ながら二人ともベストを尽くしたいと願いました。暑い夏の太陽の下、3セット目の終盤、ジムの足が痙攣を起こしました。試合を続行しましたが、ジムの痙攣がひどくなり、動けなくなってしまったため試合を棄権しました。

試合の後で塩化カリウムを差し出して、「これが、痙攣に効くんだよ」とジムに渡しました。

「ぼくが棄権した後でこれをくれるんだね。ありがとう」とジムは笑いながら言いました。

私が十四歳のとき、コートでは、フィラのテニスウェアとリーボックのテニスシューズという出で立ちでした。一九七〇年代にウィンブルドンを五連覇したビョルン・ボルグが、ピンストライプのシャツを着ていたころから、フィラのテニスウェアが好きでした。リーボックのシューズは、ナイキよりも良いと思いました。ナイキはバスケットボール選手のマイケル・ジョーダンが、〝エア・ジョーダン〟というシューズを履いて話題になりましたが、ナイキのテニスシューズのデザインは灰色と白で、好みではありませんでした。ラケットは、フレームが大きいプリンス・グラファイト一一〇でした。

その夏の終わり、ジュニア・デビスカップのチームが思ったほど私のためにならなかったと、父は結論を下しました。もっとも経済面での負担が軽減されたことは喜びました。翌年に向けて作戦を練ったとき、全米ジュニア選手権の十八歳以下の部での優勝に焦点を合わせるようにと父は言いました——十五歳にとっては無理難題もいいところでした。父も私も、その先の全米オープンを視野に入れていました。十八歳以下の部で優勝すれば、三週間後にニューヨークで開催される全米オープンの出場権を手にすることができるのです。父は、もし私が全米ジュニア選手権十八歳以下の部で幸運にも勝ち、全米オープンに出場できれば、さらに良い経験になると考えていました。

十八歳以下の部の準決勝では、アル・パーカーとの試合が待っていました。アルは当時、アメリカでナンバーワンのジュニア選手で、全米のジュニアテニス史上、彼ほどたくさんのタイトルを持っている少年はいませんでした。だれもがアルが勝つと思っていました。高校を卒業したばかりのアルは、試合も数多くこなしていました。

その朝、雷をともなう嵐がカラマズーを通過し、試合は屋内に変更になりました。

二回戦でアルに負けたカールが、「アドバイスをしたいんだけど」と言いました。

そのアドバイスを喜んで聞くつもりでしたが、用心してカールを見ました。その週のはじめ、私は「スーパーカット」というヘアサロンに行きました。文字どおり私は〝スーパーカット〟されて、本当にひどい髪型にされたのです。美容師の女性は何か嫌なことがあったのか、うさばらしに私の髪を切ったようです。頭の横を地肌が見えるまで切られ、ほかは不揃いでした。店から出ると、カールの大笑いが聞こえてきました。

「母さん、兄さんに笑うのやめさせてよ！」

「ひどいなあ。肉切包丁でも使ったんだな。写真に残しておきたいよ」とカール。

「うるさいな！　母さん、ぼくをいじめないようにカールに言ってよ！」

カールは笑いすぎて、わき腹を押さえるほどでした。「どこで、そんなお椀みたいなのをかぶせられたんだ」とカールは言いました。

「母さん……。」

「チップを渡したのか？」

「うん……。そうだよ。」

ついに母まで吹き出しました。

「でも、母さん……。」

「また生えるわよ」と母は言いました。

散々私をからかったカールが今、アル・パーカーについて助言をすると言うのです。

「どうしたらいいと思う？」と聞きました。

「屋内コートに早めに行って、目を慣らしたほうがいいよ。」

「なんで？」

「外はこんなに明るいけど、屋内は暗いからだよ。目を慣らす時間を取るんだ。」

カールの言っていることはうなずけました。そこでラケットバッグをすぐに担いで屋内に入り、コート脇のベンチに十五分座りました。ただ目を慣らすだけで、ほかには何も考えないようにしました。

カラマズーの屋外の試合には千人以上の観客が来ていましたが、屋内ホールにはそれほど人が入れませんでした。トーナメント委員会は三面ある屋内コートの真ん中で、私たちの試合を準備しました。両側のコート二面が立見席となったので、場内が狭く感じました。

試合の出だしが好調だったかどうかは覚えていませんが、アルに遅れをとっていなかったことはわかっていました。第1セットの終盤、アルはウィナーを打ち込み、重要なポイントを取りました。彼は私のほうを見て拳を振り上げ、「やったぞ！」と叫びました。挑発そのものでした。私はネットに向かって歩いて行き、「やってみろよ、アル！　やってみろ！」と叫び返しました。

場内は凍りつきました。どうしてそんなことを言ったのか、私自身にもわかりませんでしたが、ついカッとなってしまったのでしょう。相手の感情に対して私も感情で応戦し、同等であることを示したかったのだと思います。テニスはボクシングとよく比較されます。ボクシングのように、相手の体に触れることはありませんが、ボールで相手を打ち負かし、精神力の強さで戦うのです。敵に隙は見せられません。やられたら、やり返すまでです。その姿勢は母から学びました。自分の息子たちがひどい扱いを受けると、母はいつも私たちを守るために戦ってくれました。

その日、私は番狂わせを演じ、アル・パーカーに6―4、6―4で勝利しました。次の決勝戦で待ち受けていたのは、ジム・クーリエでした。足の痙攣によく効く塩化カリウムを、ジムは今度こそバッグの中に忍ばせていたはずです。

決勝戦の朝、父はサンディエゴの家にどうしても帰らなければいけませんでした。払い戻しがきかないチケットを買っていたからです。航空会社は柔軟な対応をしません。日曜正午のフライトでした。（父は空港の待合ラウンジで、地方局で流されていた試合の終わりを観られたので無駄ではありませんでした。）その朝、出発前に父は私を励まし、アドバイスをくれました。「ジムは力いっぱい打ってくる。だから戦略としては、攻撃的なカウンターだ。つまり相手の力を利用してそのまま返せばいいんだ」と。

「わかったよ。父さん。」

天候は、どうにかもちそうでしたが、予報は雷をともなう嵐というものでした。USTAのドナルド・マーキン会長が代表を務めるトーナメント委員会は、重要な試合を屋内でするのは避けたいと思ったようです。前回と同様、観客全員を収容できないからです。

「マイケル、天気予報があぁだから、フルセットまでもつれ込むような試合はしないようにね。2セットで決めてほしい」とマーキン氏は言いました。

全米ジュニア選手権の決勝戦はいつもフルセットの試合でした。試合が長引けば、去年と同じようにジムが痙攣する可能性もあるわけです。

「マーキンさん、できることならフルセットで試合をしたいんです。天気はもつでしょうか？」

「もたないよ。そんな賭けはできないさ。もし試合が早く終わらなければ、飛行機に乗らなければならない多くの観客が、時計とにらめっこすることになるぞ」とマーキン会長は答えました。

試合での私は好調でした。ジムの力をそのまま利用してボールを返しながら、順調に試合を進めました。そして、6―4、6―2のストレートで勝ち、全米オープンの出場権を手にしました。

とうとうニューヨークのフラッシング・メドウズに行くことが決まったのです！

調整期間

全米ジュニア選手権の後、全米オープンまでには三週間しかありませんでしたが、この舞台に出場できることを喜ぶには十分な時間でした。もしかしたら、マッケンロー、レンドル、ビランデル、あるいはベッカーと試合ができるかもしれません。そうだとしたらすごいことです。

幸運なことに、全米ジュニア選手権の数週間前に、カンザス州で行われたUSTAのサテライトトーナメントに、母とカールと一緒に行っていたので、プロの試合には参加したことがありました。サテライトトーナメントは、ATP（男子プロテニス協会）トーナメントの中ではもっとも低いカテゴリに位置する大会で、プロ入りの登竜門です。カールと私はATPポイントを持っていなかったので、予選の大会から出場しなければなりませんでした。その予選会に出場するために、二五六人の選手が集まっていましたが、どの選手も見るからに精力的でたくましそうでした。五戦を勝ち抜けば、最後の八人に選ばれ、サテライトトーナメントの本戦に組み込まれるのです。本戦に残れば、世界のトップ三〇〇に名を連ねる選手たちと対戦することができました。

私は予選会で五試合を勝ち抜いた後、本戦の準決勝まで進むことができました。対戦相手の中には、私よりもずっと歳上の人もいたので驚きました。そこまで勝ち進んでいっても、私の場合はＡＴＰポイントをもらえないことがわかりましたが、それでも私にとっては良い経験でした。

全米オープンの一週間前に母とニューヨークへ向かいました。ニューヨークのライブルックで開かれるウォームアップを兼ねた試合に行くようにと、主催者から推薦枠をもらいました。そのトーナメントが始まる前に、練習相手を探しにライブルックのクラブに立ち寄りました。

受付に行き、「すみませんが、一緒に練習をする相手が欲しいのですが」と言いました。

「それなら練習用のコートに行って、探してください」と受付の女性が答えました。

私はまるで、小学校へ入学したばかりの幼い子どものように、不安を覚えながらコートに近づきました。当然、知っている人はだれもいません。私のような十五歳と練習してくれる人などいるでしょうか。当時の私はとても内気で、恥ずかしがり屋でした。

南米系の二人が、激しい打ち合いをしていたほかは、コートにだれもいませんでした。私はその横に立って、ただ眺めているだけでした。すると、彼らのコーチが一人で立っている私に気づきました。そしてこちらまで歩いて来て、サッと手を差し出しました。「やあ。私はコロン・ヌニェス。打ち合う相手はいるのかい？」

「いません。」私はこの名前はどこかで聞いたことがあるなと頭をひねりました。コロンは二十代後半で英語が上手でしたが、スペインなまりの英語でした。

「それじゃあ打ち合おうか！」

打ち合いをはじめて二分と経たないうちに、コロンは私への指導を始めました。「なぜ、そんな打ち方をしているんだ？」「どうして足をもっと動かさないのか？」

私はあわてて言われたとおりにしました。四十分ほどしっかりと球打ちをした後、ネットのほうに来るようにと言われました。「この練習はきみのためになるはず。週の残りの日と、全米オープン開催中ここでトレーニングをしなさい。ぼくが面倒をみてあげよう」とコロンは言いました。

ライブルックの一回戦でジム・ピューに負けた後、私はコロンが指導してきた選手たちと二週間ほど練習を続けました。エクアドルから来たアンドレス・ゴメス、ペルーのハイメ・イサガ、フランスのタリク・ベンハビレスなどの顔ぶれでした。トレーニングを受け、一日中練習しましたが、コロンは一度もレッスン代のことには触れませんでした。

全米オープンの数日前、カリフォルニアにいた父から電話がありました。

「全米オープンの組み合わせが発表されたよ！」

「相手はだれ？」

「ポール・マクネイミー」と父は言いました。

「え、だれ？」

「ポール・マクネイミー。」

そのような名前の選手は聞いたことがありません。「ああ、ポール・マクナミーね」とひらめきました。「父さんの英語の発音はおかしいよ」と父をからかいました。

ポール・マクナミーはオーストラリアのプロ選手で、バックハンドを両手で打つように途中から打法を変えたこと以外は知りませんでした。これまで打法を変えて成功した選手の話を聞いたことがありませんでしたが、彼はうまくやったようです。三十二歳のポールは、私よりも十七歳も年上でした。

私の第一回戦のプレーだけを見れば、きっと「サーブ＆ボレー」の専門の選手になると思われるくらい、何度もサービスで得点を挽回しました。ポールのバックハンドは不安定でした。ですから私は、彼のバックハンド深めを狙って返すようにしたのです。そうすると、浮き上がるようなボールが必ず戻ってきたので、ボレーで決めていきました。この戦略は功を奏し、４セットで私が勝ちました。十五歳でマクナミーに勝ったことは、全米オープンでは最年少でした。

これは、さっそく話題になりました。報道陣はロックスターに群がるファンのように、私に突進して来ました。緊張してあがっていたのでしょう、私はそのときのことをよく覚えていません。おとぎ話の「ハーメルンの笛吹き男」の後に続くねずみたちのように、子どもも大人も、ファンたちは私が行くところどこでも、追ってきてサインを求めました。ものすごく妙な経験でした。

中学生に負けたポールは、おそらくロッカールームでからかわれたことでしょう。あれから年月が経ちましたが、私が十五〜十七歳で負かした相手にばったりと出会うと、皆、私に負けたことを勲章のように誇っているかのようでした。「きみが十五歳のときに負かされたよ」と照れ笑いしながら言うのです。そのときは、子どもに負けて悔しかったとは思いますが、胸を張って誇りに思ってくれているような気がするのです。

第二回戦では、外のコートで、ナイジェリアから来た二十九歳のアフリカ系アメリカ人、エンドゥカ・オディゾールと対戦しました。コートの脇には、全米デビスカップのキャプテンのトム・ゴーマン、元選手のアーサー・アッシュとブライアン・ゴットフリードが、話題を呼んだアジア系の少年をよく見ようと座っていました。報道陣は私に関する記事を書き立てました。一九八四年に全米オープンでジョン・マッケンローが優勝して以降、アメリカ男子シングルスはグランドスラムでの活躍が下火だったため、次はだれが台頭するのかと、マスコミはさまざまな推測をしていました。

「エンドゥカが少年に負けるわけがない」と目されていたとおり、はじめの2セットは、6―1、6―2で彼が取りました。ミネソタの家の地下室で、小さいときに想像していた試合と同じ試合展開でした。次の2セットは私が取り返しました。第5セット、ゲームカウント3―4で迎えた私のサービスは、15―30と試合を左右する重要なポイントを迎えました。エンドゥカがレシーブ後、ネットぎわまでリターンダッシュして来たので、私はそのわきを抜くパッシングショットを打ちました。彼はそのボールを返そうとできるかぎり腕を伸ばし、かろうじてラケットに当てましたが、そのボールは勢いのない短いボールとなって私のコートに返ってきました。私は走って行って、そのチャンスボールを決める余裕は十分にありましたが、エンドゥカはネットに近づいて、私の気を散らすために前でラケットを大きく振り回しました。

それで私の集中力が途切れ、私の打ったボールはアウトしてしまいました。勢いづいたエンドゥカはこの私のサービスゲームをブレイクし、次の自分のサービスゲームをキープして、6—3で第5セットを取りました。

私は新人にありがちな過ちをしてしまいましたが、一握りのATPポイントをラケットバッグの中に溜めることができ、私の世界ランキングは九二〇位と判定されました。まだまだ道半ばでした。

チャート急上昇

全米オープンの一回戦に勝ったことで、さまざまな可能性のドアが開かれました。一九八七年の秋には、ラスベガスチャレンジャー（ATPトーナメントの下部大会）とスコッツデール（ATPトーナメントの大会）の両方の主催者より、試合出場の推薦枠をもらいました。ラスベガスで母と私は繁華街の外れにある「キング8」というモーテルにチェックインしました。宿泊費が安いだけあって、あまり良い客層ではないことがすぐにわかりました。チェックイン前の金曜日、このモーテルでだれかが殺されたそうです。それから母はモーテルに、前の宿泊客のシーツのままだと指摘しなければなりませんでした。

ラスベガスで私が勝ち続けていると、試合を観るために、父がサンディエゴから車でやって来ました。モーテルを一目見て、「こんなところに滞在したらだめだ。もっと、ましなところに移ろう」と言いました。

ジュニア時代のマイケル

母と私は前もって返答を決めていました。

「父さん、ぼくはこのホテルで勝ち越しているんだ。だから移動したくない」と言いました。

その判断は正解でした。私はラスベガスチャレンジャーで優勝したからです。

二週間前、アリゾナ州フェニックスの郊外にあるスコッツデールで行われた試合で、私はベン・テスターマンと一回戦を戦っている最中に、ポイントを決めた後、自分の歩き方が変だと感じました。左の靴底がビーチリンダルのようにペラペラに剝がれてしまったのです。これは困ったことです。

予備の靴など持っていませんでした。十五歳の少年がそこまで準備するでしょうか？

私は振り返って両親に、靴が壊れたと手ぶりで訴えました。はじめ、二人は信じられないようでした。

「それで続けててちょうだい。代わりを見つけてくるから」と母は言い、両親は観客席の合間をテニスシューズを求めて、必死になって観客席を探し回りました。

そのうちに、母がテニスシューズを履いている紳士を発見しました。

「ちょっと失礼しますが、それはサイズ九号のテニスシューズですか？」

「ええ、そうですよ」と怪訝そうな顔をして紳士は答えました。

「すみませんが、それを貸していただけないでしょうか？　信じられないでしょうけれど、マイケルの靴が壊れてしまって。この試合に勝つには、どうしても靴が必要なんです。」

「冗談でしょ？」

「冗談ではありません。マイケルは今、靴がいるんです！」

周りでこのやり取りを聞いていた人たちが笑い出しました。

「ああ、いいとも。さあ、持って行って」と紳士は靴を脱いで母に渡しました。

次のコートチェンジのときに靴を履き替え、ベンを倒すことができました。おかげで、スコッツデールではとても良い成績を収めることができました。三回戦まで勝ち進み、ATPトーナメントの準決勝に史上最年少で進出することができたのです。準決勝では、当時ランキング一三位のブラッド・ギルバートと当たり、彼が6―4、6―4で勝利し、私の決勝進出を阻みました。けれども、試合中、彼を十分に脅かしたと思います。準決勝進出で賞金は一万二〇〇〇ドルになります。その金額は私たち家族にとっては、夢のような大金でした。けれども、まだアマチュアだったので、その賞金を受け取ることが許されませんでした。しかし、賞金の中から大会に参加するために必要な経費はまかなってもらうことができました。それで、負けた土曜日の午後、コーチをしてくれたコロン・ヌニェスに、お礼の意味でゴルフの一ラウンドをプレゼントしました。

経費明細を提出する際、トーナメント委員会が念入りに点検しました。二項目が引っかかりました。それは二〇〇ドルのゴルフコース代金とレンタカー代でした。

「ゴルフ代はつけられませんよ。レンタカーも送迎車を出しているからダメです」とトーナメントの取締役に言い渡されました。ゴルフ場は、試合会場と同じ場所にあったのですがダメでした。レンタカーはというと、「母が食材の買い物に行くのに必要でした」と説明しました。母はいつものようにホテルで、チキンヌードルを私のために作ってくれていたのです。

「ダメです。認められません。」横にいた母が急に泣き出しました。これで四〇〇ドル近い出費となったわけで、当時の私たちにとっては大変きついことでした。しかしトーナメント委員会は、一度言い出したことは曲げませんでした。

仕方ないことです。バカにできない出費となりましたが、良いこともあります。私のランキングが一六三位まで上がりました。

まるで新曲の売上チャートのように、私の名前は急上昇していきました。

第5章　異なる道をとって

私の世界は十五歳のとき、あらゆる意味で急激な変化を遂げつつありました。テニス人生が目前で急成長していっただけでなく、テニスから離れた自分の世界も広がっていきました。ときには、人生の大きな漠然とした疑問について、一人考えにふけるときがあったものでした。自分はいったい何者なんだろう？　これからどうなりたいのか？　友だちから慕われているのか？　将来どうなるのだろうか？

どれをとってもすぐに答えは見つかりませんでした。多くのティーンエイジャーと同じく、子どもと大人の狭間で揺れ動きました。テニス選手としての自分は早すぎるぐらい着実に成長していましたが、心の奥底では、あらゆる面でまだまだ子どもでした。

神がこのような疑問を人の心に与えられることは以前から聞いていていました。そしてそれが本当だとしたら、十五歳の私の心も疑問でいっぱいでした。人知を超えた存在があると聞かされながら育ち、カールと私は両親に連れられて中国人教会に定期的に通っていました。しかし、そのころの私は教会に対して否定的でした。覚えているかぎりでは、まったく行きたくなかったということです。テニスでサービスをする際、足を引きずる選手がいますが、私もそれに負けないぐらい、教会へは足をひきずりながら行きました。

試合がない日曜日の朝、母と父はカールと私を起こして、午前九時に教会に行くようにと言いました。

「行かなきゃダメ？　母さん」と、私は嫌そうに答えました。

「行くのよ。言い訳はなし」と母。

教会に行きたくなかったので、あらゆる手段を試しました。よくやったのは、のろのろと支度をすることです。日曜の朝はお風呂にちゃんと入りなさいと言われていたので、湯船の中で時間を潰し、お湯がないから足してほしいと何度も叫んだり……。それからやっと、ゆっくりと服を着て、炒飯を一粒一粒口に入れてゆっくりと食べ、のろのろしていると、ほとんどの確率で、父と母は匙を投げて、「わかった、来週にしよう」と言ったものでした。

放送されている礼拝をテレビで観る「礼拝はテレビでしよう」作戦。この手も何回かやりましたが、つまらない教会で座っているよりも、よっぽどマシでした。どうしてこんな調子だったのでしょうか？　なぜかというと、私はとにかく落ち着きのない子どもだったからです。牧師が抑揚のない声で話をしている間、教会の会衆席でそわそわしていました。そして、説教の時間は永遠に続くように思えました。

両親は私たちを子ども向けの礼拝を行っている「日曜学校」に入れたかったようです。ほかの子どもたちと床に座って、聖書の話を聞いたり、工作をしたりするのですが、私たちが通っていた教会には日曜学校がありませんでした。日曜学校に行くのは、サウザンドオークスにある祖父の教会を訪れたときだけです。一年に数回しか会えない従兄弟たちと会えるのはとてもうれしいことでしたが、そこの教会に行くのは実は苦痛でした。先生が旧約聖書の偉人ノア、ヨナ、モーセとはだれか、という質問に従兄弟のジミー、ジョー、ジェリーは競って手を挙げましたが、私には何のことだかさっぱりわかりませんでした。答えられないのは恥ずかしいので、先生が私に質問しないことを願うばかりでした。

ミネソタで過ごした子ども時代には、母と一緒にチューリップの球根を植えた。写真はチューリップ・フェスティバルを楽しむマイケルと母。

カールと私が成長するなかで、両親が私たちを教会に連れて行ったのは、宗教教育が大切だと思ったからです。何を話し合ったかは覚えていませんが、両親はイエス・キリストと個人的な関係を築くとはどういうことなのか説明してくれました。ただ、クリスチャンの間で「ディボーション」と言われるような、祈りや聖書の学びのための時間を家族では持ちませんでした。

家には大きな聖書が一冊ありましたが、それは飾りでした。印刷物の中でもっとも重そうに見える、四キロもある大きな聖書は読みにくそうでしたが、いくつかのイラストが付いていて、ときどきそれを見ていました。母と一緒にその中の数枚を見たことはありますが、そういう機会はほとんどありませんでした。

誤解をしないでください。私の両親はとても道徳的に正しい人たちです。そして、息子たちに善悪を教える人たちでした。あとで詳しく話しますが、クリスチャンとして歩むということは、ただ教会に行き、良い人になるということだけではありません。私にもそれがどういうことか、やがてわかるようになるのです。

すばらしいギフトを受けて

あるとき、サウザンドオークスに家族で行くと、私が〝アーマ〟と呼んで慕っていた祖母が、聖書を一冊プレゼントしてくれました。

「これを毎日読みなさい。お前が、神からたくさんのことを教えてもらえるように。この聖書には解説もついているから」と祖母は言いました。

「わかったよ、おばあちゃん。」当時十四歳だった私は、手渡された聖書をまじまじと見つめました。

「これはＮＩＶ学生聖書よ。ＮＩＶ（New International Version）は新国際版なの」と説明してくれました。

「それは、どういうこと？」

「わかりやすい現代の英語で書かれているということだよ。だからお前にちょうどいい」と、祖母は言いました。

ページをめくって見ると、父の聖書にたくさん散りばめられている「汝」とか「我」とか、理解できない硬い古語はいっさい見あたりませんでした。明快で自然な現代英語で書かれているのが、学生聖書です。

「ありがとう、おばあちゃん。聖書を読むと約束する。」

とは言ってみたものの、実行には程遠かったのです。読もうという気持ちはあったのですが、志はあっても、サンディエゴに戻った途端、自分の部屋の本棚に聖書を立てかけ、それがあることさえ忘れてしまいました。

聖書をもらって六か月後、再びサウザンドオークスの親戚が集まる教会に家族で行きました。長老のベティーおばさんが、聖堂で行われる礼拝で説教をしました。いつもだったら三、四十分したら飽きてしまい話の内容が入ってこなくなります。

しかし、その日はベティーおばさんの何かが、私に座って話をちゃんと聞くようにさせていました。ベティーおばさんが原稿なしで説教したからでしょうか、それとも心から話していたからでしょうか、おばさんの言葉がずっと耳に入って来ました。それは冗談とユーモアを交えた温かいお話でした。

その内容は今でも覚えていて、すべて神のなさるわざには意味があると、ベティーおばさんは力説していました。時として、なぜこのようなことを神はなさるのか、私たちには理解できないことがあります。しかし、そのようなことに遭遇した場合でも、必ず神を信じるように、と。この話のポイントを説明するために、ベティーおばさんはある中国の家族の話を引き合いに出しました。その家族は、海の向こう側の半島に帰るために、本土からフェリーに乗ろうと急いでいたそうです。

少々遅れ気味だったため、大慌てで船着き場に駆けつけました。「急げ急げ！　ボートに乗り遅れるぞ！」と父親は言いました。ところが到着したときには、すでにボートは海へ出た後でした。次のフェリーまでは、なんと六時間も待たねばならなかったのです。

「どうやって家に帰るの？」と十代の娘が言い、その兄弟も『なんでこんなことになったんだ』と言いました。

両親は答えに詰まりました。次の六時間、家族は口々に、なぜ乗り遅れたのかと不平を言い合っていました。

家までの長旅に向けて、次のフェリーにやっと乗船することができました。そして目的地に到着すると、何やら大きな騒ぎが起こっていました。フェリーの事務所の正面玄関に何百人もの人々が押し合いへし合い入ろうとしていたのです。

「何があったのですか」と訪ねました。

「聞いてないのか？　フェリーが沈んで、全員助からなかったんだ」と、そこにいた人が教えてくれました。

人生には、何が起こっているのかわからないことがある。けれども、一つだけ確信できることは、神はすべてを司る方であり、私たちのこともすべてご存じで、ご自身がなしたことをよくわかっておられるということです。「この家族は、なぜ神がフェリーに乗り遅れさせたかを知り、大変謙虚な気持ちになりました」とベティーおばさんは言いました。

私はその説教に、雷鳴のように心を打たれ、月曜日学校に戻っても、消えゆく運命のフェリーに乗らなかった中国人家族の話は心に響き続けました。数日後、ベッドに横たわってボーっとしていると、祖母が半年前にプレゼントしてくれた、あの学生聖書が本棚にあるのが目に入りました。

そうだ、聖書にはなんて書いてあるのだろう。

本はいつも見出しから読み始めるのが好きでした。ページをパラパラとめくり、目次を読み、聖書のあちこちを拾い読みしました。こうして私は、神がさまざまな場面で、何を語っておられるのかを少しずつ学んでいきました。また、マタイ、マルコ、ルカ、ヨハネの四つの福音書も読みました。端から端まで読み、イエス・キリストが私の身代わりとなって、十字架という苦しい刑罰を受けるほどに、この自分を愛してくださっていることを知りました。その十字架のおかげで罪が赦され、永遠の命にあずかることができる。イエス・キリストは決して私を裏切らない、見捨てない、と。

学生聖書には頁ごとに、深く考えるための質問なども記されていました。そのうえ、五頁か一〇頁ごとに、内容についての話や解説が載っています。マルコの福音書四章、イエスが弟子たちと舟に乗る箇所を読みました。大嵐が来て、舟が波にもまれ、今にも沈みそうになったとき、弟子たちは舟底ですやすやと眠っていたイエスを起こし、「先生。私たちがおぼれて死にそうでも、何とも思われないのですか」と言いました。

するとイエスは起き上がり、風と波に「黙れ、静まれ」と命じられました。風は凪になり、湖は鏡のように静かになりました。イエスは弟子たちに言いました。「どうしてそんなにこわがるのです。信仰がないのは、どうしたことです。」

弟子たちは恐れ、「風や湖までが言うことをきくとは、いったいこの方はどういう方なのだろう」と互いに話し合いました。

学生聖書には、この聖書箇所に呼応して次のような話を載せています。

アメリカのラジオ放送のアナウンサーであるポール・ハービーキャスターは、宗教に疑いを持っていた農夫を引き合いにして、現代のたとえ話を紹介しました。ある寒さの厳しい冬の日、農夫は自分の台所のドアを時折、何者かが叩くような音がするのを聞きました。窓辺に行って見ると、それは凍えそうになっている雀たちで、家の暖につられて集まってはガラスに当たる音だったのです。農夫はかわいそうに思い、納屋の前に積もった雪をかいて、そっとドアを開け、中に小さな明かりを灯し、雀が暖をとれるように干し草も用意してやりました。ところが、雀は農夫が家を出た途端に怖がってちりじりに飛んでしまい、暗闇で縮こまるのでした。

農夫はさまざまな方法で、雀を納屋に入れてやろうと試みました。納屋の入り口がわかるように、クラッカーの粉を凍てついた地面に蒔いたり、納屋の後ろから鳥たちを追い込んで、入り口のほうに行かせようとしたり。しかし、鳥たちは農夫が巨大な化け物であるかのように怯え、自分たちを助けようとしていることを理解しません。

あきらめた農夫は家の中に戻り、窓から気の毒な雀たちを見守りました。その鳥たちを見守りながら、彼は青い空に突然稲妻が光ったかのように、一つの考えがひらめきました。もし、私が鳥になり、仲間として雀たちを安全な暖かいところに誘導できたなら。一瞬でもいいから鳥になれたなら、私の存在を怖がらずに後に続くだろうと。そう思ううちに、もう一つの考えが浮かびました。そう、その農夫は、なぜ神の子イエス・キリストが人となられたのかを理解したのでした。

聖書で読んだことは、正しく、真理であると感じました。神は私に私らしい人生を歩んでほしいと願っていると確信しました。これはクールだぞ。クリスチャンとして生きることはクールだ、と若者らしく思いました。

そして、心を静め、祈り求めました。イエスさま、私の心の中にお入りください、あなたの目的のために私を変えてください、と。いつごろからクリスチャンになったのかは覚えていません。それにいつだったかは、大して重要なことではありません。大切なことは、神がどんな方かということを聖書を読んで知ったことです。そして神は、聖書に書かれているとおりの方だとその時点で理解したのです。キリストを受け入れれば、キリストとともに永遠のいのちに与《あずか》ることができます。キリストに従い、キリストのことをもっと知りたいと私は心に強く願いました。

人々は私が信仰を持ったことで、テニスにどんな影響が出たかが知りたいようです。その答えは、テニスには変化はありませんが、私の人としての行いは劇的に変化しました。はかの人を傷つけたくないと思うようになりました。自分自身の善悪の判断が明確になりました。より親切な言葉遣いを選ぶようになりました。特に私の両親に対してです。

ちょっとした、けれどもまぎれもない私の変化に両親はすぐに気がつきました。人の生き方を変えるイエス・キリストの力によって、私は変えられました。両親は常に私を見守っていましたから、些細な変化も見逃さなかったのです。

第6章　プロへの道

若くして全米オープンにデビューし、アリゾナのスコッツデールで準決勝まで進んだ結果、私のランキングは一六三位と、世界のアマチュアの中で頂点に躍り出ました。今後どうするかについて、それからの数か月間、家族の中での話し合いは続きました。

話し合いの場は、たいていは台所で食事の最中にもたれました。食事中の話し合いの時間は、私が赤ちゃん用の椅子を卒業して以来、わが家では大切なことでした。両親は食事の時間こそ、学校やテニスコートで何が起こっているかについて、報告し合うのに最適な場とみていました。息子たちが自分の夢や、いわれもない恐れや、突拍子もない考えを表現できる場所が必要だと心得ていました。家族が食事を一緒にするのを大切にしてきたのは母です。放課後の練習が長引いて、時には全員そろうのが夜の八時以降になったとしても、母は待っていてくれました。

手作り料理も、おしゃべりの潤滑油でした。母の中華料理は本格的で（時には典型的なアメリカ風ミートローフやお手製のパンなども）、いつもおいしいものを食べながら家族会議が開かれます。何か話したいことがあるなら話しなさいと、いつも両親から促されました。「ディズニーランドに行きたい」から、「八年生で高校のテニスチームに入るかどうか」まで、ありとあらゆることを相談しました。父は、自分の威厳で最後の判断を下そうとはしなかったし、母もまた、自分の期待どおりに息子を懐柔しようとはしませんでした。カールと私は家族と相談しながら、自分で自分の進む道を決めました。食卓は、そういう意味では相談所のようでした。父と母は、「親の言うとおりにしないなら……」と、親の権威を振りかざすことはありませんでした。

チャン家では、あるトピックについて、賛否両論を戦わせるのが常で、良い面と悪い面を議論し、結論を導き出していました。みんなの意見が一致しないと、しばらく様子を見て、無理に一致した答えに持っていこうとはしませんせん。

一九八七年の休暇中は、私のこれからのテニスのキャリアをどのようにするべきかが焦点でした。というのも、私の場合は珍しいケースだったからです。普通はたった六週間で世界ランキング一六三位に躍進することはないうえ、私の年齢も問題でした。十五歳と年若く、試合のやり方だけでも改善の余地はたくさんありました。

二つの事情が、プロになるかどうかの決断に影響を及ぼしていました。まず一つは、ラ・コスタからカリフォルニアのオレンジ郡郊外プラセンシアに最近引っ越して来たばかりだったことです。オレンジ郡では、質の高いテニスプレーヤーたちと練習ができます。さらに、ロサンゼルス空港にも近く、飛行機の便が多いので安い切符が手に入りやすいことも利点でした。そして二つ目は、父が家の近くにあるユノカル社で研究者の職を得たばかりだったことです。高速道路を使わずに通勤できるので、近所にあるバレンシア高校に通う私と放課後、テニスの練習ができるのが利点でした。プロになることについて、あらゆる方向から可能性を探ってみると選択肢が四つあることがわかりました。

1　アマチュアのまま現在の位置を維持する

一九八七年の末、私は全米ジュニア選手十八歳以下のランキングで三位になり、デビッド・ウィートンとジム・クーリエの下に名を連ねました。ただ、本来ならばUSTAは私を一位にするべきだったと思います。なぜなら、私は国内大会四つのうち二つで優勝し、カラマズーではジム・クーリエに勝ったので、彼の上に来るはずです。また、伝統的には全米ジュニア選手権十八歳以下の部の優勝者にランキング一位が与えられており、その年の優勝者は私でした。しかし、デビッド・ウィートンは全米オープンジュニア男子シングルスで優勝したので、USTAは彼を一位にしたのでしょう。妙だなとは思いましたが、私も家族もたいして気にしませんでした。

良かったことは、デビッドとジムはもうすぐ十九歳になるので、年齢による組み分けが別になることでした。つまり翌年に残るのは私だけなので、私が一位に押し出されてタイトル防衛の立場になり、応援もしてもらえます。しかし、技術を磨くためには、自分より優れたテニス選手と試合するのがよいため、ジュニアテニス界にいてはそれは望めません。

2　テニスアカデミーに入寮し、朝六時から夕方六時まで練習する

最近では話題をさらうテニスは、たいていテニスアカデミーから発信されていますが、当時アカデミーの実績は、それほどでもありませんでした。寮制のアカデミーの数は少なく、南東からフロリダ州の方面に散在していました。一九八七年当時は、フロリダ州ブラデントンのニック・ボロテリー・テニスアカデミーがもっとも注目されていました。指導者のニック・ボロテリーは元海兵隊員で、そのアカデミーでは十二人ほどのジュニア選手が日の出から日没まで練習に練習を重ねていました。厳しい軍隊の規律が、兵舎につめこまれた新兵を強くするように、選手たちもまたたくましくなりました。アンドレ・アガシが十三歳で家を出てニックのところに行ったのは知っていました。デビッド・ウィートンもジム・クーリエもニックの所に住み、一年中訓練を続けていました。

アカデミーこそジュニアテニスの未来か、と思いましたが、その一方で自分には不向きだと思いました。両親が私を東海岸のアカデミーに送り込むことを躊躇しました。愛情のある家庭で息子を養い、その成長を支えることが大切だと思ったからです。

加えて、父が今まで努力して私のテニスを育ててきたのですから、急に見知らぬ人にテニス教育を委ねることは考えられませんでした。父はまた、私が二、三年のうちに世界の強豪を相手にすることができると信じていました。その間に、私のプロ転身を指導したいとも考えていました。加えてテニスアカデミーの費用は高額でした。年に数千ドルもかかるため、奨学金がなければとても無理でした。そしてその奨学金には、いくつかの条件があるものです。

また、私がクリスチャンになったことが、両親の信仰生活に新風を送り込みました。両親は旧約聖書に出てくる知恵のあるソロモン王の言葉を知りました。「若者をその行く道にふさわしく教育せよ。そうすれば、年老いても、それから離れない」(箴言《しんげん》二二・六)。両親は私の身体的な成長だけでなく、たましいの成長にも責任があると感じたのです。それはフロリダの寮生活では無理でした。

つまり、私のもっとも大切な人間形成期に、家族と離れ離れになることは想像できませんでした。両親も息子を育てる責任を、他人に押し付けることをよしとしませんでした。母はこう言いました。「マイケル、毎日、神との接点やコミュニケーションを探らないと、導きを失ってしまうわ。あなたにはそんなことになってほしくない。」

3　大学に行って大学のテニスチームに入る

マリブのペパーダイン大学のテニスコーチだったアレン・フォックスと話した後に、父がこの線を提案しました。フォックスコーチは強化訓練プログラムを行っていました。加えて、ペパーダイン大学は、家から高速道路で一時間という距離でしたから、比較的近かったのです。

ペパーダイン大学に入れるぐらいの学力があるかが問題でしたが、父は大丈夫と太鼓判を押しました。SATという試験を八年生で受け、八〇〇点以上取っていたので入学できそうでした。フォックスコーチが大学に直接問い合わせてくれたとき、大学側は一般的ではないが受け入れようとすでに申し出てくれていました。

もしペパーダイン大学に入学すれば、私のテニスにとってどういう意味があるのでしょうか。大学テニスのトップクラスの選手たちと試合ができれば、ジュニアのときよりも確実に上達します。しかしながら、サテライトに参加したときに多くの大学生の選手と対戦し、私は彼らを負かしてきたと父は指摘しました。

ジョン・マッケンローのような道はどうでしょうか？　大学テニスを踏み台にして、ツアーに出るのです。彼は、一年間スタンフォード大学に在籍しました。一年生のときに全米大学選手権で優勝してすぐにプロに転身し、ツアーを総なめするようになりました。ジミー・コナーズも同様に大学選手権からプロ入りしました。

大学行きを真剣に考えれば考えるほど、自分には合わないと思いました。私は十六歳になるところでした。つまり大学の講義や学生同士の付き合いにはかなり無理があります。両親は私が自立するにはまだ時間がかかると見ていましたし、私もまだ家を出るほど成熟していないと思いました。そうこうするうちに、シーズンの終わりにある大学選手権のトーナメントに出場する資格が私にはないと判明し（資格条項を満たさない何かがあったようです）、それでこの話は立ち消えとなりました。

4　プロに転身する

当初、この路線はもっとも険しそうに思いました。プロのツアーには一シーズンですぐ消える若い選手がたくさんいました。一方、女子のほうが早く大人になるのか、歴史的に見ても十六歳でグランドスラムで優勝することもあります。モーリーン・コノリー、トレーシー・オースチン、マルチナ・ヒンギスが良い例です。しかし、男子はそうはいきません。アンドレ・アガシは、一九八六年に十六歳でプロになりましたが、ツアーでは苦戦し続けました。一九八八年に彼は一躍トップに躍り出ましたが、私が将来を模索していたころはそれさえも予期できませんでした。

この四つの選択肢を考慮した結果、ジュニアテニス界にいる理由が見つからなかったため、さらに一年そこに身を置きたくはありませんでした。私は挑戦をしなければなりませんでしたが、プロに転身するにはハードルが高すぎるとも思いました。いろいろと悩みましたが、実はほかの問題もあったのです。兄のカールが、その秋、カリフォルニア大学バークレー校に行ってしまったのです。つまり、私は慣れ親しんだ最高の練習相手を失ったのです。互いに五〇ドルという私たちにとっては大金を賭け合って試合をしていました。もちろん、そんなお金の持ち合わせはないのですが。勝ったほうが一〇〇ドルで、負けたら一文無し。試合を重ねて勝つたびに、借りを返すようにしたのです。もちろん、現金のやり取りはありません。そんな愉快な競争ができた兄がいなくなり、寂しいかぎりでした。

父と私はいつもの夜の練習を続けました。近くのチャップマン大学でアルノー・デラバルのような友だちを作り練習しましたが、コートにカールの姿がないのは残念でした。プロになるということは、大学の奨学金をあきらめることを意味します。全米大学体育協会（NCAA）の大学テニスは、アマチュアしか受け入れていないからです。「一度プロになったら、生涯プロ」というのがそのモットーでした。一度プロテニス選手の道に足を踏み入れたら、引き返すことはできないのです。

新年を迎えても、一九八八年がどんな年になるのかはまったく不透明でした。未知という不安の重荷が父の背に重くのしかかっていました。私と母の二人を遠征試合に送り出すには、年間数万ドルの費用がかかるのです。一方、プロのトーナメントではお金が支払われます。幸運なことに、カールはテニスの全額奨学金で大学に入り、代表選手になっていたので経済的な心配はありませんでした。しかし、私の出費は大きなプレッシャーでした。テニスは税金免除の対象にはならないからです。

プロになることは、大きな不安を伴います。プロになっても、一回戦で負けてしまったらどうしようか。もし、私のランキングが下がって、またサテライトトーナメントの振り出しに戻ることになったらどうしよう。プロになっても、賞金で母と自分のツアー時の費用を賄えるだろうか。父も母も十五歳の少年を一人でツアーに行かせることはできないと考えていました。そして、いくら稼げるかが年若い息子の肩にのしかかるのは良くないと思っていました。

周囲では、有名ないくつものテニスのエージェントが、ぜひとも私と手を組みたいと名乗り出てくれていました。エージェントの助けがあれば、自分たちにできないことも可能になるとわかりました。例えば、トーナメント参加の主催者推薦枠（ワイルドカード）に売り込んでくれたり、テニスウェアやラケットのスポンサー契約などの商談も進めてくれるからです。エージェントの一つ、「アドバンテージ・インターナショナル」のジェフ・オースチンは、特に積極的でした。彼は私たちの経済状態をすぐに理解してくれ、良い条件でテニスシューズとテニスウェアのスポンサー契約をリーボック社から取ってきてくれました。これで当座の資金不足が解消されるとジェフは言いました。

リーボック社は、私が当ブランドのテニスシューズとテニスウェアを着るという条件で、かなりの額で数年間の契約を交わしてくれました。この額なら、私が世界中のトーナメントを渡り歩いてATPポイントを集める際、母と二人分の費用が十分賄えます。最悪のシナリオで万が一私が降格しても、大学に行く資金は残るはずです。

こうして、リーボック社が差し伸べてくれたスポンサー契約が、私の将来の道を決めることになりました。正式に契約を取り交わしました。ジェフは私のために二月半ば、メンフィスの全米国際インドアテニス選手権の主催者推薦枠を取ってきてくれました。まだ十五歳のうちに、いよいよプロとしてデビューするのです。十六歳の誕生日、一週間前のことでした。

この若さで私がプロになることを聞いた一部の人々は疑問に思ったようです。リーボックがスポンサー契約を発表した直後、ATP選手評議会の会長で、権威あるアーサー・アッシュから手紙を受け取りました。アーサーは私の父に、その若さで息子をプロに転身させる親の気が知れないと言いました。「ものすごく馬鹿げたこと」だと、考え直すよう手紙に書いてありました。

アーサーのことは尊敬していました。しかし、プロになる決断をする前に、私たちはさんざんほかの道を探り尽くしていました。新しい人生の章に入る前、両親は私に高校卒業資格であるGEDだけは取得しておいてほしいと切り出しました。トーナメントに出場する都度、「高校中退」のレッテルを貼られるのは良くないと言いました。私は高校一年の半ばで、親知らずを抜いた日から四日後、無事に好成績でGEDに受かりました。晴れて、膨れたほっぺをした高卒になれたのです。

メンフィスに行く

メンフィスのラケットクラブに到着したとき、トーナメントの代表者であるトミー・バフォードが出迎えてくれたことは忘れられません。

「どうだ、マイケル、元気か！」と大きな握手で、私の腕を上下に揺さぶりました。「来てくれてものすごくうれしいよ。きみのためにすべて用意してある。何か不足があれば、遠慮なく言ってくれ。」

毎年、トミーが同じことをくり返すと後になってわかったのですが、一九八八年以来、二月になると必ずメンフィスに戻るのは、人間味のある彼がいるからです。私の最初の対戦者は、南カリフォルニアから来た、左利きのリック・リーチだと教えてくれました。ジュニア時代、彼の弟で右利きのジョナサンと試合をしながら育ったので、リーチ家の名は知っていました。ダブルスのスペシャリストとして有名なリックは、左利きの強烈なサーブの持ち主でした。

自分よりも年上で、経験豊かな選手と対戦することには何の抵抗もありませんでした。なにしろ、六歳のころから年上の選手とやってきたのですから。小学生のときには、大人にまぎれ込んで試合に参加していました。私が十二歳のとき、父はサンディエゴ近辺で開催された男子シングルスのB級トーナメントに私を送り込みましたが楽勝でした。試合の後で、「来年はオープントーナメントに昇格だ」と父は言いました。「ちょっと、それはないな」と子ども心に思いましたが、一年後オープントーナメントを勝ち取りました。

プロのデビュー戦で、リックにストレートで勝ちました。次の相手は二十六歳のインド人、ラメシュ・クリシュナンでした。彼は球足が速い屋内コートでスライスしたり、勝負を仕掛けてきます。いつもは背の高い選手が相手ですが、ラメシュの背丈は私と変わらず、同じような体型でした。試合は長引き、フルセットの競り合いとなりました。すると、ふくらはぎの痙攣が始まりました。そのうえ、腕までも痛み出しました。こんなに痛い痙攣が体を襲ったのは初めてだったので、コートの上で少しパニックになりました。私が走る速度を落としたのに乗じて、ラメシュは積極的に攻めてきたので、試合に負けてしまいました。その後、状態はさらに悪化しました。ロッカールームでは、胸までも痙攣を起こし出したのです。その後は体全体がひどい痛みを伴う痙攣状態となり、私はうめきました。

未熟な十五歳は、「ぼくは死ぬの?」とトレーナーのトッド・スナイダーに訴えました。

「チーフ、大丈夫だよ」と彼は言いました。

エージェントのジェフ・オースチンがトレーナーの部屋に呼ばれ、極度の疲労にもがき過呼吸になっている私の姿を見てギョッとしました。こんな深刻な痙攣を体験したのは初めてで、実に恐ろしい思いをしました。

プロになって初めのころ、痙攣の再発が心配で、試合の後は毎回、大量の水を無理やり飲みました。その夏のツアーの初め、ノースカロライナでエキシビジョンマッチがありました。激しいシングルスの後、痙攣にならないようにと、冷たい水をできるだけ何杯も頑張って、使命感に燃えて飲みました。なぜなら休憩の後、イベント閉会に向けて最後にダブルスを披露することになっていたからです。痙攣でダブルスを台なしにできないと思いました。

たくさんの観客が会場を埋め尽くしていました。第1セットで、パートナーと私は5―4でリードを取りました。実は、最初のコートチェンジのときに、試合が始まる前に飲んだ大量の水が、出口を求めて迫ってきました。自然の摂理からお声がかかったのです。トイレ休憩を取ろうか迷いましたが、大丈夫だ、セットが終わるまではもつと自分に言い聞かせました。

5―4から試合を再開したときは平気でした。ところがパートナーがサービスをしても、なかなかポイントにつながりません。ゲームはデュースに入りました。それもデュースが二度、三度、四度と続き、ますます長引きました。私の膀胱はもう爆発しそうでした。とうとうデュースのなか、ラケットを地面に置いてトイレに直行しました。五〇〇〇人の観客は、私がトイレに向かってダッシュしたので、試合中断の理由がわかりました。私がコートに戻ったとき、割れんばかりの拍手と爆笑の渦に迎えられてしまいました。

もう一つ、笑いごとではない、新米ならではのハプニングがあります。あるとき、有名なプロ選手が私との練習に応じてくれました。軽くグラウンドストロークをした後、彼はネットにやってきて五分間ほどボレーを練習しました。それが終わると、今度は私の番です。彼がベースラインからグラウンドストロークを打ってきました。

その当時、私はボレーがあまり上手とは言えませんでしたが、この有名選手に喜んでもらおうと、長いボールや短いボールを打ちました。しかし、私のボレーはネットにかかったり、相手の手が届かないような長いボールになったりしたのです。どんなに頑張ってもコートの内にボレーを打ち返すことができませんでした。元ツアー選手でUSTAのコーチになったブライアン・ゴットフリートが当時、私の指導をしていました。ブライアンはコートの横に立って、ボレーを連続して何度も失敗する私の姿を見ていました。とうとう、相手の選手はうんざりしたようです。彼はコートの脇に行って水を飲みました。ゆっくりと一口、水を飲むとこう言いました。「ブライアン、マイケルのボレーとオーバーヘッドのウォームアップをしたらどうかな。それが終わったら、また練習の相手をするから。」

母のおかげで、ツアーの生活はそれほどみじめなものではありませんでした。母と息子という私たち二人三脚の姿は、珍しかったと思います。母親とツアーを回る選手はあまり見かけませんが、母はどこまでも私と行動を共にしてくれました。普通は十九歳、二十歳、二十一歳と母親なしで旅ができるような年齢でプロ入りをするため、母親を道連れにしないですむわけです。

けれども私の場合は異なりました。ツアーでは、親か保護者の付き添いが必要と決められていたのです。十六歳を単独でツアーに送り込ませたら、児童虐待とみなされます。加えて、大人のプロの世界に、未熟な私が一人で対峙することを両親は望みませんでした。ライムライトにさらされる存在で、選手たちの不健康なライフスタイルや、仲間同士でお互いに足を引っ張り合うプレッシャー、お金と名声がもたらす異常なほどの誘惑に父と母は眉をひそめ、どん底に落ちてしまう危険から私を守りたかったのです。今、振り返ると、父と母の考えは本当に正しかったと思います。

母は良い人で、私の周りにいても、ほかの選手の邪魔にはなりませんでした。だれにも「あの女はここで何をしている」などと言われたりしませんでした。むしろ、「あ、ミセス・チャンだ。彼女は素晴らしいよな」と反応してくれました。

母はその素晴らしい人間性で、だれとでもうまくやりました。友人をすぐに作り、お茶を勧めながらその優しい心で、選手たちが自分自身について話すことに聞き入っていたことを覚えています。母の存在は、別な意味でも大きな助けでした。一つは、母が試合前に作ってくれる料理のおかげで、私の食生活の質が高かったという点です。旅をする際の手配、かかってくる電話の対応、そして破れたパンツを繕ってくれたりと、大小さまざまな事柄に対処して助けてくれました。プリンスのラケットのネットの真ん中に、Pの字をステンシルで描いてくれたこともありました。そんな母がいてくれたから、私は安心してテニスに専念できました。練習相手がいないときも、母は相手を探すのが得意でした。テレビで見たことのある選手に練習を頼むことは、あまりにも恥ずかしくて私にはできませんが、母は平気でした。人にお願いをするのが上手だったおかげで、ずいぶん助けられました。

ほかの選手たちにも心を配っているのがわかりました。ピート・サンプラスが下痢で苦しんでいたとき、母に助けを求めました。母は折良く処方薬を持っていました。熾烈な戦いを繰り広げるツアーの選手たちに、母親らしい愛情を注いでいました。テニス界で、"Love"とは、審判がスコアをゼロと言うときに使う言葉「ラブ」だけなのに……。

おかしな話をもう一つ。ツアーに参加し始めたころの、新米ぶりを物語る話です。メンフィスの後に、マイアミ・マスターズに出場するためマイアミに飛びました。選手団が泊まるホテルの受付で、どこか良いレストランがないかと尋ねました。

「どんな料理がお好みですか」と案内係は言いました。

「魚料理がいいわ。フロリダは海があるから、海の幸を試したいのよ」と母が答えました。母は蟹《かに》、コーン、焼き立てのパンが好きで、それが母の好むレストランの食事でした。

案内係は答える前に、しばし頭をひねった後、「ホテルの外に出て左に行くと、レストラン街があります。そこで美味しいシーフードが食べられますよ」と教えてくれました。

案内係の言ったとおり、五分ほど歩くとそのレストランを見つけました。混んでいましたが、それは美味しい証拠だと思いました。数分後に席に案内され、メニューを渡されました。直後にウェイトレスが私たちのテーブルにやってきた際、私の目玉は飛び出ました。ウェイトレスは本人のサイズよりだいぶ小さいTシャツを着ていて、胸の谷間をさらけ出していたからです。そのうえ、オレンジ色のホットパンツにタイツ姿で白のスニーカーを履いていました。

「バーから何かお持ちしましょうか？」と弾んだ声でウェイトレスは尋ねました。私たちは頭を横に振り、メニューに目を向けました。生牡蠣を前菜に、母は大好きな蟹とコーンを注文し、私は魚と蒸し物を頼みました。

待っている間、お腹が空いている客に料理を運ぶ、ほかのウェイトレスたちをチラっと見ました。

彼女たちは全員、小さなTシャツを着て、同じオレンジ色のホットパンツを履いていました。みんな、スタイルの良い女性ばかりでした。

「彼女、きれいね」と母が言いました。

「そうだね、きれいだね」と私も同意しました。

「ウェイトレスが着ている服、気がついた？」と、牡蠣を食べながら母は言いました。

「気がつかないほうがおかしいくらいだよ。」

「本当に、ちょっと肌を出しすぎ」と母はコメントしました。料理が運ばれて来たので、食べ始めました。「ここ、美味しいわ」と、蟹の爪を割りながら母が言いました。

「本当、うまいよ、ここ。」

「レストランの名前はなんていうんだっけ？」と母が尋ねました。

「フーターズだと思う。」

「聞いたことないわね。」

「ぼくも初めてだよ。」

数日後の夕食もまたフーターズで食べました。マイアミでの収穫は、私たち好みの店、（道を行くかわいい女の子に向かって）車のクラクションを鳴らすという意味のフーターズ・レストランを見つけたことでした。

二年後のことです。ロッカールームを二、三人の選手たちと一緒に歩いていて、レストランの話になりました。近所に、すごく美味しいシーフードのレストランがあると言いました。

「本当？　なんていう名前のレストラン？」と一人の選手が尋ねました。

「フーターズっていうんだよ」

「え！　母親をフーターズに連れていったのか？」ともう一人が言いました。そしてロッカールームに笑い声が響きました。

「フーターズのどこがいけないんだ？」と私は尋ねました。

その発言で、また笑い声が上がりました。次の日、何人かの選手たちにからかわれました。「ミセス・チャン！　マイケルがフーターズにお連れしたそうですね！」

数か月後、私はロッカールーム仲間の一人として受け入れられました。年のいった選手たちは私をからかう一方、多くの選手がツアーのあらゆる場面で助けてくれました。中でも、三人の選手が特に親切にしてくれました。ダブルスのペアであるケン・フラックとロバート・セグソ、そして南アフリカ出身のヨハン・クリークです。ベテランの彼らは私よりも十歳から十二歳ほど年上でしたから、年齢差のせいか親友にはなれませんでしたが、彼らはいつも母と私に親切にしてくれました。

はじめてのパリ

その春は健闘し、世界ランキングは一〇〇位に上昇しました。おかげで、グランドスラムへの出場権を手に入れることができました。最初は全仏オープンでした。母と私は、予想どおりパリとローラン・ギャロスに圧倒されました。いつもパリを夢見ていましたが、エッフェル塔の近くにある赤いクレーコートでサーブができると思うだけで、鳥肌が立ちました。トーナメント表が発表されると、私は選手たちの間でいわゆる「チャーティング」と呼ばれている、試合の勝ち抜き予想表を自分なりに作ってみました。もし私が最初の二試合を勝ち抜き、ジョン・マッケンローが同様に二試合を勝ち抜けば、彼と私はローラン・ギャロスのコート上で対戦することになるのです。それは夢のような出来事でした。

子どものころ、ミネソタのわが家の地下室で繰り広げられたゲーム（例のスポンジボール・テニス遊び）で、想像の対戦相手にジョンを選んでからというもの、決まって私は彼を「打ち負かす」ことになっていました。彼こそは、私が小学二年生のころから、テレビの画面を通してウィンブルドンの試合を楽しませてもらった選手でした。子どものころ、わが家の地下室では、最初の2セットを失った後に、いつも私はジョンに逆転勝ちをしていたのです。もちろん、これは七歳の少年の夢想にすぎません。小学二年生のころからは、彼のウィンブルドンの試合はすべてテレビで観ていました。このように、ジョンは私にとって子どものころからの大きな目標でした。

その年の全仏オープンで、ジョン・マッケンローも私も、それぞれ二勝をあげました。グランドスラムでジョンを負かすのが夢である十六歳の私と、二十九歳の「悪童」、七回のグランドスラムを制覇した〝マイティー・マック〟という面白い組み合わせが、突如として話題に上ることになりました。

メディアがジョンに、この組み合わせについて質問すると、「この子どもに、ツアーでプレーするとは、どういうことなのかを教えてやる」と真顔で答えました。ジョンは、私にとって初のビッグネームとの対決がテニスのレッスンになるので、レッスン代を用意して来いという、上から目線の威圧的な態度を取りました。

一番コートに入場したときのことは忘れません。その日の最後の試合でした。この試合を人々は心待ちにしていたので、空席はありませんでした。ジョンは私の前を素通りして、最初にコートに入りました。そして、私は彼が目の前を通ったとき、軽く会釈さえしたのです。

それが大きな間違いでした。先にコートに入った彼は、私を後に従えるような形になったのです。ジョンに好意的でいつも応援してきたフランスの観客は大歓声を上げました。彼は両手を上に挙げて、ファンに応えたので、これを受けてさらにその声援は熱狂的なものになりました。その後を十歩下がってついて行く私は、まるでラケットバッグ持ちの少年のようでした。

ジョンは私を最初から急かしました。初めの9ポイントをジョンが連続して獲得し、その勢いで1セット目を6—0でわずか二十四分で取りました。2セット目もジョンは私を6—1で取りました。ジョンの威嚇の効果が切れてきた3セット目で、私は少し盛り返しました。けれども、ジョンは先にリードしていたため、最後のセットは6—3で私を押し切りました。師匠が私にレッスンをしてくれたのです。ジョンとの対戦は非常に価値のある経験でした。この苦い経験は、一九八九年の全仏オープンのときに活かされました。

アメリカよ、こんにちは！

一九八八年は、特筆すべきことがいくつか起こりました。その最初の一つは全米オープンです。テレビを通じて、全米のお茶の間に私の健闘が放映されました。

私は二回戦に勝ち進んでいたので、その週末には粘り強いプレーで有名なティム・ウィルキンソン、通称「ドクター・ダート」との試合になりました。当時、ライブ放映はCBSネットワークの週末に限られていました。（数年後に全米放映が始まりました。）CBSスポーツは私たちの試合を中継していましたが、5セット目3―2の際に、急に雷雨に見舞われました。ティムと私は急いでロッカールームに逃げ込みました。一時間後、5セット目をどうにか6―4で取って勝ちました。CBSスポーツは、試合終了直後のコート上でインタビューをしたいと言いました。

「雨で試合が中断されましたが、その間どうやって平静を保たれたのですか？」とCBSのレポーター、アンドレア・ジョイスが尋ねました。

「それは、イエス・キリストのおかげです」と私は答えました。

彼女はその答えにびっくりして、何と答えたらよいかわからなくなり「ブレント、そちらに戻します」とインタビューを終了し、当時CBS放送を率いていたブレント・マスバーガーに投げ返しました。

さて、三週間後サンフランシスコ近辺で、ＳＡＰオープンのためにカウ・パレスという古いアリーナで練習していました。室内練習場では四人の選手たちで一つのコートを共有しなければいけなかったので、私たちの一時間のヒッティング・セッションは〝four on a court〟と呼ばれていました。私はベースラインから打っていましたが、ネットの向こう側にいるラリー相手が霞んで見えることに気がつきました。

そんなことは初めてでした。目をよくこすっても、相手の姿はぼんやり見えるだけです。隣で打っている人に、「変な質問ですが、コートの向こう側がぼんやりと見えませんか？」と聞いてみました。

「いいや。なんでそんなこと聞くの？」と彼は答えました。

「なんかぼくの目がおかしいような気がする。」

翌日、眼科に行きました。診てくれた医師は、カールの大学時代の友人のお父さんでした。結果、眼鏡が必要なことがわかったのです。視力はそれほど悪くなかったのですが、放っておくのはよくないと医師が言いました。そして、コンタクトレンズの処方箋をもらいました。

その日、新しいコンタクトレンズを入れて、練習に行きました。それ自体、目が覚めるような経験でした。なにしろ、何でもよく見えるのですから。特に、黄色いボールの複雑なスピンがよく見えるのには驚きました。それに、テニスボールがバスケットボールのように大きく見えました。ＳＡＰオープンでは満足のいくプレーができました。実際、プロとして初めてトーナメントで優勝しました。ＳＡＰオープンですが、今度は最年少の優勝者ではありません。その栄誉は、一九八三年に優勝したアーロン・クリックステインのものでした。当時、彼は私より五か月若かったのです。私は決勝戦で、南アフリカのヨハン・クリークを破りました。トロフィーが贈呈されるとき、ヨハンは私に親切な言葉をくれました。「ここにいる若者は、偉大な選手であるだけでなく、謙虚な人でもあります。ツアーにはマイケルのような人がもっと必要です」と語ってくれました。

彼がそのように話したとき、私は落ち着かなくなり、下を向きました。そんなに素晴らしい言葉をもらって恥ずかしくなったからです。けれども、ヨハンがそう言ってくれたことには感謝しています。

SAPオープンから一週間後、プロとしての初優勝に加えて素晴らしいことが起きました。十月二十三日、サウザンドオークスにある祖父の教会で洗礼を受け、私はクリスチャンになりました。私がツアーに行くときに必携する、手のひらサイズの小さな聖書には、忘れないように受洗日の日付が記されています。夏に洗礼を受けたいと思っていたのですが、テニスのスケジュールが多忙で時間がありませんでした。それに、祖父の教会の牧師から、受洗前にいろいろと質問される準備期間が必要でした。もっともツアーが終わるまでは、時間を取ることは不可能でした。ようやく時間が取れて、牧師の前に座ったのはいいのですが、やはり緊張しました。

祖父も同席するなか、牧師は献金についての話をし始めました。私は椅子に座りながらあまり良い気はしませんでした。牧師が洗礼とは何か、また「どうして自分をクリスチャンだと思うか」とか「信仰とはあなたにとって何ですか」などの質問をして、準備してくれるのかと期待していたからです。

それとは裏腹に、お金を出せと、まるでせがまれたような気になりました。私の信仰が成長するにしたがって、パウロが新約聖書コリント人への手紙第二、九章七節に「ひとりひとり、いやいやながらでなく、強いられてでもなく、心で決めたとおりにしなさい。神は喜んで与える人を愛してくださいます」と書いたように、献金の意味がわかるようになりました。けれども、十六歳でまだクリスチャンになって日が浅いのに、そのようなことが理解できるわけはないと思いました。

日曜日の朝の礼拝で、ほかの若い人たちと一緒に洗礼を受けました。中国人教会の講壇の前には洗礼用の水槽があります。白い衣を着て水の中に立ち（衣の下はシャツとパンツ）、全身、水の中に浸けられることを待っていたのを覚えています。牧師が私に、イエス・キリストが私の罪を赦すために十字架にかかったことを信じるか、そして洗礼を受けたいかと聞いたので、私は「はい」と首を縦にふりました。そして牧師は私を支えながら、私の体を水に浸しました。水から上がったとき、キリストの素晴らしさに感謝しました。

一九八八年は良い年でした。洗礼も受けたし、ツアーも順調でした。振り返ってみると、神の完璧なタイミングにただ驚かされるのです。プロになる前に、そして一年後の全仏オープンで優勝する前に、クリスチャンになれて本当によかったと思います。キリストの助けがなかったなら、全仏オープン優勝後のことに、さまざまな試練に太刀打ちできなかったでしょう。ローラン・ギャロスでの優勝は間違いなく大きな恵みでした。その一方で、成長と成熟を促す経験でもありました。なぜなら、優勝以降、多くの人々の期待を背負うことになったからです。

第7章　兄がコーチに

期待とは不思議なものです。一九八九年の全仏オープンで優勝した後、世間の私への期待は天井知らずとなりました。将来さらに多くのグランドスラムのタイトルを期待していたというわけではありませんが、あと何年かのうちに数回は優勝できるという思いが私の頭をよぎったのは確かです。ジム・クーリエ、アンドレ・アガシ、そしてピート・サンプラスたちは、ジュニアテニス界の仲間である私の優勝を見て刺激され、グランドスラムで自分たちもいつかは絶対に優勝すると固く誓い、次はだれかと、互いに闘争心を燃やしました。（結果として一九九〇年、全米オープンでピート・サンプラスが最年少の十九歳で優勝しました。）

互いに切磋琢磨する、これが競技の面白いところでもありますが、競技人生においてはどんなことが起きるのかわかりません。思いもしなかったことが、一九八九年のクリスマスの二週間前に起こりました。

私はフロリダで練習をしていました。コートのコーナーに深く来たボールをバックハンドで打ち返そうと全速力で駆け寄って腕を伸ばしたとき、私の腰がグキッと大きな音をたてました。

私は銃で撃たれたかのように倒れました。立ち上がって、足を引きずりながらやっとの思いでコートから立ち去るのが精いっぱいでした。

フロリダのジャクソンビルにあるバプテスト医療センターで、ATP医療チームのトップであるポール・シャーリー先生が診てくれました。レントゲンを撮ると、左の股関節のくぼみのてっぺんにひびが入っているようでした。先生は首をかしげていました。なぜなら、この種の怪我は七十歳くらいの高齢者に多く、十七歳では珍しかったからです。一方、ロサンゼルスのスポーツ医学の権威、ロバート・カーラン先生は深刻な状態だと言いました。二ミリほどのひびが入った股関節のくぼみのレントゲン写真を見せてくれました。

それを見ながら、さまざまなシナリオが私の脳裏をよぎりました。神がすべてをコントロールなさっていることを思い、自分の気持ちを落ち着かせようとしました。神は私の怪我をご存じなだけでなく、私の未来もご存じなのです。けれども、あまりの惨めな現実に、感情的にならざるを得ませんでした。例えば、股関節が元どおりにならない、あるいは歩けなくなるかもしれないと思いました。私の試合スタイルはスピードが肝心でしたから、コートを自由自在に動き回れなくなったら、私はグランドスラムの栄冠を一度も防衛することができなかった最年少のプレーヤーになってしまいます。

カーラン先生は、怪我の酷さを冷静に話しましたが、手術も石膏も必要ないと、治療に対しては楽観的でした。骨折ではなく、左の股関節の骨にひびが入ったとの診断でした。松葉杖を渡され、一か月ほどそれを使うようにと言われました。「股関節に重みをかけないように歩くことが大切です」と指導されました。

チャン家は静かなクリスマスを迎えました。四週間の松葉杖での生活が終わると、ジムに通って体調を整え始めました。腰周辺の運動を避け、休養を続けるように言われました。ボールを打てるようになったとき、恐る恐る練習コートに立ちました。一、二週間後には、ほぼ元どおりになったように感じましたが、一九九〇年のツアーデビューは、二月末にメンフィスで開催される全米国際インドアテニス選手権までお預けとなりました。トミー・バフォード代表は、試合に戻った私を見たとき、抱きしめこそしませんでしたが喜んでくれました。

カールとウィッスラーでゴルフを楽しむ

私も彼に再会できてうれしかったのですが、その大会ではグレン・レインデッカーに一回戦で破れ、メンフィスに長居することはできませんでした。怪我から返り咲こうとしたのが早すぎたのかもしれません。もう一つ気がついたのは、初めの一、二時間は大丈夫なのですが、三時間経つと腰が痛くなり、私のパフォーマンスが急激に悪化するのです。それがどうしてなのか、わかりませんでした。そこで、腰のリハビリをして動きを改善するために、ケン・マツダを雇いました。（その後も彼にお願いしています。）

その春の間中、不安は高まるばかりでした。全仏オープンは近づいていました。人々は若手のチャンが、タイトルを防衛できるかどうか疑問に思っていました。一方、私自身は期待という相手と戦っていました。腰が一〇〇パーセント元どおりになるかどうか心配でしたし、全仏オープンに先駆けた三つのクレーコートでの試合に勝てず、自信が持てませんでした。そのうえ、二つのエキシビジョンマッチに二回とも負けました。一つは3セットマッチでアンドレス・ゴメスと競り合いましたが、4―1とリードからファイナルセットを逆転で落としました。私は精神的な強さを失っていました。試合が終わると涙があふれました。今まで、こんなに落ち込んだことはありませんでした。

もちろんメディアは、この私のスランプに気づきました。「きみの神はどこにいるんだい」、「負けたときも神のおかげなのか」という、鋭い刃《やいば》が向けられました。

全仏オープン開催前の日曜日、何人かの選手がローラン・ギャロスで、チャリティーイベントとしての試合のために招待されました。コート・セントラルの大勢の温かい観客の前で、チャリティー試合をするのは、コートの感触を思い出し、その延長線上で本番の試合に移っていくのに最適な方法でした。選手たちにも楽しむ余裕があります。

チャリティー試合はシングルセットで、先に8ゲーム取った人が勝つというものでした。私はフランスの人気選手、ジャン＝フィリップ・フルリアンと対戦するように言われました。その春は、一度もクレーコートの試合で勝ったことがなかったので、ジャン＝フィリップを倒して自信を取り戻さねばなりませんでした。

ジャン＝フィリップは、私が真剣勝負をしていることがわかると、顔からは友好的な笑顔が消え、応戦してきました。やがて試合は、全仏オープン決勝戦の5セット目を迎えたような激しさとなりました。ショットを決めると、去年ステファン・エドバーグに対してやったように、私は拳を振り上げてガッツポーズをしました。ジャン＝フィリップがウィナーを決めたとき、彼も同様の態度でした。エキシビジョンの試合なのに、ついつい力が入ってしまいました。

あまりの真剣さに、観客たちが呆れて笑ったほどです。けれども、私はこの試合に勝つ必要がありました。チャリティー向けの試合だったにもかかわらずです。ジャン＝フィリップを8－7で抑えたとき、私は喜んだと同時に自信を取り戻しました。コート・セントラルに集まった観客が拍手をしたか、口笛を吹いたか、声高に叫んだかは覚えていませんが、今振り返ってみると、苦笑してしまいます。

結局、全仏オープンの栄冠を防衛する喜びを経験することはできませんでしたが、四回戦まで勝ち抜き、準々決勝でアンドレ・アガシに4セットで敗れました。アガシは初の全仏ファイナルに進出し、三十歳のエクアドル人アンドレス・ゴメスと対戦しました。アンドレスはエキシビジョンマッチで私を負かしたようにアンドレ・アガシを破り、遅咲きのグランドスラム初優勝を飾りました。

変動のとき

一九八九年の全仏オープンから一九九一年にかけて、私のテニスのキャリアは一進一退でした。ランキングが五位から二四位になったり、一〇位から一〇位台半ばに落ちたりといった具合です。二つのトーナメントで優勝しただけで、グランドスラムの二週間は力を出しきることができませんでした。父は、私の弱点はサーブだと言っていました。全仏オープンで優勝したとき、サーブの平均速度は時速一二三キロ、最高値は一四二キロでした。（笑わないでください。現在のラケットの質は当時よりもかなり進歩したのですから。） 他方、あの日のステファン・エドバーグのサーブは私よりも時速三〇キロほど速かったのです。彼の平均は時速一五五キロで、最高時速は一七四キロでした。父と私は、私の体が成長するにしたがい、重量上げを始めれば（十九歳ぐらいまでは始めないほうが良いとアドバイスされていました）、体が強化され、必要なときにサービスエースでポイントを稼ぐことができると思っていました。

サーブを改善するためにフィル・デントを雇いました。元プロテニス選手のオーストラリア人であるフィルは、プラセンシアからそう遠くないロングビーチに住んでいたので、助けてもらおうと思ったのです。

そのころ、兄のカールはどうしていたかというと、一九九一年の春にカリフォルニア大学バークレー校で最終学年を迎えていました。カールは大学が休みのときに母と一緒に、できるだけ私のツアーに同行してくれました。そんなときは、昔の練習相手とテニスができて楽しかったです。

カールが大学にいるときも、何度かダブルスを一緒に組みトーナメントに出場しました。プロテニスで初めて兄とダブルスを組んだときのことは忘れません。カールと私は、毎年七月に首都ワシントンで開催されるイベントをワイルドカードで出場しました。運悪く初戦は、当時アメリカ最強のダブルス、トーナメントのトップに君臨していたリッチー・レネバーグとジム・グラブに当たってしまいました。

その夜、私たちの試合は二番目で、屋外スタジアムは五〇〇〇人の観客でいっぱいでした。ロッカールームを出る前、カールが緊張しているのがわかりました。コートに入場したとき、カールの表情は、まるで夜の道でヘッドライトに面食らった鹿のようでした。

「大丈夫だよ。うまくいくよ」と私が言いました。

「先にお前がサーブをしてくれ」とカール。緊張している兄を責める気にはなれません。これは兄にとって初めてのプロの試合で、大勢の観客たちに注目されていたのですから。

私は最初のサービスを、ジム・グラブが立つコートに向けて打ち込みました。スライスのかかったボールはワイドに大きく切れていったので、ジムはコートの横に追い出されてラケットに当てるのが精いっぱいの状態になり、結果的に高くて緩い短いボールが前衛にいたカールのところに返ってきました。待ち構えていたカールは、そのボールをスマッシュで決めて、とどめを刺そうとしました。しかし、どういうわけか、ボールはガットではなく、強く振ったラケットのフレームの先端に当たったため（フレームショット）、勢いなく奇妙な回転がかかった状態で空中に向けてふわっと飛んでいきました。

ジムとリッチーは、当然カールがスマッシュする速いボールが来ると予測していたので、コートの後方に下がって待ち構えていました。ところが、カールがラケットの先端で打ったボールは、強烈な逆回転がかかった状態のまま落ちて来て、相手側コートのネットぎりぎりのところに着地、それからバウンド後再びネットを越えて、こちら側のコートに戻って来たので、相手も私たちもボールの行方をただただ見守るしかありませんでした。ルールによると、そのボールを打ち返す必要はないので、私たちのポイントになりました。

観客はこの珍プレーに大歓声を上げ、カールはそれに応えておじきをしました。その後は良い展開になったものの、試合はストレートで負けました。けれども、兄弟でダブルスを堪能することができました。

その夏の終わり、コネチカット州南部に位置しているニューヘイブンで、再び兄とダブルスを組みました。大きなセンターコートでの試合で観客も大勢いました。今度はカールと私はうまく戦い、一回戦を勝利して波に乗りました。プロの試合でのカールの初優勝は、私たちをダブルスの世界ランキング四〇〇位に押し上げました。その夏、兄は秋に大学に戻るまでずっと笑顔でニコニコしていました。

カリフォルニア大学在学中、兄がどのように学業とテニスを両立させていたかは知りません。大学テニスで活躍しながら、カールは一九九一年に国際ビジネスの学位を取得しました。工業先進社会の政治的経済活動、経営管理学、経済学が彼の専門でした。難しそうな科目を立派にこなした兄を誇りに思っています。

ほかの多くの学生たちと同じく、カールは卒業後に何をしたいかが、はっきりと定まっていませんでした。しばらく考えても何も決まらず、時間があったので、ツアーに入ってテニスをしてみようと思い立ちました。そこでカールが直面した現実は、世界ランキングがついていない場合、またはランキングが二桁でなく三桁の場合は、「チャレンジャー」や「サテライト（訳注　サテライトトーナメントは二〇〇六年を最後に廃止され、現在はフューチャーズトーナメントに代わっている）」の試合のような下部大会しか出場できないということでした。

「チャレンジャー」や「サテライト」は野球のルーキーリーグのようなもので、このような新人選手のトーナメントがアジア、南米、ヨーロッパやアメリカのあちこちにあるのです。このような下部大会でのポイントを積み重ね、ATPツアーの上位大会出場を目指すために、数百人の若い選手たちが二万五〇〇〇ドル相当（現在は一万五〇〇〇ドル～一五万ドル）の賞金を狙い、地球のあちこちを旅するのです。一回戦で負けても数百ドルのお金は稼げます。

チャレンジャーの大会は、私がいる上位の大会の世界とは何光年もの落差があるような状態でした。上位ランキングになると有名リゾートでの派手なトーナメントばかりで、数百万ドルの賞金が出ます。

トーナメント会場はといえば、スポンサーのテントが並び、そこには選手たちの要望にすぐに対応してくれる大勢のボランティアが控えています。例えば、上位ランキングの選手が試合の数日前に突然会場にやって来たとしても、どんな要求にも対応してくれます。

選手用の車を出してもらえますか？

――ベンツが車を提供してくれています。何色の車がご希望ですか？

お腹が空いているんですが。

――今週はパリから三人のシェフが来ていて、なんでもお望みのものをお作りできます。

コートで練習をしたいのですが。

――すぐにご準備いたします。チャンさん、いつご入用ですか？

練習用のボールはありますか？

――ここに数缶ありますよ。もっと必要ですか？

タオルは？

――チャンさん、何枚でもお持ちください。

何か飲み物はありますか？

――ゲータレード、ミネラルウォーター、コーラ、ほかのスポーツドリンクもあります。何がよろしいですか？

という調子です。けれども今まで、トーナメント窓口のボランティアを自分勝手に利用したことは一度もありません。人々にかしずかれることは好みません。私には鉄則があるからです。新約聖書ルカの福音書六章三一節には、「自分にしてもらいたいと望むとおり、人にもそのようにしなさい」と書かれています。他人の立場に立ち、その人がしてほしいだろうと思うことを、自分もしようとしてきました。

カールは卒業後、自分の将来の道を選ぶ際、数週間にわたり、世界ランキングのある私のツアーに同行していました。そして、自分もプロのテニス選手になろうと決めました。テニス選手になるなら今がチャンスでした。ちょうどシンガポールでチャレンジャーのトーナメントがあることを知り、一九九一年、私の全米オープンが終わった後、父とカールは長距離飛行の末、蒸し暑いシンガポールに到着しました。テニス選手が宿泊するホテルがある場所は、夕方四時前に練習する選手はだれもいないほどの暑さでした。

カールは翌日、練習相手を見つけようと、ぶらりとコートに出かけました。相手を見つけた後にトーナメントの窓口に立ち寄りました。カールは私の試合に何十回もついて来たことがあるので、質の良いサービスに慣れっこになっていたのです。ファストフードのドライブイン・カウンターで頼むような気軽さで、カールは練習コートの予約と数缶のボール、タオル二枚、冷たい水を注文しました。

質素なカウンターの奥にいた担当者は面白くないと思ったのでしょう。「これはチャレンジャーの大会ですよ。全米オープンではありません」と言いました。そのシンガポール人の男性は古いボールの箱に手を伸ばし、カールに使い古されたボールを二箱分渡しました。「もし、もう少しましなボールが欲しければ、練習が終わったらこれをきちんと返すことだな」と言いながら。そして「ほら、タオルだ」と、もう一つの箱を見せました。中には、ロナルド・レーガンが大統領だったころに洗ったのかと思うほど古びたタオルが入っていました。

カールはシングルスでは一回戦で負けましたが、ダブルスではグレグ・ルーゼドスキーと組み、準決勝まで勝ち進みました。父とカールは帰路の長距離飛行の間に話し合いました。

「マイケルのコーチになることを、どう思う?」と父は尋ねました。カールはこれにはびっくりしました。

「なんで、ぼくが?」

「マイケルは今、変化が必要なときなんだよ。それに、マイケルとどこへでも遠征するフルタイムのコーチが必要なんだ。今のコーチのフィル・デントは家族持ちで、子どもがまだ小さいから、それはできないしね。おまけに、お前ほどマイケルのことをわかっている者はほかにいないよ。」

父の言うことには一理ありました。カールは私とともにコートで何千時間も過ごしてきたため、私の能力の裏表を熟知していました。カール自身はコートで頭を使いよく考える、知識豊かな選手でした。例えばアル・パーカーとの対戦時に、室内プレーになるなら早めに中に入って屋外の夏の太陽より暗い室内照明に目を慣らしておくべきだと私にアドバイスしてくれたように、知恵と工夫のある選手でした。長いプログラムの演技を審査するフィギュアスケートの審査員のように、その選手の弱点を発見することにも長けていました。

カールがカリフォルニア大学卒業の年、私がデビスカップでオーストリア勢を相手に戦ったときのことを覚えています。ウィーンでの試合は、九月末だというのに気温が低くて寒いほどでした。テニス用に改造したサッカースタジアムに陣取った熱狂的な一万七〇〇〇人のオーストリアのファンの前で、オーストリアとアメリカのチームが対戦するとは夢にも思っていませんでした。オーストリアのファンは、顔を国旗の色と同じ白と赤に塗り、「ツーガーベ！　ツーガーベ！」（もう一度、もう一度）と叫びました。まるでサッカーのワールドカップのようでした。オーストリア勢は、デビスカップの準決勝に残ったことは今までありませんでした。トーマス・ムスターとホルスト・スコッフは、彼らのお得意の赤い色をしたクレーコートで、自信過剰のアメリカ人たちの出鼻をくじいてやろうと意欲満々でした。

私自身は自信過剰とはほど遠い状態でした。股関節の怪我以来、スランプが続いていたからです。アンドレ・アガシが私たちのチームにはいましたが、アガシはその年の全仏オープンと全米オープンの決勝戦で負けていました。そして、人々の間では彼がグランドスラムでは優勝できないだろう、との憶測も浮上していました。（アガシは二年後のウィンブルドンで優勝することになります。）

デビスカップの試合は、初日にシングルス二試合、二日目にダブルス一試合、三日目にシングルス二試合、合計五試合が行われ、先に三勝をあげたほうが勝利となります。オープニング戦、ムスターは私を4セットで打ち負かしました。しかしその次のシングルス戦で、アガシがホルスト・スコッフを破りました。二日目はリック・リーチとジム・ピューのダブルスが勝ち星をあげ（これでアメリカの二勝一敗）、三日目の第一試合ではアガシがムスターを果敢に攻めていたので、勝利はこちらのものように思えました。しかし観客が熱くムスターを応援したのが追い風となり、ムスターはストレートでアガシに勝利しました。

これで二勝二敗となった結果、最後の五試合目となるチャン対スコッフ戦が、アメリカとオーストラリア戦の勝敗を決することになりました。この心踊る、思い出深い試合が終わるまでに、まさか二十五時間もかかるとは思ってもみませんでした。

ホルスト・スコッフのテニスは、フォアハンドとスライスで打つバックハンドで、ハイチ出身の選手ロナルド・アジェノールを彷彿とさせました。スコッフはクレーコートが得意でした。ボールが遅くなるクレーコートでは、バックハンド側に来たボールを打つために回り込んで、フォアハンドで力強いボールを打ち込む余裕があるからです。日曜日の午後、アメリカとオーストリアが互角になった際、オーストリア人たちはホルストを英雄に仕立て上げようと躍起になっていました。そして彼が、アメリカ人、つまり私を倒すと思っていました。

スコッフは早速、初めの2セットを取り、あと1セットを取ればオーストリアの勝利という状況にこぎつけました。私は盛り返す自信はありました。一九八七年、全米オープンのデビュー戦でエンドゥカ・オディゾールに5セットマッチのフルセットで負けて以来、私は七回連続で5セットマッチのフルセットまでもつれた試合に勝利していました。けれども、私がミスショットをすると拍手をし、スコッフがウィナーを決めると大歓声を上げる、敵意をむき出しにした観客の前で3セットを連取して逆転していくことは大変なプレッシャーでした。

第3セットに差し掛かったころ、辺りは暗くなりだしました。5セットのフルセットになるとすれば、プラースタジアムで日暮れまでに終わらせるのは土台無理な話でした。なぜなら、屋外照明がなかったからです。とにかく、「まず3セット目を取ろう」と私は自分に言い聞かせました。「そうすれば、また明日出直せる。」

3セット目、早いうちから私はリードし、そのままそのセットを取りましたから、主審は有無を言わさず試合を月曜日までサスペンデッドにしました。父がオーストリアにやって来て、母と私に加わりました。試合の後に、父はカリフォルニアにいるカールに電話をかけてアドバイスをもらったほうがいいと言い出しました。

私がカールに電話をしたとき、カリフォルニアはまだ日曜日の朝を迎えたばかりでした。兄はウィーンで何が起こっているのかまったく知らなかったので状況を説明しました。

「どう思う?」と私は尋ねました。

カールはしばらく考えてから、「ESPN(スポーツチャンネル)は今晩、試合を放映しないのかな?」と逆に聞かれました。私はわからなかったので、カールはすぐに調べて、ESPNが日曜の夜に放映する予定があると教えてくれました。

「それなら、こうしよう。今晩試合を観るから、そっちの朝に電話するよ」とカールは言いました。

カールは日曜の夜の十一時まで、私とスコッフとの第3セットまでの試合を観ました。そしてオーストリアの月曜朝八時にホテルに電話をかけてきました。私は試合が気になって、前の晩はよく眠れませんでした。デビスカップという国の名誉をかけて戦う試合の最終結果が、自分の肩に重くのしかかっていたからです。

「スコッフが毎回フォアハンドに回り込んで打っているのは明らかだよ。いいか、次のことをやらなきゃだめだ。バックハンドを打たせるんだ。だから、いつものクロスコートのバックハンドは打つな。相手は回り込んでフォアハンドを思いきり打ってくる。スコッフがバックハンドで打たないと返せないような、サイドラインギリギリの方向に緩く打つんだ。彼がバックハンドで打ち返してきたら、次は相手のフォアハンドに打ち返す。スコッフはコートを横切るように走ってフォアハンドで打ってくるけど、そうすることによってバックハンド側はガラ空きになる。そこに向かってボールを打ちこんで、バックハンドをもう一回打たせるんだ。そうすれば相手の得意とするフォアハンドを奪うことになる。バックハンドの回数が増えれば増えるほど、向こうのプレーは鈍っていくだろう。そうすれば、コートに空きがたくさんできるはずだ」と指摘しました。

「ありがとう、カール。やってみるよ。」

「アドバンテージコート（バックサイド）からサーブするときは、アレーゾーン（訳注　ダブルスサイドラインとシングルスサイドラインの間の細長いエリアのこと）を越えて飛んでいくような角度のついたワイドへのサーブをしてみろ。相手はサイドラインから大きくはみ出るようにしてバックハンドでリターンしなければならなくなるが、そのショットは苦手なはずだ」とカールは続けました。

その朝の試合は雨のため遅れました。濡れたコートはボールを減速させ、ボールは重くなりました。カールの作戦は魔法のように効きました。嵐のような勢いで、私は第4セットをものにしました。勝負が決まる第5セットで、カールの指示どおり、相手のバックハンドを狙って角度のついたサービスを連発しポイントにつなげました。加えて相手のサーブのときに、例のおなじみのレンドル・ポジション、サービスラインの近くに歩み寄る戦法も取りました。スコッフはダブルフォルトこそしませんでしたが、勢いのないサービスを打ってきたので、すぐにウィナーを決めることができました。

ポイント5—3でリードしたとき、試合をコントロールができている手応えが確かにありました。けれども、そのとき、私の足に痙攣が走ったのです。またか！

この痛みは、今までで一番痛かったように思われました。疲れきってはいませんでしたが、緊張と気温の低さが原因でした。あと2ポイントだけなのに、この有様です。もう、これ以上はプレーできないのでは、と真剣に悩みました。

ホルストのサービスで、私は15—40のマッチポイントを迎えました。彼のサーブを私はフォアハンドで思いっきり叩きつけました。その瞬間、会場は静まり返りました。さっきまで声を張り上げていたオーストリアの観客は、立ち上がってスタジアムから出て行きました。アメリカンフットボールのNFLで最後の数秒間に、やっとゴールを決めたときのような感じでした。完全なる沈黙です。

デビスカップ優勝は、カールのアドバイスのおかげでした。自分のキャリアを立ち直らせるためにもカールの助けが必要でした。両親とカールと私は、大切な決定をするときに行う家族会議で、いつものようにプラス面とマイナス面を考え合わせました。

「ぼくはマイケルを助けることができると思う」とカールが確信を持って言ったのには驚きました。

「マイケルの弱さも強さも心得てるしね。ジムやサンプラス、アガシとぼく自身も対戦したことがあるし。今持っている強みをさらに強化し、弱いところも強みにできたらと思う。グラウンドストローク、精神面での強さ、足の速さという強みを基盤にして、どんなコートでも戦えるオールラウンドの選手にしてみせる。」

「よし。じゃあ、始めようじゃないか」と私は言いました。

カールがコーチに

兄のカールが私のコーチになるというニュースに、テニス界の一部では、眉をひそめる者や、せせら笑う者もいました。彼らは、「カールに何がわかるんだ？　カールはツアーで一度も試合をしたことがないし、チャレンジャー大会では成功しなかったんだろう。マイケルは多分、一緒に旅をする相棒を見つけただけさ。それが、お兄ちゃんなんだ」と言いました。

このような噂は的外れでした。それはカールをコーチにしてからの私の記録を見ればわかります。カールは私のテニスを次のレベルへと引き上げてくれたのです。私のキャリアを客観的に見てみると、一番良い成績だったのは一九九二年から一九九七年で、トップテンに食い込み、そこで安定していました。あともう少しで世界ランキング一位に迫ったときも、カールが少しアドバイスをしてくれただけで大きく飛躍できたのです。

カールが私のフルタイムのコーチになったことで、もう一つ利点がありました。母がやっと、旅から旅への生活から解放され、父のもとに戻ることができたのです。母は人生の四年間を私のために犠牲にしました。マイアミからマレーシアまで同行する、こんな大きな犠牲をだれが払ってくれたでしょうか。ツアーの生活は一見、派手でかっこよく見えますが、それは間違いです。母にとって家を後にして旅をすることは、父から離れることを意味します。私たちが久々に家に戻ると、父母が互いをどれほど必要としているかがよくわかりました。父はロサンゼルス空港で私たちを迎えると、すぐに母のところに行き、優しい言葉をかけました。普段は言わないようなことも言いました。どれだけ母を恋しく思ったか、母の料理がなくて寂しかったか、話し相手がいなくて物足りなかったか……と。そして近所を散歩するとき、二人は必ず手をつなぎました。

父は母にいつもより親切にするだけでなく、母がきれい好きだったので、母の気持ちを尊重するために家をきれいにして待つのが常でした。床に物が散乱しないよう片づけてあり、母が植えた植物には水をやっていました。その父の思いやりは、母にとっては本当に大切なことだったのです。

母のツアー同行が終わり、チーム・チャンの新たなページが開かれました。私たちは、これまでも強い家族の絆で結ばれていましたが、各自の役割が以前よりも明確になりました。これは、いつも読んでいる新約聖書コリント人への手紙第一、一二章一二節に書かれているとおり、私たち一人ひとりは、キリストの体の部分のように、大切な役割を担っている者同士だということです。「からだが一つでも、それに多くの部分があり、からだの部分はたとい多くあっても、その全部が一つのからだであるように、キリストもそれと同様です。」

これを書いた使徒パウロは、キリストの教会を人間の体に重ねて表現したのです。体の一つ一つの部分は体全体が機能するために必要です。それぞれが違った役割を持っていますが、ともに協調して動かなければなりません。さらにパウロは、神の家族の一員として、それぞれに異なる機能と個性のある賜物が与えられているが目的は一つだと言っています。私たち家族の場合は、神が私にテニスの賜物を下さったことにより、カールと私は同じ目的を目指すことになったのです。

父がユノカルを退職し、私の会計一般を担当してくれることになったので、肩にのしかかっていた重荷が大幅に軽減されました。テニスのキャリアを続けるためには、契約、賞金、経費の精算などをすべてもれなく記録して把握する必要があることは、外から見ているだけではわからないものです。最盛期には、やろうと思えばテニス絡みの仕事だけで三六五日を埋めることも可能でした。トーナメント、エキシビジョン、テレビ出演、テニス教室、インタビューなどです。私の生活にはバランスが必要でした。両親とカールは私を守り、そのバランスをとってくれました。

カールが私のコーチになり、ともに旅をしてくれるようになったので、母は父の仕事を手伝う時間ができました。初めから、私たちは目的を見失わないようにすることを重視しました。チャン家にとって、テニスとはある目的のためのもので、その目的とは、人々の人生に良い影響を与えるということでした。

まず、カールは私のサーブの改善に着手しなければなりませんでした。そのために、宇宙科学者や父のような化学者は必要ありませんでしたが、私が全仏オープンに優勝したときに比べ、テニスの技術は日進月歩。つまり、ラケットの構造が目ざましく進歩したため、テニスがパワーゲームと化したのです。加えて体が大きく、背も高い新人たちがツアーに加わってきました。リカルト・クライチェク、セルジ・ブルゲラ、ミヒャエル・シュティヒ、ゴラン・イワニセビッチなど、多くの名前が挙げられます。（このころになってすでに、選手二十人のうち十七人の背丈は一八〇センチ以上でした。）背の高い選手たちに対抗するには、サーブでポイントを稼ぐことが必至でした。なぜなら、相手は私のおとなしげなサーブを上から楽々と叩き込めるからです。そうなると、私は守備に回らざるを得なくなります。サーブだけで勝ち取る得点が私には必要になっていたのです。

ほかにも問題がありました。粘りのテニスが持ち味の私は、一つのポイントを取るために一所懸命に動き回らなければならず、人よりも多くの体力と時間を使っていたため、どの試合でも勝つのに苦労しなければなりませんでした。私は後のラウンドの試合に備えて、特にグランドスラムの5セットマッチの試合では、体力を消耗してしまうきらいがあったのです。

サーブの改善にカールが乗り出したとき、初めは少し時間がかかりました。もともと私は頑固な性格だからです。けれども、一九八九年パリで優勝して以来、十代のときの世界ランキングにこだわり続けていたから、その後のグランドスラムで優勝できないんだとカールに指摘されました。

「サーブ&ボレーヤーに変えようとしているわけじゃないからね。ファーストサーブが入る確率を上げ、スピードを加えれば、甘く返ってくるリターンを打ち込んでサーブのフリーポイント（訳注　サービスから三打以内でポイントを奪う〔サービスエース、リターンミス、三打目のウィナー〕こと）を得ることができる」とカールは言いました。そこで、サーブ前のボールトスから始めました。「トスをもっと高くする必要があるぞ。それにもっと右上に向かってトスするべきだ」とカールは言いました。「ほら、ピッチャーがホームベースに向かって投げるような感じだ。ピッチャーは自分の頭上からボールを投げたりはしないだろ。そうだ、一時の角度で投げるんだ」とカールは、自分のラケットを時計に仕立てて、その角度を示しました。「ここがパワーゾーンで、お前のものになるんだよ。」

私がサーブをする様子をカールは見て、「身長に恵まれなかったのはどうしようもない現実だけど、お前の足は人一倍強いぞ。その足を使って、コートを蹴って、できるだけ飛び上がるんだ」と言いました。両足をできるだけ大きく開き、背を丸め、肘が直角になるようにと指示しました。彼はこれを「パワースナップポジション」と呼びました。私のサーブは一夜にして改善されませんでしたが、ゆっくりと着実にそのフォームを身につけていきました。そのほうが確実であることは間違いありません。一年間で、私のサーブは素晴らしい進化を遂げました。私は前かがみになり、相手の短いボールに襲いかかるような姿勢を構えるようにしました。この進歩によって、サーブでベースラインに立つたびに、私のメンタルもより攻撃的になりました。カールのおかげで、以前の守備的なサーブが攻撃の武器になる、もう一つの変革があったのです。

ロングボディの開発

テニスというゲームにおいて、カールは多くをすぐに吸収する優秀な「生徒」だったと思います。そして、すぐにツアーのライフスタイルにも慣れました。何かを学んだら、同じことについてまた聞き直すということがないのです。カールがすべてを手配しました。何時にウォームアップするか、試合の何時間前に食事をとるか、試合前にラケットのストリングスを調整し、何本のラケットにガットをきつく張っておくべきかなども心得ていました。(カールはガット張りの名人になり、いざというときには、十五分以内で張ることができました。) 清潔なリーボックのシャツと新しい靴を用意し、対戦者を偵察し、戦略的なアドバイスをし、ストレッチ、水分補給、食べ物など、試合後の日課にも気配りをしてくれました。

オクタゴンというマネジメント会社の担当者ケリー・ウルフによって行われたインタビューや、公式の場などへの対応もこなしました。飛行機の切符予約、移動の際の交通手段の手配、ホテルのチェックインまでも。過去何年もカールが私の生活を過ごしやすくしてくれたことを思うと、感無量です。ほかのコーチが、カールにこう言っているのを小耳に挟んだことがあります。「カール、きみの仕事とは交代したくないな。普通のコーチの仕事よりはるかに多くのことをしてるんだから」と。

訓練されたカールの目が、何かを見逃すことはまずありませんでした。カールが私をコーチし始めて、すぐのことです。私のラケットを握るグリップの位置が、普通よりやや上だということにカールが気がつきました。つまり、ラケットの首元を絞めているような握り方です。一方、ほとんどの選手たちが私とは逆に、下のほうでラケットを握ります。ジム・クーリエもアンドレ・アガシもグリップの末端を握りますから、ボールを鞭で打つように叩くことができます。私はラケットの首を絞めているようなものでしたから、鞭を打つようにラケットを振ることはできませんでした。カールはグリップの末端を握るようにと言いましたが、不慣れで、しっくりきませんでした。カールも私も、ラケットの首を絞めるように持つのは良くないとわかっていましたが、グリップの下方を持つと、力が出ないうえ、ボールの勢いも伸びないのです。しかしこの五ミリほどの差は、コート上では重要な問題となります。カールはじっと考えて「そうか。じゃあ、こうしよう。ラケットを長くするしかない」と言いました。

カールはプリンス社の技術者やボスワース・インターナショナル社と協力して、十八か月にもおよぶ共同開発を始めました。プリンス社やボスワース社といえば、ラケットのガットを張ったり、重さを調整したり、バランスを考える専門家の集団です。まず第一に、カールはプリンスにフレームを縦に五センチ長くしてほしいと頼みました。これは、さほど大きくないと思われるかもしれませんが、テニス界では革新的なことでした。一八七三年にイギリスのウォルター・クロプトン・ウィングフィールド少佐がガーデンパーティーの余興として、〝ローンテニス〟と呼ばれるゲームで使うラケットを六八センチと決めて以来のことだったのです。五センチ伸ばすということは、ラケットが九パーセント長くなることを意味しました。それはかなりの率です。

慎重に事を進めることが求められました。ラケットの長さについての規制は特になかったのですが（規制は私が長いラケットを使い始めた後に決まりました）、長いラケットだと操縦性を欠きます。すばやくボレーをするのも難しくなるし、パワーは増しても、コントロールには支障をきたします。

ニュージャージーにあるプリンスR&D研究室から、初めて長いラケット、ロングボディの試作品が届いたときのことを忘れません。スノーシューズのようなラケットを見て、二人とも笑い出しました。それから、二人で試し打ちをしました。ロングボディは長いフレームのラケットだったので、互いに弾丸のようなサービスを打ち合いました。問題は、どんなに頑張ってもサービスリターンができなかったことです。カールと私はラリーさえできませんでした。フォアハンドで打ったボールが市外まで飛んでいってしまうのではと思ったほど、パワフルすぎたのです。

「カール、これは無理だよ」とイライラしながら言うと、「大丈夫、もう少しやらせてくれ」とカールは答えました。

こうして十二個以上は試作したでしょうか。それら全工程をカールがチェックし、新しい仕様を提案し、試作品を試しました。このようにして、研究室の技術者と素材を吟味しながら協同開発しました。カールはプリンスのラケットを熟知していました。ジュニア時代からプリンスの「新型・改良型」モデルはその都度試していたからです。プリンスボロン、プリンスウッディ、プリンススペクトラム、プリンスグラファイトと、とにかく全部です。

私はプリンスグラファイトというラケットを十二年以上使っていましたから、今回の新作ラケットの試みは大きな変化でした。十歳のときに黒のアルミ製のプリンスプロから、今のプリンスグラファイトに変えて以来、私にとっては信頼できる武器となっていたのです。プリンスグラファイトの硬さと大きさが気に入っていました。何千時間もそれでプレーしてきましたから、私の腕の延長のような存在でした。

しかし、プリンスグラファイトならどれも同じというわけではありません。私たちは、フレームの頭の部分の重さを変えてほしいと、その都度、工場に依頼しました。それでも一つ一つは微妙に異なりました。プリンスが数ダースのラケットを送ってくると、カールが一ダースほどにガットを張り、試し打ちしました。ダメだと判断したラケットを指差し、「時間の無駄だから、こっちは触る必要もないよ。全然ダメだ」と言ったものです。

同様に、カールはロングボディの開発でも、骨身を惜しまない試行錯誤を重ねました。使えるものができるまで、ニュージャージーの研究室に何度も何度もコメントをつけて、試作品を返品しました。カールと私は、対戦相手の、より強力なテニスラケットがプレーに逆風になっていることを知っていましたから、ロングボディの開発で力の格差が縮められると考えました。数か月間の試作期間を経て、一九九三年のクリスマス休暇のとき、試合でも使えるラケットが完成したと、ようやくカールは満足しました。

ロングボディが完成する直前に、重さとのバランスをとるために、結局はラケットの長さを七三センチから七一センチに短くしたのです。

「ほら、これを試してごらん。できたと思うよ。」

試してみると、これならプレーできるという感触がありました。カールの言うことは正しかったのです。ロングボディは数センチ長いので、今まで取れなかったボールが取れるようになったうえ、サーブの速度も一六キロから三二キロ速くなったので、プレーの向上につながることは間違いなしでした。気をつけろよ、ピート・サンプラス、私は時速一九三キロ以上を出せるようになったのだから。

兄と真剣勝負のような打ち合いをした後、「気に入ったよ」と言いました。ロングボディはロケット発射のようなサーブを生み出すだけでなく、グラウンドストロークまで堅固になりました。

「これで、いろんなことが良くなるはず」とカールは言いました。もし私が1ゲーム中に1、2ポイントを増やすことができれば、サンプラス、クーリエ、アガシみたいなトップ・プレーヤーを相手に善戦できるだけでなく、勝つ可能性も出てきます。彼らの名前は、おなじみですね。ロングボディは私のサーブを改善させましたが、グラウンドストロークはどうだろう？　などという不安が入り込むようではだめなのです。相手のコートに向かってフォアハンドを打つとき、また、バックハンドでパッシングショットを打つとき、自分が狙った場所から一センチでもボールがずれないよう打ち込むには、絶対的な自信が必要なのです。正確さが大切です。試合とは、自分のストロークで、どれだけ思いどおりの線を描けるかの一言に尽きるのです。

新しいラケットでたった二週間だけ練習したあと、一九九四年インドネシアのジャカルタで開催されたトーナメントで、初めてロングボディを試しました。ラケットバッグの中に新兵器が入っていることはだれにも言いませんでした。トーナメントが始まったとき、ラケットと私の心が一体になってプレーできるかが心配でした。これまでは、気にしなかったのですが、ひどいボールを打ったらどうしよう、もしパッシングショットを打ち損なったら、ロングボディのせいなのだろうかと不安になりました。

ジャカルタのコートに出た途端、その不安は消え去りました。試合はうまくいき、トーナメントで優勝しましたが、メディアにはロングボディのことは言いませんでした。実際、カールと私は一年間、ロングボディについて公表せずに、何度も改良に改良を重ねることに成功しました。一九九五年夏、プリンス社の巨大なマーケティングに向けた広告キャンペーンを始め、ロングボディはとうとう一般に発売されました。ロングボディは一九九六年、一九九七年と、二年連続で世界のベストセラーになりました。一本二二五ドルもしたのにです。

頂点で

ロングボディのベストセラーが続くなか、私も一位をめがけて駆け上りました。前にも言ったとおり、鳴かず飛ばずの三年間の後、一九九二年にトップテンに入り、世界ランク六位にまでのし上がりました。このころ私の人生は大渦の中にいるようでした。試合に勝ち進んで最後まで残るので、とにかくトーナメント出場に大わらわでした。火曜日の二回戦で負け、次のトーナメントが始まるまで五日間の休みがあるのと、勝ち進んで週末にも試合があるのとでは大違いでした。

不満をこぼしているのではありません。試合に勝ち進み、続けて次のトーナメントに出場することに忙殺されるのは願ってもないことです。私のキャリアで獲得した三十四のタイトルのうち、二十六のタイトルを一九九二年から一九九七年の間に獲得しました。多くはアメリカの大きなトーナメントのタイトルですが、アジアで開催された比較的小さなトーナメントのタイトルもあります。東京、北京、上海、クアラルンプール、大阪、ジャカルタ、香港。そこでは、その地域の人々のたくさんの応援があったので、成績も伸びました。アジアという環境も居心地が良く感じました。食べ物が好きでしたし、アジアの人々の物の考え方は、よくわかりました。とにかく、くつろぐことができました。アジアでの成功はさらなる成功をもたらしました。

その五年間というもの、グランドスラムでも好調でした。そして、素晴らしいことに三回も決勝戦に出場できたのです。一九九五年のローラン・ギャロス、一九九六年の全豪オープン、そして一九九六年の全米オープンです。残念なことに、この三つのグランドスラムとも決勝戦で負け、グランドスラムでの二つ目のタイトルを手にすることはできませんでした。数千人のファンの前で、グランドスラムのタイトルをかけた決勝戦に臨む選手たちが世界中のテレビで中継される様子は、お決まりの光景ではありますが、出場できなかった一二六人の選手たちがうらやましく思うというのは当然です。その期待と興奮は、言葉に表すことのできないほど貴重な経験です。メルボルンのフリンダーズパークでの試合であろうと、ローラン・ギャロスであろうと、あるいはユナイテッドステイツ・テニスセンターであろうと、ざわめきと張り詰めた空気、胸がドキドキする緊張感。これらはすべて豊かな経験なのです。

グランドスラムの最後の日曜日に行われる決勝戦では、勝者と敗者が明確になります。一人は勝利の栄光を誇るでしょう。もう一人は負けたことの苦い痛みを感じるでしょう。ツアーに参加している一人ひとりは、決勝に残ることだけでも大きなことだと知っています。そして、選手たちはその日、負けたのはだれかを大衆が覚えていないことも知っています。有名なバスケットボールのコーチ、フランク・マッグワイヤーは、あるとき次のように言いました。「この国では、二番ではだれも名前を覚えてくれない」と。彼の言ったことは一理あります。グランドスラムのタイトルで優勝すると、その人の名は歴史に残り、負けたら、銀の杯と小切手をもらうのです。私は十五か月間で、六回あったグランドスラムのうち三大会で決勝戦に残りました。一つ一つを詳しく見てみます。

一九九五年――全仏オープン決勝

トーマス・ムスターが、ロッカールームでほかの選手を威嚇することは周知のことでした。おそらくそれで「ターミネーター」とあだ名がついていたのでしょう。相手を負かすためには、脅すことも厭わないのです。私はそんな脅しにはとりあいませんでした。以前、対戦したとき、その威嚇行為を無視して、「トーマス、私は自分の試合をするだけだ。いくら脅かしても無意味だぞ」と言って、自分の姿勢を押し通しました。

とは言うものの、このオーストリア人は、クレーコートではものすごい選手でした。一九九五年、トーマスは十二のトーナメントで優勝しました。しかもそのすべてがクレーコートです。その春、トーマスは順調に全仏オープンでも勝ち進んでいました。ローラン・ギャロスのコート・セントラルの決勝で対戦したとき、彼はクレーで三十五連勝中、まさに無敵でしたから自信満々でした。ムスターはまた、ボールを打つときにイノシシのように鼻から音を出す癖がありました。精いっぱいボールを打ち、その度に音を立てる機械のようでした。「ウー、ハー」とうなり声をあげ、まるで九〇キロのバーベルで重量上げをしているかのようです。ムスターのように声を出す選手には、ときどき惑わされることがあります。大きな音を出すので、鋭いボールがコーナー真っしぐらに飛んでくるかと思いきや、実際には案外たいした球ではない場合も多いのです。ムスターはボールが来たときと打ったときと、二度も変わった声を出します。だいぶ変わっていますが、声を出す選手と試合をしたことは何度もあるので私は平気でした。

初めは私が試合の主導権を握っていました。ムスターは1—4のサーブのとき、ブレークポイントを四回免れましたが、このとき、私は普通のボレーをミスしてしまったのです。そのことは上手く切り替えることができ、次の自分のサービスゲームをキープして5—2で私のリードというところまでいきましたが、ムスターは続く5ゲームを連取し、第1セットを逆転で奪って勢いに乗りました。今となっては覚えていませんが、私は、それまでしっかり維持していた試合の主導権を完全に失ってしまいました。ムスターが私の弱さを見抜き、重いトップスピンのかかったストロークで、オリンピックの重量挙げの選手のようにうなり声を上げてきたのです。彼は生き返ったようにエネルギーを回復させ、まるでグランドスラムでの優勝が自分に課せられた使命であるかのように、子どものころからの夢を叶えるために最後まで集中して試合をしたのです。

一九九六年——全豪オープン決勝

一九九六年、当時二十八歳でドイツのスター選手だったボリス・ベッカーとメルボルンの全豪オープンで対戦したとき、ボリスは五年もの間グランドスラムで優勝できませんでした。試合が始まる前に、二人で先攻と後攻を決めるコイントスに先立って、ネットの前に立ち一緒に写真撮影をするのが決まりです。私は一九〇センチのボリスを見上げました。私はふざけて、カメラのシャッターが押されている間つま先で立ちました。周りの人たちが笑ったのでボリスも気がつき、同じくつま先で立ちました。

ボリスは、私と同じぐらいの力量でした。しかし、その決勝戦では見事なプレーをみせました。ボリスとはこれまでに三、四回戦いましたが、私が彼を負かしたのは一回だけでした。ボリスが調子良く自分のショットを決め出すと、その勢いを止めるのは至難の業でした。どう言えばよいのでしょうか。ボリスの最盛期は終わっていたかもしれませんが、このときの全豪オープンではめざましい活躍でした。そして、ボリス特有のダイビングボレーを数回やってのけました。ボリスは優勝者のスピーチで「本当のことを言うと、もう私にはグランドスラムで優勝する力は残っていないと思っていました」と満員の観客に向かって語りました。

三時間前に、そんなボリスの心理状態がわかっていたらなあ、と私は思いました。ボリスが素晴らしいプレーをしたのは、奥さんのバーバラにグランドスラムで優勝する姿を見せたかったからかもしれません。（奥さんと出会う前に、ボリスは五回グランドスラムのタイトルを手にしていたのです。）

一九九六年――全米オープン決勝

ミネソタにあったわが家の地下室で、スポンジボールを壁にぶつけながらテニスごっこをしたとき、当時小学一年生の私はいつもウィンブルドンでの優勝を想像していました。それは、センターコートの緑の芝生が手が届かないような魅力的なものに見えたからか、あるいはケント公爵夫人に勝杯を渡され、頭を垂れる自分を想像すると夢のように思えたからかもしれません。実際には、テニスのキャリアを積むようになると、一番私が勝ちたいと思ったのは全米オープンでした。

一つには、アメリカという国でテニスをしながら育ったアメリカ人だからです。もう一つの理由は、全米オープンの会場であるフラッシング・メドウズで試合をするとき、いつも温かいファンたちのサポートを感じるからです。ロンドン、パリやメルボルンでのように、外国人としてではなく、自国のホームでお気に入りの選手となるのが好きでした。ニューヨークに戻るといつも、家族やたくさんの親戚が応援しに来てくれました。彼らに、誇りに思ってもらうため、全米オープンのトロフィーをいつかは手にしたいと思っていました。

一九九六年まで、全米オープンは精神的なチャレンジを強いられるトーナメントでした。私は大きな試合では、ドラマチックなゲームをよくしたのですが、いつもあと一息のところで必ず勝利を逸するというパターンを繰り返していました。一九九二年のステファン・エドバーグ、一九九三年のピート・サンプラス、そして一九九四年のアンドレ・アガシとの対戦のときもそうでした。

一九九六年の全米オープンでのスーパーサタデーでは、アンドレ・アガシにストレートで圧勝しました。決勝では、昔からのライバル、ピート・サンプラスが待ち構えていました。世界ランキング一位の彼と三位の私の戦いで、もし勝つことができたなら、サンプラスを抑えて、自分のキャリアでは初めてランキング一位に躍り出ることができるのです。一位になれる可能性は十分あったと思うし、多くの人々がそのことを指摘してくれました。四時の試合開始時間の九十分前にウォームアップをしました。しかし、USTAテニスセンターが雷を伴う豪雨にみまわれ、試合開始が遅れました。試合開始まで数時間かかるとわかっていたので、ロッカールームのソファーで一時間ほど眠りました。

仮眠をした後、再度、外に行ってウォームアップするのはやめました。その代わり、柔軟体操をして、縄跳びをしました。すでにウォームアップをしていたため、準備は整っているつもりでしたが、もう一度ウォームアップでボールを打っていたなら、気持ちを高めるためにはよかったのだろうと思います。二万人を収容するルイ・アームストロング・スタジアムのコートに一歩足を踏み入れたとき、私の緊張感が高まりました。ナンバーワンになれるかもしれない、自身のキャリアの中で一番大切な試合は、私を必要以上に高揚させました。緊張度の測定器があるとしたら、赤線を超えていたと思います。自分の力を冷静に、思慮深く試合に集中させる道を見失っていました。

風船の空気が抜けてしまったかのように、第1セットはまったくダメでした。第2セットの途中あたりまで落ち着きのないプレーが続きました。私はすでに自分のサービスゲームを落としていました。ピート・サンプラスとの大金を掛けた大切な試合では、2セットもリードされてはまずいのです。しかし、まさに、そのとおりになってしまいました。その輝かしいキャリアの中でサンプラスが示したのは、大切な試合で自分のベストを出す必要があるとき、高いレベルでそれを出し切るということです。

第3セットの終わりに、私にチャンスが巡ってきました。5―6のセットポイントを手にしたのです。しかし、私のフォアハンドで打ったボールはネットの上端を擦り、ちょうど打ちごろのコートボール（訳注　打球がネットに触れて相手方のコートに入ること）となったので、私がネットに向かう途中、サンプラスはフォアハンドで私から離れたところにボールを打ってきました。彼のパッシングショットは、何とか自分のラケットに当てましたが、ボールはネット上部の白帯部分に当たってネットを越えませんでした。

これが私の最後のチャンスでした。数分後サンプラスは試合をものにしましたが、彼もまた気持ちが揺れ動いていました。数か月前、サンプラスのコーチ、ティム・ガリクソンがガンで亡くなっていたからです。サンプラスがマッチポイントをものにしたとき、両手を高く上げ、空を見つめました。私を含めてだれもが、それがどういう意味なのか知っていました。「これは、親愛なるティム、きみのためだ」と。

サンプラスを祝福し、自分が勝っていたらどうだったかを思いました。全米オープンに優勝して一位になるという夢は、またの日まで待つしかありませんでした。

第8章　急降下

まるでエベレスト山頂にあと五〇メートルというところで引き返さなければならなかった登山家のように、こうすればよかった、ああすればよかったと、私は失望と向き合わなければなりませんでした。祈りと黙想を通し、私はもう一度、グランドスラムに挑戦し、一九九七年の試合の頂上に到達しようと決めました。その年の大半は世界ランキングの二位、三位を行ったり来たりした後、二位として全米オープンにエントリーしました。そう、あのピート・サンプラスに再び挑戦する準備をして。

コンピューターの計算によると、たとえトーナメントで私が勝ったとしても、全米オープンだけではサンプラスを追い抜くことができないことがわかりました。しかし、もしフラッシング・メドウズで優勝し、秋シーズンで良い成績をあげれば、一位で一九九七年を終えることができます。

トーナメント初日、USTAは二億五四〇〇万ドルを費やした、二万三〇〇〇席の新しいアーサー・アッシュ・スタジアムの開幕式を行いました。式では四十人の元チャンピオンたちが会場に行進して入場してきました。開幕式のテレビ中継をホテルで見たとき、私のうちには羨望という名の罪があったことを告白しなければなりません。私も会場で、伝説的なテニス選手たちと肩を並べて立ちたいと思いました。その中には、ドン・バッジ、ロッド・レーバー、ケン・ローズウォール、ジョン・ニューカム、ビリー・ジーン・キング、マルチナ・ナブラチロワ、そしてモニカ・セレス等々の顔ぶれがありました。私の友人で、一九九四年度のシーズン終了後に引退した、イワン・レンドルも満面の笑みをたたえて参加していました。

初戦から五回戦までを勝ち抜き、スーパーサタデー（訳注　男子準決勝と女子決勝が同一日程で行われる土曜日。現在は、男子準決勝は金曜日に行われている）の男子準決勝に、珍しい状況で臨むことになりました。サンプラス、アガシ、クーリエがすでに負けてしまっていたのです。さらにボリス・ベッカーとステファン・エドバーグも引退していました。そのため、勝ち残っている者の中では私がランキングのトップに躍り出たので、突然、私が優勝候補になったのです。

そんなわけで、メディアのスポットライトが私に向けられました。そして、私が開く記者会見に出席するテレビや新聞・雑誌記者が増えていきました。ある会見後、テニス専門誌の記者であるビル・サイモンズ氏が、二人だけで話ができないかと言ってきました。

ジュニア時代のころからビルのことは知っていたので、うなずいて廊下で少し立ち話をしました。会見の中で私が聖書について触れたため、ビルは私に「聖書に登場する人物の中で、だれが一番好きですか」と質問しました。

私はその質問が気に入りました。ウツという地でもっとも豊かだったのに、すべてを失ってしまったヨブと答えようかと思いました。ヨブは七〇〇〇頭の羊、三〇〇〇頭のラクダ、五〇〇頭の雄牛、一〇人の子どもに恵まれ、健康な人でしたが、すべてを失ったのです。しかし、神が失ったものをすべて回復されたのでした。ヨブ記は、一人の男性の信じがたいほどの忍耐と、揺ぎない信仰の物語です。

けれども、ヨブは私の一番好きな人物ではありません。やはりダビデが好きなのです。聞いてくれたことに気をよくした私は、ダビデについて話し込みました。イスラエルの兵士たちと彼らの神をあざ笑う、二・九メートルもあるゴリヤテという大男を目撃した十代の少年の物語です。戦いの前にダビデは、神の名によってゴリヤテを成敗すると宣言しました。そして、人間の考えや計画を超えて神が働かれ、ダビデはゴリヤテをその日、やっつけてみせると宣言したのです。次に何が起こったかを知っている方は多いと思います。ダビデは羊飼いの使う袋を手に取り、中から平たい小石を取り出しました。そして投石器でその石を投げ放ったのです。石はゴリヤテの眉間に命中し、その巨人は倒れました。ダビデは走って行ってゴリヤテの剣を鞘から抜き、それで止めを刺しました。これを受け、イスラエル人たちは宿敵ペリシテ人の軍隊を撃ち負かしたのです。ダビデの話には共感するところがあります。なぜなら、周りの兵士たち全員が、ダビデは小さすぎるし若すぎる、ゴリヤテのような巨人で百戦練磨のベテラン戦士を相手にするには経験がなさすぎると言いましたが、少年ダビデは神がともにおられ、神のみこころに従っていると確信していたので勝利したからです。

ビルがメモをとっているのに気づいていましたが、私たちの会話が印刷されたかどうかはわかりません。一年後の全米オープンで再度ビルに出会いました。彼が重荷を負っていて、私に何かを打ち明けたいと思っていることがわかりました。そこでまた、一対一で廊下で話をしました。「マイケル、もしよかったら、去年話した後、起こったことについて話したいんだ。」

私はうなずいてビルに話すよう促しました。去年の全米オープンの数週間後、病にかかり死の床にいたビルの母エドナ・シモンズを見舞ったときのことを話し出しました。母と息子は普通のおしゃべりをしていましたが、ビルが私と話した聖書のダビデのことについて触れました。すると彼女の目が輝き、ダビデのことが書いてある旧約聖書のサムエル記第一を読んでほしいと言いました。ビルは、それが母との最後の意味深い会話だったと言いました。次の日に、彼の母は天に召されたのです。

ビルがその話をしたとき、その目に涙が光りました。母親の愛を思い出したのです。ビルが続きを話すのがつらそうだったので、私は「ゆっくり話せばいい。さぞつらいだろうね」と言いました。ビルと私にとって、感動的な瞬間となりました。彼の背中を軽く叩き、祈っているからと話しました。

一九九七年、全米オープンの準決勝でパトリック・ラフターと対戦する際に、私にも祈りが必要だったと思います。パトリックはツアーでも才気ある選手の一人で、ブレイクしそうな予感を漂わせていました。黒く長い髪をポニーテールに一つにまとめ、コートでは存在感のある選手でした。そのサーブは速く、ボレーも力強く、ラケットが届くかぎりのボールはほとんど返してきました。

その日、コート上で私はパトリックに矢のようなサーブの嵐を浴びせられ、このオーストラリア人にストレート負けを喫しました。マッチポイントを取られて試合が終わったとき、私はネットに歩み寄り、握手しました。負けたことに本当に失望していましたが、パトリックは栄誉に値する試合をしました。パトリックの目を見てその手を取り、「きみが次の決勝戦にも勝つことを願うよ。きみは素晴らしい試合をしている」と言いました。

私の敗北に家族はとてもがっかりしました。なぜなら、サンプラスたちがいない選手陣の顔ぶれは私にとって追い風になるはずだったからです。私の対戦はスーパーサタデーの最後の試合だったため、アーサー・アッシュ・スタジアムの観客は立ち上がって帰路に着きました。空っぽのスタジアムのファミリーボックスにカールが一人で座り、正面をまっすぐ見つめ、考えに耽り、どこがいけなかったのかと反省しているような写真が一枚あります。もうすでにカールは男子シングルスの頂点に、私をどうやって持って行くかの戦略を編み出そうとしていたのです。

ロッキーよ、もう一度

世界的なプロテニス選手に共通する不満は、オフシーズンがないことです。テニスのシーズンは、たいてい新年の幕開けを合図する打ち上げ花火から数時間後に始まります。一月後半の二週間に行われる全豪オープンに向けての、ウォームアップ的なトーナメントが次々と開催されるのです。全豪が終わるとアメリカに戻り、屋内トーナメントをいくつかこなします。その後はカリフォルニア州インディアン・ウェルズとマイアミに行きます。次はクレーコートのシーズンが始まるので、ヨーロッパ遠征です。五月末から六月初旬は全仏オープン、その後はウィンブルドンを視野に入れた二週間のグラスコートのトーナメントがあります。ヨーロッパで六〜八週間過ごしたら、やっと家に戻ることができるのですが、その休みも長くはありません。というのも、北アメリカの夏のテニスシーズンがあるからです（ロサンゼルス、トロントかモントリオール、シンシナティとワシントンDC）。その直後が、全米オープンです。それから私は、秋の忙しいスケージュールをこなさなければなりません。たいていはヨーロッパやアジアでのトーナメントです。年間試合を表にしてみると、年平均三十二週間、旅から旅への生活です。

オフシーズン期間は十一月半ばから新年なのですが、それも、デビスカップの決勝戦に出場していない場合です。一九九七年、十一月の感謝祭の週はスウェーデンのヨーテボリで、スウェーデン対アメリカの試合がありましたが、それに参加しなければよかったと思いました。サンプラスは怪我をしたし、私はヨナス・ビョルクマンに初戦で負けました。結局、アメリカは一勝もできず、0—5と完敗でした。過去六、七年拠点としていた、ネバダ州のラスベガス郊外にあるヘンダーソンに戻ったとき、私はもうくたくたでした。一九九七年はもっとも過酷なツアーの年でした。というのも、その秋の強行スケジュールをこなしたためです。その年、私は世界ランキング三位でした。パトリック・ラフターが私に勝った後に全米オープンで優勝したため、年末ランキングで私は二位から後退したのです。

順位が少し下がってしまったので、シーズンオフのときにはもっと頑張らねばという強い思いにかられました。一九九八年を今までにないくらいの最高の年にし、できれば世界ランキング一位を手にしたいと考えました。カールは私を何とかして強くしようと、まるで欠けているパズルを埋めようとするかのように、あれこれ戦略を立てていました。スウェーデンから戻って二人で相談しました。私の疲労回復には、たいてい十日から二週間を要することをカールは知っていました。そして、なぜ私に充電が必要なのかも知っています。肉体面、精神面、感情面のバランスを保つため、ミード湖で一緒に魚釣りをするのが一番良い気分転換の方法でした。

しかしながらカールは、今回は私の強さと速さを増強させるために大胆な計画を準備していました。「残念ながら今回の休みは四日間だけだ」と、コーチである兄は言いました。

「四日間?」と私は問い返しました。兄は、私が時差ぼけから回復するだけでも四日を要することは知っていました。「本当に?」

「もし強くなりたかったなら、本当だ」とカールは言いました。

この四日間しかないミニ休暇の間、私は疲れ果てていたので、魚釣りさえしませんでした。カールと奥さんのダイアナと一緒に暮らす家で、横になったり、ちょっとテレビを見たり、読書にふけったりしただけでした。

次の五週間に何が起こったかということは、私自身が選択してやったことでした。体力強化をだれも強いたわけではなく、自分で頑張ったのです。もちろん、カールが練った強化訓練のプログラムでしたが、いつでも拒否する権利は自分にありました。しかし、必死で訓練をこなせば、その甲斐あってグランドスラムで優勝し、世界ランキング一位を獲得するはずだと思っていたのです。

一週間に六日、朝六時に疲れた体をベッドから引きはがし、砂漠の地平線に太陽が昇るころ三十分間、ジョギングをしました。カールと私はクエイルズ・リッジと呼ばれる地域を一周走りました。その目覚めのジョギングの後に家に戻り、次は二十分間の縄跳びというのがお決まりのプログラムです。スキップとジャンプを二分間の休みを入れて交互に五分間ずつ跳びます。終わったら一息ついた後、朝食を少し食べます。ご飯や昨晩の残り物、卵を食べるときもありました。遠征するときや急いでいるときはたいていシリアルだけしか食べないのですが、両親が来ると、父と母が温かい料理を作ってくれました。

わが家に、もう一人訪問客がいました。ホアン・ジャオリエンという空手の先生でした。カールの友だちが紹介してくれたのです。ホアンは九十分間の激しい蹴りと、派手な動きの連続パンチの指導をしました。私は空手は初めてではありません。一九八九年の全仏オープン前に、プラセンシアで習ったことがあります。エネルギッシュな先生にかなりしごかれましたが、空手は厳しい鍛錬なので、大変だと予想していました。空手の術を守るためにも、正しい型の動きが求められます。難しく大変な訓練でしたが、護身術を習い、動きを学ぶことを楽しみました。オレンジ帯の取得が目的でした。だいたい初級と中級の間ぐらいとでも言いましょうか。

カールも空手のレッスンに参加し、すべて私の動きを真似ました。空手は一人で習うよりも、だれかと一緒にするほうがよいので助かりました。朝のレッスンが終わったら二時間の休憩です。というよりも、お昼を食べた後のプログラムのために休むと言ったほうがよいかもしれません。

午後一時から、再度九十分の空手。朝習った動きを完璧にするためです。その激しいレッスンの後、カールと私は車に飛び乗り、グリーンバレー・アスレチッククラブ（今ではスポーツクラブ・ラスベガスとして知られます）に行きました。ここには屋内コート、屋外コート、屋内プール、室内トラック、ラケットボール、それから重量上げの設備が整ったトレーニングルームなどが完備されています。

私はこのトレーニングルームで、ボクサー映画「ロッキー」の真似もしました。映画「ロッキー」では、主人公が筋トレをする場面がありますが、私がスウェーデンから帰ってきたときは、この重量挙げを一回するのさえやっとでした。しかし、重量挙げ、スクワット、腹筋運動をし、筋トレマシーンの重量を徐々に上げ、一か月後には十五回は平気で引っ張ることができるようになり、段々と強くなってきました。

こうして空手レッスンの後にカールと私は、鉄の重

オフシーズンでの空手トレーニング。
左は兄のカール、右はマイケル。

量挙げを二時間ほどするようになりました。バーベルを持ち上げ、レッグプレスを押し終わったら、車で家に戻り、休みました。しかし、トレーニングはそれで終わりではありません。夕食後は、いわゆるフォームチェックワークをしました。大きな鏡の前でフォアハンドやバックハンドのスイングをして、フォームをチェックするのです。この半時間ほどのフォームチェックワークは、ロッキーがやっていたシャドーボクシングと同じようなものです。

それが終わると、すべてのエネルギーを使い果たすことになるので、シャワーを浴び、少しリラックスしてからベッドになだれ込み、ただ眠るだけでした。翌朝、目覚めたら、また同じ訓練メニューです。休息を取ったのは七日目だけでした。すてきな安息の毎週日曜日、私は朝寝をし、十時半には家族と一緒にセントラル・クリスチャン・チャーチという名の教会に行きました。礼拝が終わると、私たちのお気に入りの美味しい中華料理のレストランでご馳走を食べました。十二月だったので、家に戻ると、もう日が暮れ始めていて、ミード湖での魚釣りはおあずけでした。

前にも書いたとおり、このトレーニングは、もとはと言えばカールの提案でした。ツアーでは、トレーニングにおいて私の右に出る選手がいなかったことをカールも私も知っていました。しかし、ラフターに負けてから、私たち二人はあんなに疲労困憊で準決勝に出るべきではなかったと悟りました。私はラフターと対戦する前の試合をずっとフルセットで勝ち進んでいました。しかし、疲労のせいで試合を、いやおそらく、全米オープンを犠牲にしたのです。あの訓練キャンプには、私が強くなれば、その分試合間の疲労回復も早くなるという考えがありました。というわけで、五週間あまりの「ヘンダーソンブートキャンプ」をしたわけです。

しかし、前にも増して、強力なサーブをする選手が増えていきました。クライチェク、イワニセビッチ、ラフター、ルーゼドスキーたちは、コートに爆撃を打ち込むような勢いでした。私の対戦相手のだれもが、そんなパワーテニスになっていました。彼らが強烈なサービスをするとき、単にリターンを返すことができるのと、リターンをどう返すかをコントロールすることができるのとでは大きな違いがありました。私自身がもっと力強くなる必要がありました。強烈なサービスが来たときに、私のラケットがボールの強さに負けないようにするためです。球速を抑え込めるほどの力をつけ、相手側のコートの狙った場所にボールを返さねばならないのです。神は、スピードと敏捷さという能力を与えて私を祝福してくださいましたが、パワーに関しては、努力してつけなければなりませんでした。それができるのは今しかありません。なぜなら、数か月後に私は二十六歳になるからです。その年齢がおそらく、私のキャリア、テニス人生の最盛期だろうと思われました。

新年を迎えようとして

チャン家には、クリスマス・イヴの伝統があります。私が七歳のときに、カリフォルニアに引っ越したときから始まったものです。毎年十二月二十四日は、南カリフォルニアに住む親戚全員がわが家に集合するか、サウザンド・オークスに住むナンシー叔母さんの家まで行き、みんなでクリスマスの祈りをささげ、楽しい交わりのときを持つのです。テーブルには素晴らしい中華料理が所狭しと並び、まるで感謝祭の食事のようでした。一九九七年のクリスマスは、ナンシー叔母さんの家に集まりました。私の祖父母や、父母、カールとダイアナ、従兄弟のジョー、ジミー、ジェリー、ジェシカ、ベン、リン、ビン、ドンも来て、全員で二〇人ほどが集まりました。

素晴らしい食事を楽しんだあと、クリスマスキャロルや賛美歌を歌い、それから、一人ひとりが自分の人生に神がどのように働かれ、みんなに何を祈ってもらいたいかを互いに分かち合いました。私の家族が自分のために祈ってくれるということは、私にとっては大変心強く、意味のあることなので、毎年、この特別なときを楽しみにしていました。自分の番がまわって来たとき、みんなが一斉に私に視線を向けました。

「優勝を目前にして断念しなければならなかったのは、本当につらいことでした」と私は話し始めました。「けれども一九九八年が、やがて幕開けします。来年は信じられないほど素晴らしい年になると思います。私は一所懸命トレーニングをした今、次のシーズンに向けて準備万端、待ちきれないほどです。遠征が多いので導きと知恵が与えられるよう、祈ってもらいたいです。神が成し遂げたいことが、私を通して成るためにも、謙虚な心を持てるようにお祈りください。」

その晩の祈りの時間は感動的なものでした。祈るために頭を垂れたとき、神が私たちの人生のどんな些細なことも気にかけてくださり、労わってくださることを知りました。そして、祈りが、どんなに私たちを励まし、力づける、驚くべき力の源であることかも感じられました。

新しい門出

元旦を迎えてすぐツアーの開始となり、私はオーストラリアに飛びました。初めはメルボルンのクーヨン・テニスクラブで、八人の男子によるエキシビジョンがありました。ある日、マーク・フィリプーシスと練習をしていてサービスを打ちました。途端に肋骨に激痛が走りました。練習をやめてトレーナーを探しました。診察の結果、肋骨の部分の筋肉を痛めていると言われました。

続く全豪オープンの間は、痛めた所をかばいながら試合をしたので、第二回戦でフランス人のギョーム・ラオーにストレートで負け、いつもの調子がまったく出ませんでした。二年前には決勝まで勝ち進み、世界ランキング三位としてトーナメントに臨もうとしていたので、当然のことながら失望感は相当なものでした。その一方で、怪我のせいで早めに負けたことはわかっていたので、諦めもつきました。

メンフィスで開催されたクローガー・セント・ジュードのツアーのころにはだいぶ回復しており、決勝戦にも出場しました。どのサーブもミサイルのような勢いで打つので、仲間うちからは「スカッド」という名で知られていたフィリプーシスに負けました。試合の最中にかかとが痛みましたが、どこか痛いのはいつものことなので無視しました。けれども、かかとの痛みはひどくなる一方で、試合中も足を引きずるようになってしまいました。

メンフィスの試合後、一週間休みをとり、パーム・スプリングで休暇を過ごしている両親と合流しました。そこで一週間かけて治し、インディアン・ウェルズのニューズウィーク・チャンピオンズ・カップに出場する備えをしました。主催者のチャーリー・パサデルは、素晴らしいトーナメントを開催します。私は過去に三回も優勝し、大成功を収めました。一九九八年のそのイベントに向けて、私は二度連勝したチャンピオンの座を守る立場でした。

トーナメントが始まる前の木曜日、トップのロシア人選手、アンドレイ・メドベデフと、テニスの総合施設ハイアット・グランド・チャンピオンズで練習していました。試合会場のコートでなく屋外で打ち合っていました。ハードコートだったのですが、隣にはクレーコートがありました。

アンドレイと私は午後五時ごろまで練習していました。隣のクレーコートを濡らすためにだれかがスプリンクラーをつけたようです。水の音がチッ、チッ、チッと鳴っていました。夕闇の砂漠の涼風がコートを過ぎ、おでこに水がかかりました。

砂漠の太陽の下で、アンドレイと私は一時間以上も練習をしていました。ですから、隣のコートから来る冷たい水しぶきはうれしいかぎりでした。6―5と、練習試合で私はマッチポイントにたどり着きました。アンドレイはゆるやかなドロップボレーを私のフォアハンドに向けて打ってきました。私は即座にボールに向かって走り出しました。ボールが二度バウンドしないうちに、と。こんなことは私のテニス人生で今までに何千回とやってきたことです。六、七、八歩走り、右足を地面につけ、ボールを打つために滑り込み、フォアハンドで打ち込みました。しかし、右足を地面に置いたとき、滑ったため、ボールを打つためにバランスをとろうと過度に自分をかばいました。左膝に必要以上の圧がかかり、何かがはじける音がしました。どうにか自分のバランスを保ち、ボールはウィナーとなりました。

しかし、それはあまりにも大きな犠牲を払った勝利でした。試合が終わったとき、歩けなくなり、われながらすごく心配になりました。カールが急いで事務所に飛んで行き、数分後にはゴルフカートと担架が到着しました。怪我をしたフットボール選手を搬送するのと似たようなものです。私は待機していたバンの中に移され、ランチョ・ミラージュの中にある整形外科センターに搬送されました。そこにはトーナメントのかかりつけ医サム・レーバー先生が待機していました。

先生の顔を覚えていたので、ほっとしました。「また会えてうれしいよ、マイケル。こんな状況で会うのは残念ですがね。さあ、どうしたのかな」とリーバー先生は言い、私の左膝を診ました。

「よくわからない」と私は答えました。「濡れたコートで滑って痛めてしまいました。」私は隣のクレーコートのスプリンクラーの水が、私たちのコートも濡らしていたことを説明しました。

「MRIで見たほうがいいだろう」とリーバー先生は言いました。待っている間、最後に会ったときのことを思い出しました。数年前、胸に大きなおできが出来たので診てもらったのでした。

「マイケル、ちょっと、切開してみないとね」と先生は言いました。

「わかりました。」リーバー先生は手を洗った後、手袋をはめませんでした。それはおかしなことでした。歯医者でさえ手袋をはめて、さまざまなウィルスから身を守ろうとするのに。ですから、私を治療するうえで何の不安もないように、「先生、大丈夫ですよ。私はエイズウィルスのようなものは持っていません」と言いました。

「マイケル、きみのライフスタイルを知っているから何も心配していないよ。そして、きみがクリスチャンであることも」と言いました。

「あなたもクリスチャンなのですか?」

「そうですよ。」

それから、私はMRI室に連れて行かれました。そこで先生の診断が正しかったことがわかりました。左膝の膝内側側副靱帯（MCL）と呼ばれる靭帯の一部が損傷していたのです。ということは、インディアン・ウェルズのチャンピオンシップの防衛戦には出場できないということでした。

「朗報は、手術が必要でないということだ。その膝を休ませる必要がある」とリーバー先生。

「どれくらいコートから離れているべきですか?」

「一、二週間、あるいは一か月ぐらいかな。」

リーバー先生は、松葉杖と膝用の固定具をつけるように指導し、使い方を説明してくれました。松葉杖をついていると、本当に怪我をしたことを実感しました。あまり良い気分ではありません。一、二週間休んだあと、マイアミに行きました。そこでマイアミ・マスターズに出場したいと願っていました。私は松葉杖を捨て、十分に動けると感じ、カールと練習を再開し、自分の現在の状態を探りました。フォアハンドを打つのは問題ありませんでした。なぜなら、右足に重心を置くからです。一方、バックハンドを打ったり、重心を左側に移すと左膝に力が入り、明らかに本調了ではなく、とてつもない痛みを感じました。左膝に固定具をつけたままでコートを動き回るのは、キロ相当の小麦粉の袋をひきずっているような気分でした。

それでも試合に出たかったので、ひとまず試合に登録しておき、最終的に膝の状態をみて決めることにしました。一回戦の一時間前にウォームアップをしました。カールと私は、膝の状態を確かめようとしました。フォアハンドの動きはいつものように上々でした。一方、バックハンドの動きは痛みを伴いました。こんな状態でしたが、それでもドイツ人のクリスチャン・ヴィンクと対戦したいと思っていました。私は本当に頑固なのです。

マイアミ・マスターズの医師チャールズ・ヴァージン先生に数日間診てもらっていました。そしてウォームアップが終わったあとの私を、ヴァージン先生はロッカールームで見つけました。

「どういうつもりなんだ」と先生は言いました。

「出場してみようと思います」と私は答えました。

「マイケル、私の言うことを聞いてもらいたい。私はきみのテニスを本当に楽しんでいる。だから、痛い思いをしてほしくないんだ。今、試合に出場するのは間違いだ。だからきみのために私が医師としての判断を下すことにした。ドクターストップだよ」と言いました。

「本当ですか?」普通は本人が大丈夫だと言うと、医者は肩をすぼめて許可を出してくれるのですが、ヴァージン先生はそうはいきませんでした。

「本当だ。きみを出場させるわけにはいかない。」

ホテルに戻ると、カールが携帯用の超音波治療器を持って待機していました。独学で理学療法を学んだカールは一日に数回、電気治療をし、にわか理学療法士の役割までもこなしました。私はヘンダーソンにある家に戻り、リハビリに励みました。カレンダーを見ると、二つのトーナメントに出場するため二週間のアジア訪問が迫っていました。スポンサーやファンが私が来るのを待っていました。

私は香港に飛びました。最初の訪問先です。重い固定具に締めつけられた左膝は、まだかなり痛みました。練習を何度かしたのち、私は膝をテーピングすることにしました。鎧に身を固めている中世の騎士のようで、固定された重みで動きづらく、上手く走れませんでした。皮肉なことに、またクリスチャン・ヴィンクと一回戦で対戦することになりました。そして今度は対戦が実現し、クリスチャンのストレート勝ちでした。足さえちゃんとしていれば、試合は自分のものだったのにと思うと悔しくてたまりませんでした。

「カール、この固定具があったら動けないんだ」とコーチである兄に不満をぶつけました。

「時間がかかるんだよ、マイケル。」

「もういい。こんな固定具はもうつけないぞ。」

私は固定具をとって、東京で開かれる次のトーナメントへの準備をすることにしました。どうやってかはわかりませんが、その大会で一回戦は勝ちました。しかし、ドイツ人選手ヘンドリク・ドレークマンは、二回戦の前にロッカールームで、私が年取った選手のようにしか動けないと聞き、初めから短いドロップショットばかりで攻めてきました。

試合が始まってから五分後、三回目のドロップショットの後で、私は思わず小声で「ううっ」とうめきました。ヘンドリックのドロップショットがこちら側のコートに落とされると、無理を押して自らを走らせようとしました。ストレート負けにならないよう努めましたが、ボールを拾うためにはスケートボードが必要だとわかっていました。

アジアから家に戻り、電気治療やATPトレーナーの治療の効果がやっと現れてきました。タイガーバーム軟膏も効きましたが、まだまだ本調子ではありませんでした。もっともコートに出られないほどではなかったので、引き続きフルスケジュールで試合に出場しました。ディズニーワールドの敷地内で行われた全米クレーコート選手権では決勝戦まで行きましたが、ファイナルでジム・クーリエに負けました。その後はローマに行き、イタリアオープンの第二回戦でピート・サンプラスを破ったので、励みになりました。加えて、トーナメントに出場してから今までで最高のサービスエースの数を出しました。サンプラスの5本のエースに対し、私のエース数は11本でした。しかし、また新たな問題が浮上しました。それは、私の左手首でした。左手首がひりひりと痛み、いつもの両手を使ったバックハンドが打てなくなりました。トレーナーからは腱鞘炎だと言われました。

イタリアオープンでの準々決勝の相手は、スペインのアルベルト・コスタで、クレーが得意な強い選手でした。カールとウォームアップをした際、私は両手でバックハンドが打てない状態でした。

「どうしたらいいかな」とカールに聞きましたが、カールは答えられませんでした。やるしかありません。そして、バックハンドが使えないので、走り回って、すべてフォアハンドで打ちました。トーマス・ムスターの真似をする努力をしたのです。

私は、選手たちにロッカールームでの話題を提供したに違いありません。「見たかい、今日のチャン。バックハンドするところを走り回ってたぜ」と。フォアハンドだけのプレーでは、私のフォアハンド側のコートに空きができるので、アルベルトには有利でした。彼は私のフォアハンド側にボールを打ち、私を八～十二歩ほど走らせるように仕向けました。そして次に、アルベルトからバックハンド側にボールを打ち込まれると、私にできることは片手バックハンドでボールをスライスで返すことだけでした。このスペイン人に対し、3ゲームしかとれなかった私は、座ったアヒルのようでした。

私的な考え

試合成績が低迷するにつれ、内向き志向になるのは当然でした。一九九八年以前、私は十年間のツアーで何度も短期間の浮き沈みを経験しましたが、基本的には右上がりの上向き傾向にありました。もちろん、毎回勝ちはしませんでしたが、多くのツアー開催地において獲物を見逃すことはありませんでした。

プロテニスの仕事の中で一番多いのは、「待つ」ということです。プレーヤーのラウンジ、空港、ホテルの部屋などです。低迷するなかでも私は何か有益なことがしたくて、一九九一年に日記をつけ始めることにしました。

私は書くことは嫌いではありませんでした。家のベッドの横の引き出しには過去十年以上の、もっとも私的な思いを綴った日記が入っています。数年前にノートパソコンを買う前までは手書きでした。時にはテニスのことについて、また日常のこと、人間関係などについて書いていましたが、一番よく書くのは自分の内面についてです。神が私の心に何を思わせるか、と言ったほうがよいかもしれません。もちろん、あまりにもプライベートなことなので触れることができないこともありますが、この章を通し、少し書いてみたいと思います。

ここ数年、神が私に何かを示したいと思われたときは、寝ている私を起こすということがわかりました。真夜中に起こされるのです。時には、午後の昼寝のこともあります。私がどんなに疲れていてもです。そんなとき、私は目をこすりながら、「わかりました。神よ」と言って、疲れた体をベッドから引き離すように起き上がります。

まず私は祈ることから始めて、聖書を読みます。そして再び祈ると、突然ある考えがひらめくのです。こうして、神が何かを語りたいのだということがわかるようになりました。そして、内に秘めた考えを書き出します。イタリアオープン、それからハンブルグでの敗北で、何を示されたかを私はノートパソコンに打ち込みました。

一九九八年五月九日

幾晩か前に神が私に話しかけられた。実際、私はまったく眠れなかった。神は私に何かを伝えたかったようだ。ピリピ人への手紙三章一四節を神は私に示された。「キリスト・イエスにおいて上に召してくださる神の栄冠を得るために、目標を目ざして一心に走っているのです。」

この聖句を以前はまったく理解できなかった。目標とは、いったい何だろう。目標とは、神を知ることだ。グランドスラムに優勝することでもなく、世界一のランキングを手にすることでもない。伴侶を探すことでもない。それは神を知ることだ。本当に神を知ることだ。神が私に望まれることをすることだ。たとえ難しいとわかっていても、神に従うことだ。時間をかけてでも、神を本当の意味で知ろう。そうすれば、自分の見るべきところは、良いものとなり完全なものになる。――見るべきものこそ、神ご自身だ――この世のものではなく。この世のものは、達成できないなら私を蝕《むしば》むだけだ、私にはもっと大きな目的があるような気がする。今、最高の目的へ向かおう。本当の神を知るという、人生の本当の目的へと。

その気持ちを抱いて、全仏オープンに臨みました。ちょうどそのころ、左膝と左手首の治療を受けていました。アイシング、超音波、マッサージ、すべてを試しました。ATPのトレーナーに、私の治療のために何時間も費やしてもらうわけにはいきません。それはほかの選手に不公平です。香港の大会で出会ったトレーナーのナリーニ・アドワニを残りの夏の間、そして治るまで雇いました。

パリは再び、不毛な結果に終わりました。三回戦で、スペインのフランシスコ・クラベットに負けました。アメリカ人の中では私が最後まで残りましたが、だからといって慰めにはなりません。私は両親とナリーニとともに、南カリフォルニアに戻りました。そして、ロサンゼルスとサンタ・バーバラの中間地点にあるカマリロまで行き、有名な手の専門医と会いました。一九九三年のシーズン後、アンドレ・アガシが選手生命が絶たれるような手首の怪我をしたときに手術をした執刀医でした。医師は私の手首を診察し、「こういう手首の手術は何千回としてきました。問題なくできますよ」と言いました。医師は、私の懐疑的な表情を読み取り、「本当だとも。アンドレ・アガシのようにすぐにコートに再起させてみせるよ」と言いました。

私は、手術をするのは最終手段にしたいと思っていました。事実、これまでの唯一の手術は、高卒認定試験を受けた四日前に、親知らずを抜いたときぐらいです。

手首の手術をしたくない理由は二つです。

1　手術室で何が起こるかはだれもわからない。メスが少しずれただけで、私のテニス生命に終止符が打たれる可能性が大。

2　手首の手術で、全米オープンに出場できなくなるかもしれない。

手術に関して神のみこころを尋ねたとき、心に平安がありませんでした。この医師は手術をしきりに勧め、自信過剰とも思えました。ですから、二度目の予約はしませんでした。

それからは、試合や練習が終わるとカールは毎回、氷水のバケツを持ってきて、中に手首をつっこんで冷やすようにと私に指示しました。それでも手首は治りませんでした。

その夏、トーナメント参加を見合わせました。いくつかの試合には出場し、ベストを尽くしました。ワシントンDCでは準々決勝に進み、再度ジム・クーリエと顔を合わせました。ジムと対戦するときはいつも、バケツいっぱいの昼飯を持って行かなければとイメージしてしまいます。なぜなら、一日におよぶ長期戦になることがわかっていたからです。ジムはボールを強く打つのを好みます。そして私は、カウンターを食らわせるのが好きでした。私たちの試合は、多くの観客が喜ぶラリーと、重要なポイントが盛りだくさんな見所の多いものになるのが常でした。幸いなことに、その日は私が勝ちました。しかしその後、手首はすごく腫れ、次の日の午後、スコット・ドレーパーとの準決勝ではボールを一球も打てず、棄権するはめになりました。

私は手首の治療のために再び休場しました。そして、やっと手首が治り始めました。以下は、私がシンシナティでのATPチャンピオンシップに出場したときのことを綴った日記です。

一九九八年八月十二日

トッド・ウッドブリッジとの昨日の対戦時、手首の調子はとてもよかった。そのことで神に感謝した。車で家に帰る途中、太陽の光が地上を照らしているのに気づいた。太陽の光だけでなく、美しい神の光と愛が私を照らしていることを知った。私の神は本当に素晴らしい。

エフゲニー・カフェルニコフとの厳しい試合で、ストレート負けをしたときにはこう書きました。

一九九八年八月十三日

現在、午前一時四十九分。神が私の手首を守り続けてくださっていることに感謝。今日、私は負けたが、手首はまったく痛まなかった。私は神の知恵と導きをいただきたいと祈り続けていた。手術のことも含めて。けれども今は、手術のことは考えなくてよいことがわかった。そのことで神に大いに感謝したい。

その月の後半に開催されたボストンのトーナメントでは、再び調子よく勝ち進みました。ですが、フランスのセバスチャン・グロジャンに準決勝で勝った際、私は鼠蹊部《そけいぶ》（股の付け根）とハムストリング筋がつながる部位を痛めてしまいました。父とナリーニとカールと一緒に、ロッカールームにいたことを覚えています。大丈夫かと父が尋ねました。

「良くないよ。体の向きを変えることができないんだ。痛めた筋肉が痛い」と私は答えました。

次から次への怪我で、ついに父のいら立ちは限界を超えました。「なんてことだ。また怪我だなんて信じられない！　年間を通して、いったい何度お前の怪我に対処しなきゃならないんだ」と感情を爆発させたのです。こんなふうに感情的になっている父を見たことがありませんでした。

「ねえ、父さん。これまでもいろいろなことが起こったけど、神がすべてのことを対処してくださったじゃないか。これも、私たちが乗り越えなければならないことの一つにすぎないよ。きっと、すべてがうまくいくと思う」と愛情を込めて言いました。

「だが、明日はどうなるんだ？　痛みを抱えながらプレーするのか？」

「父さん、大丈夫だよ。たくさん怪我をしたけど、いつも神が良くしてくださった。だから何の心配もいらないよ。」　どういうわけか、私は大丈夫だと確信していたのです。

オランダ人選手ポール・ハーフースを決勝戦で負かしたとき、痛みをあまり感じませんでした。手首の状態もまずまずで、この年初めての優勝を果たしました。ランキングの上位に戻れたことは最高に気分のよいものでした。そして、次の全米オープンに大いに期待しました。

フラッシングメドウでの全米オープンの二回戦は、おそらくこれまでのキャリアの中で、もっとも我慢を強いられた試合になったと言えるでしょう。私はスペインのカルロス・モヤと対戦することになりました。その数か月前、全仏オープンで優勝していたほどの危険な対戦相手です。はじめの2セットを私が取った後、第3セットの終盤に、マッチポイントを握りました。カルロスは私のバックハンドに向かって、スピンのかかったサーブを打ち込んできたので、ダウン・ザ・ラインにボールを打ち返したのです。ボールがライン上に落ちたか、一～二センチほど外れたかどうか、線審の一声を二人ともじっと待つことになりました。そして、線審が「アウト」と叫んだのです。私は落胆し、同時にそれまでの勢いも止まりました。救われたとばかりに、カルロスは第3セットを逆転で取り、フルセットの末に私を打ち負かしました。2セット先取でリードしていた試合の勝利を逃したのは、これが二度目でした。

この試合の無念さを振り払うのには一週間もかかってしまいました。しかし、盛り返して十月初旬に上海で優勝することができました。その後、シンガポールでは一回戦で負けました。日記にはこう書いてあります。

一九九八年十月十八日

今、午前〇時五十三分、とても静かだ。人生の騒々しさが取り去られたような、こんな時間が本当に好きだ。だけど、もっと大切なのは、こんなときこそ、神が私に話しかけてくださるということだ。過去十年間、多くのことを学んだが、神に耳を傾けることを特に学んできた。祈りの生活では、いつも自分のほうが話すだけだったが、『忙しすぎて祈れない』という人生の本の数章を読んだ後には、このように静寂に包まれ、静まることがどんなに大切なのかを学んだ。静寂のなか、神は優しい声でよく語りかけてくださる。そして今では、祈りのときも、神の声にもっと耳を傾けようと学んでいる。これまでのすべてが良かった。

なぜ私に、荒野を歩くような日々が続くのかが、少しずつわかってきました。私はわずか二か月で、世界ランキング三位から二九位に急落しました。

一九九八年十月二十八日

だんだんと、過去何年の間に何が起こってきたのかがわかってきた。明らかに、信仰の成長と、神への信頼に関わる霊的な戦いがあったと思う。最近の一連の経験から顕著にわかってきたことは、執着してきたものを手放すということだ。自分のものだと思ってきたテニスを神に委ねよう。

去年のオフシーズンを振り返ると、五週間の強化訓練は大きな間違いだったと気づいた。休まなかったことは間違いだった。リラックスしないで、魚釣りにも行かなかったのも間違いだった。そして、自力でテニスの頂点に登れるという考えも大間違いだった。

今年になって私に起こったことを見ればわかる。神は私の目を開かれ、休養と勤労とのバランスを考えるようになった。休み、遊ぶこともバランスのうちだ。神は、私がご自分を信頼することを望んでおられる。自分が執着してきた夢を手放せば、神の現実と計画が私のうちに成し遂げられる。神がこれを見せてくださったことに感謝する。

夢を手放すのは簡単ではない。正直なところ、私は可能なことはすべてやり尽くした。その結果が、この一年の有様だった。だが私は今、喜んでいる。なぜなら神は、私にとって最高のものを用意してくださるからだ。神はなんと素晴らしい。

神により頼み、テニスの頂点に連れて行ってもらおうとせずに、私は自力で一位になろうとしていたことがわかりました。一位になることが神のみこころだったら、頂点に連れて行ってくださったことでしょう。言い換えれば、日の出から日の入りまで体の強化ばかりしたことは、神のみこころではなかったということです。私は神を信頼していなかったということです。それはまるで、ダビデがゴリヤテを倒そうとしたときに、石がはずれた万が一の場合を考えて、袋の中にピストルを忍ばせるも同然のことでした。

曲がり角を過ぎて

一九九八年のシーズンが終わり、疲れた体を労わるために六週間の休みを取りました——神よ、私はあなたのみことばに耳を傾けています。——左手首はまだ痛かったので、二週間は何もしないことにしました。左手でスーパーの袋さえも持ちませんでした。そして、一日置きに半時間ほどイオン治療をしました。どういう治療かを説明するのは難しいのですが、副腎皮質ステロイドのパッドを濡らし、電流を流すという方法です。治療は二週間で八回、その後は痛みが消え去りました！

なぜ早くそうしなかったのか悔やまれましたが、それでも神には感謝しました。神は絶え間なく続いた鈍痛を取り去ってくださったのです。一〇〇パーセント元気になったこと自体が、夢みたいに思えました。

いつからボールを打てるようになるかと期待しました。「カール、すごいぞ」と私はやる気がほとばしる勢いでした。私の手首が治ったということ以外にも、一九九八年は自分の将来について大きな期待が生まれた年でした。もっとも、さらに最悪なことが待ち受けているとは、つゆ知らずに。

第9章　引っ越し

一九九八年、私のテニスのキャリアが興味深い変化の時期に差し掛かったころ、コートの外でも面白い展開がありました。引っ越しをしたのです。

少し説明をさせてください。一九八九年、全仏オープンに優勝してから約一年後、銀行口座には十分な資金があったので、カリフォルニア州オレンジ郡南部のサドルバック・バレーにあるミッションビエホの近郊、コト・デ・カザという美しい住宅地に前よりも良い家を買い、引っ越ししました。一九九一年にカールが私のコーチになったとき、父と母はその家に残りましたが、私はカールと自分のためにネバダ州のヘンダーソンに別の家を買い、兄弟でそちらに住みました。ヘンダーソンはブラックバスの釣りができるミード湖から三十分の距離で、リラックスするには最適でした。

カールと私は楽しく暮らせる仲間同士でもあったので、共同生活は抵抗なく、むしろ便利でした。ただし、カールがカリフォルニア大バークレー校で出会った美女と恋に落ちるまでは、です。彼女の名前はダイアナ・イング、二人は一九九五年十二月に結婚しました。ダイアナは私たち兄弟と一緒にツアーにも同行するようになり、すんなりチャン一族の一員になりました。ヘンダーソンのクウェイル・リッジにあるわが家にいるより、ほとんどツアーに出かけていたので、兄弟での同居生活を続けました。

しばらくすると当然、ダイアナとカールの間では新生活が話題に上るようになりました。子どもができたら、三人で同居というわけにはいかなくなります。そこで兄夫婦は、いつかは自分たちだけの家を持とうと決めました。それは理解できました。話し合ううちに、以下の疑問点に直面しました。

・ダイアナとカールははたして、ヘンダーソンで子育てをしたいのか。自分はどうだろうか。私も結婚して家庭を持ちたい願望があることをお忘れなく。
・ヘンダーソンに住み続けない場合は、どこへ引っ越すのか。

結局のところ、ラスベガスやネバダのようにギャンブルが蔓延している環境で、子育てはしたくありませんでした。スーパーにはスロットマシーンがあり、レストランではメニューと一緒に賭博ゲーム用の紙が配られるのですから。気候の面でも、私たちのように不在が多く、頻繁に出入りする人種なら問題ないですが、住み着くには夏が灼熱地獄のようにきついのです。

ヘンダーソンを出るとしたら、どこへ移るのがよいでしょうか。新居は以下の条件を満たす必要があります。

・よく飛行機で移動するため、主要な飛行場の近くに住まなければならない。
・良いテニス施設と練習相手の確保が可能なエリアであること。
・良い釣り場に住みたい。これは、とても重要。
・アジア系が比較的多く住む郊外であること。ヘンダーソンはそれに該当しない。
・子育てに良いとの定評ある地域であること。
・最寄りに良い教会がある。
・自然が美しい。

これらの点以外は、さほどこだわりはありませんでしたが、例外もあります。つまり、ミネソタには戻らないということです。（ミネソタの方たちに悪気はないのですが、アイス・フィッシングやスノーモービルを六か月間楽しもうとは思いません。）これらの条件を満たすためには、西海岸が適していると思いました。それも南よりも北です。サンフランシスコ？　ポートランド？　シアトル？

父がシアトルを勧めました。そして、いつものように食卓を囲み、全員で話し合えば話し合うほど、シアトルが、これらの条件をほとんど満たしていると思うようになりました。アジア系の大きなコミュニティーがあることもプラス要因でした。

「じゃ、いつシアトルに行こうか？」と、カールはすぐにも行動に移したいようでした。

私もそうです。そこで全員で夢の都市エメラルドシティに飛びました。大自然が私たちを歓迎してくれました。青い空、暖かい気温、そして、優しいそよ風も。最初に見たのは、シアトル北東の木がたくさんあるウッディンビルという場所で、森の中に住むのも同然でした。高い木がたくさんあり、ウッディンビルの下町には個人経営の店がたくさんありました。土曜の夜に目抜き通りでヘラジカの群れを追っても、だれも怪我をする心配はありません。しかし、スーパーマーケットや映画館などが建ち並ぶ郊外での生活に慣れていたうえ、室内テニスコートがある良いスポーツクラブも近くに欲しかったので、ここはダメでした。

不動産屋は、今度はメディナという場所を推薦しました。サクソフォーン演奏家ケニー・G、百貨店王のノードストローム家、ビル・ゲイツという億万長者たちが贅沢な新築の大邸宅を構えているところです。見るだけは見に行きましたが、メディナのライフスタイルは私たちとは異なりました。肩をすぼめながら、「えーと、そのほかに私たちが住めるところはないですか？」と聞きました。

「そうですね、近隣には素晴らしい場所がたくさんありますよ」と不動産屋は答えました。以来、半年間、何度もシアトルに行き、レドモンド、イサクア、ベルビューなどを見て歩きました。ワシントン湖周辺のきれいな水がきらめく水路には、車を満載したフェリーボートがたくさん浮かび、沿岸の地域は緑豊かで気に入りました。どこを見ても、湖の青々とした水と木々の緑に満ちあふれていました。その六か月間は太陽が輝く空、絵葉書のように美しい景色に見とれていました。何人かの人が

（というより、多くの人たちが）シアトルは雨が多いと言いましたが、それも気にはなりませんでした。焦熱のヘンダーソンから引っ越す用意はできました。四季の変化が楽しめるのは久しぶりです。家探しをしていたシアトルで、雨にあったのは一回だけでした。太陽がさんさんと輝く空の下、ワシントン湖を眺めていたとき、突然、小雨が降り始めたのでした。

「この雨は、どこから来たのかな？」と私は思わず言いました。それは映画のワンシーンのようでした。太陽が照り輝き、美しい夏の雨が恋人たちを少しだけ濡らしていきました。そのまま外にいても、あまり濡れない通り雨を楽しむことができたこと自体が驚きでした。

マーサー島という、子育てに好適なコミュニティーのことを頻繁に耳にしました。その島はワシントン湖に囲まれていて、シアトルの西につながり、東側は国道九〇号線でベルビューにつながっています。長さ八キロ、幅三キロのマーサー島は家族向きに最適だと評判でした。学校、子どもの数、レクリエーション施設もチェックしました。シータックと呼ばれるシアトル国際空港まで、車でわずか二十五分なのも利点でした。

島で家探しを始めたとき、最初、水辺の家は考えていませんでした。何軒か見た後、父が「湖に面した家を見たら」と言い出しました。父にせきたてられるまでもなく、島の西側の湖岸にある築十年の家を見たとたん、家から水面が見えるのがいっぺんに気に入りました。「ここがぼくの住みたかった家だ」と早速、宣言しました。自分たちの家を後で買うことにしたカールとダイアナは当面、私と一緒に住む予定でしたが、彼らもこの家を気に入りました。ベッドルームの数、家の大きさ、湖の景色が見えるなどの条件はすべて整っていました。船着場までありました。船を停泊させておくことができるのです。

一九九八年一月、カールと私が全豪オープンで不在だったとき、ダイアナはヘンダーソンからマーサー島への引越し手続きを一人で全部完了させました。輸送トラックが新居に到着したとき、電話口からダイアナの興奮した声がしたのを今でも覚えています。

「今日、信じられないことが起こったのよ」と彼女は堰を切ったように言いました。「近所の人が焼きたてのクッキーで私たちを歓迎してくれたの。彼女の名前はジョイス・マーク、とても感じの良い人だった。」ジョイスとの親交は深まり、最終的に「アンティー・ジョイス（ジョイスおばさん）」と呼ぶ間柄になりました。

マーサー島の家は大変気に入りましたし、近所の人たちと知り合いになるのも楽しみでした。一九九八年、夏の終わりにダイアナが妊娠したとき、彼女はカールと二人で自分たちの家を真剣に探しました。数か月後に、二人は私の家から車で三分離れたところに素敵な家を買いました。父母にとっての初孫キャサリンは一九九九年の六月四日に生まれ、私はおじさんに昇格しました。

初めはシアトルに引っ越すことでテニスにマイナスの影響が出るかもしれないと思っていました。しかし、それは杞憂に終わりました。シアトルでは練習相手に事欠きませんでした。シアトルを通過する選手たちは多いのです。ヘンダーソンのグリーンバレー・アスレチッククラブにいたころ、屋内コートは何度も体験していたので、屋根の下でのプレーは慣れていました。家から数分のところにあるマーサー島のカントリークラブか、プロスポーツクラブでコートの予約を入れるのですが、ときどきプロ選手でも予約がないと、コートが取れないこともありました。シアトルではテニスが人気スポーツなのです。自分がプレーしたい一、二日前に予約を入れると、空きは朝の六時しかないとよく言われました。魚釣りのために朝早く起きるのは問題ないですが、早朝テニスだけは勘弁です。

ウェディング・ベル

前にも述べたように、マーサー島へ引っ越したことは未来に向けての再出発でした。私自身も、将来は妻をめとり、家庭を持ちたいと願っています。十代のときは、二十三歳までに結婚すると考えていました。なぜそんなことを思ったかはわかりませんが、プロ転向時はそのような憧れを持っていました。

チャン一家はチーム。
左から兄カールと妻ダイアナ、赤ちゃんキャサリン（愛称ケイティ）を抱く母と、その後ろは父、右端はマイケル。

その夢は実現しませんでした。三十歳の当時、いまだ独身でした。神が結婚の戸口を私のためになぜ開けてくださらないかはわかりません。テニスに集中していて、旅から旅を続ける私に、結婚生活を維持することが難しいと思われているのかもしれません。父親不在の家庭にならないように、神は父親の責任が私にとって大切だと思っているのでしょう。神のタイミングはいつも最適ですから、このことに関しても委ねています。

とはいうものの、結婚はしたいのです。父母やカールとダイアナを間近に見てきて、結婚は素晴らしいものだと思います。けれども、その日が来るまで待ちたいと思っています。自分の日記には、こんなことを書きました。

一九九八年八月十七日

ひとりきりの夜だったが、けっこう楽しかった。だが、これが毎晩続くのは嫌だ。でも静かで平安な時が持てたことはよかった。洗礼式に出席した後、中華料理屋で一人食事をした。たしかに独身の利点はある。多分、神はこの時期を楽しめと言っているのだろう。結婚すればたいがい、独身のときよりも自分の生活をだれかのために使うようになる。この独身の時期は私にとっては貴重な時間だ。考え、祈り、学ぶための時間が十分ある。自分自身の成長のために使える時間だ。

これまでに二人の女性と真剣につき合いましたが、彼女たちに敬意を表して、恋愛のときの心情には触れないでおきます。けれども、私自身のライフスタイルについて少しだけ話させてください。いつも旅をしてテニスばかりしているため、ゆっくりと相手を知る時間がありません。デートのときは、自分の良いところを相手に見せたいもので、その人の素顔や弱さを知る機会は、なかなかありません。自分自身がそうです。トーナメントの合間のつかの間の時間に、本当の素顔が相手に伝わるかどうかは疑問です。

そのうえ、付き合っているときは、細かい点にいちいちこだわるのは、相手に失礼ですから何も言わないようにします。数年前ローマにいたとき、イタリア人のジャーナリストがラウンジで私を呼び止めたことがありました。「マイケル」と言ったその声の響きで、彼がからかい半分に質問してくると感じました。「アンドレやピートはハリウッド女優たちとデートしているのに、なんできみはそういう女性たちを腕に抱いていないの?」

笑い飛ばしましたが、私はロマンスを公の場で見せびらかすようなことは絶対にしたくありません。私が有名人と付き合うことはなさそうですが、年齢が進み、クリスチャンとしての信仰が成熟するにつれて、私は未来の妻に二つのことを望むようになりました。

第一に中国系であること。十代のころ、結婚相手が中国系かは無関係でした。育った南カリフォルニアは、さまざまな人種の坩堝だったからです。父母も「絶対に中国系と結婚しなければダメ」とは、一度も言ったことはありませんでした。

プロになって何度かアジアに行ってからは、中国文化が思ったよりも偉大であることを学び、私の考えに変化が訪れました。神が私を中国系にしてくださったことを誇りに思うようになりました。先祖から受け継いだものについてもっと学び、次世代に伝えたいとも思いました。

それが、中国系の女性と結婚したい理由です。もちろん、神のみこころならばの話ですが。多分、中国系アメリカ人の女性が良いと思います。

第二に、クリスチャンであること。このことに関しては聖書に明記されています。「つり合わぬくびき」になるのは避けるべきです。「不信者と、つり合わぬくびきをいっしょにつけてはいけません」と使徒パウロはコリント人への手紙第二、六章一四節で教えています。神は信仰生活において常に、神に対する愛を第一としてほしいのです。もし、私が第一とする神への愛を妻と分かち合うことができなかったなら、どこかがおかしいということです。それ以前に、自分の生涯の伴侶とは、霊的な生活においても考えを同じくしたいのです。

神は私に特別な人を用意してくださると信じています。そのためなら喜んで、まだ見ぬ相手を待つ用意があります。もう少し言わせてください。十六歳のとき、「結婚するまでセックスはしません」とスポーツ雑誌のインタビューでかなり大胆な発言をしました。

私はこれまでその約束を守ってきましたし、これからも私の未来の妻に対して守ります。

これを読んだ方の中には、そんなことは信じないという人もいるでしょう。ですが、これは本当です。それは不可能だ、と言う人もいるでしょう。しかし、神の助けがあれば、何でも可能です。なぜ私が結婚までセックスしないのかが、理解できない人もいるでしょう。けれども、私自身には納得がいくことなのです。

この点に関し、聖書は明確です。セックスは結婚したカップルのためにあります。私の両親は結婚の大切さ、性的な清さを教えつつ私を育てました。学校に私を送る車中の十五分間、母は私にいやおうなく言ったものです。「マイケル、ドラッグ、お酒、セックスについて知りたいことがあったら、いつでも話しなさい。」

そして、私たちは実際に語り合いました。

母はそういう人だったのです。セックスのことについて、オープンに話してくれました。時には遠慮がないほどでした。母はして良いことと、してはいけないことのリストを提示するようなことはしませんでした。むしろ父と母は、性的な清さについての自分たちの知恵を分かち合うために、子どもたちが教えを受けることができる時期まで待ってくれました。

両親は、結婚までセックスをしないことの素晴らしさ、神が人生をともにする伴侶を与えてくれるのを待ち、その女性のために清さを保つことの大切さを教えてくれました。人がセックスをするように神が造られたのには計画があることを、そしてその神の計画を無視した多くの人々が後悔していることを私に気づかせてくれました。私は結婚式の夜、自分の妻に、これまで世界中のだれとも分かち合ったことのない自分を分かち合えることを楽しみにしているのです。

ツアーの仲間や知人から、そんな道徳観など妥協するように無理強いされたことは何度もあります。テニス界にも「熱狂的なファン」はいます。一部の若い女性ファンたちはイベントに顔を出し、喜んで有名選手と一夜を過ごす用意があることを告げます。機会はいつでもあるのです。けれども、私はあえて性的誘惑に自分を晒すような場所は避けています。

聖書の中の有名な「愛についての章」を読み、感動しました。コリント人への手紙第一、一三章です。そこには、「愛は寛容であり、愛は親切です。また人をねたみません。愛は自慢せず、高慢になりません。礼儀に反することをせず、自分の利益を求めず」と書いてあります。最初の寛容で（忍耐深く）あることが私の心に響きました。セックスに当てはめてみても、愛は寛容であるべきなのです。もし、だれかを本当に愛したいのなら待つべきです。

寛容・忍耐は、相手を尊重することにつながります。デートをするときはいつも、そのことを必ず念頭に入れていました。まだ見ぬ将来の私の妻とデートをしている男性に、彼女のことを丁寧に扱ってほしいと思うからこそ、自分もデートの相手を大切に扱ってきました。

最後に

この章を終わるにあたり、今この本を読んでいる青年や十代の少年たちに伝えたいことがあります。私が結婚式の夜まで貞節を守るという固い意志があることを読み、びっくりしている方もいるかもしれません。または、そのことを素晴らしいと共感する方もいるかもしれません。いずれにせよ、私は皆さんに貞節を守ることをお勧めします。その意志を貫くことは、価値あることなのです。たとえ友人の間で、あなただけがそう思ったとしてもです。自分がだれかということを忘れてはいけません。貞節を守ることで、性がもたらすあらゆる病気から守られます。円熟した大人になり、経済的にも自立し、子育てができるようになる前に親になってしまうかもしれないことから自分を守ることができます。そして、妻と昔の女性とのセックスを比較することもないのです。

「もう私はセックスを経験してしまった」という人たちもいるでしょう。早まってしまっても、神に立ち返り、結婚式の日まで清さを保つことはできます。神の名によって、やり直すことができるのです。貞節を失ってしまった人たちでも、神の前で新しくされ再出発できるのです。若いみなさん、自分の間違いを神の前に出て告白し、神の赦しを心から願うなら、もう一度、純潔は戻ってきます。神はイザヤ書四三章二五節で、「わたし、このわたしは、わたし自身のためにあなたのそむきの罪をぬぐい去り、もうあなたの罪を思い出さない」と語られています。

素晴らしい約束だと思いませんか？　その神の言葉は信頼に値するのです。

第10章　人をとる漁師に

長い間ずっと、私は魚釣りに夢中になっています。実のところ、テニス歴よりも釣り歴のほうが長いくらいです。私がミネソタに住んでいた四歳ぐらいのとき、初めて父に釣竿を渡されました。一万もの湖があるミネソタ州では、魚釣りと狩猟がこの州の宗教ともいえるほど普及していたため、父もそれが趣味となったのでしょう。どの街角にも釣り道具屋があり、魚釣りと狩猟が人々の話題でした。

気温が上がる夏の間、父と母は週末ごとにカールと私を釣り場に連れて行きました。セントクロイ川の大きな発電所近くの釣り場だったので、わが家では「パワープラント」と呼んでいました。母はお弁当の用意をし、とうもろこしとパン生地とコットンを混ぜて魚の餌も作りました。安くて効果的な餌です。セントクロイ川は幅広く、ボートから釣り糸を垂れることもできましたが、私たちはいつも岸辺から釣り糸を垂れました。多分、ボートを借りなくて済む分、安上がりだったからでしょう。時に魚が水から飛び出して、岸辺に落ちるとはしゃいだものです。競争だ！と言いながら、カールと私はどっちが先に、ぴちぴち跳ねる魚の尾びれをつかんでバケツの中に入れることができるかを競い合いました。

パワープラントでは鯉やバス、淡水に生息するニベなどが釣れます。釣った魚を土曜の夕食にフライにして食べるのが、何よりの楽しみでした。母は、獲れた魚でさまざまな中華料理を作りました。自分たちの手で釣った魚で、カールと一緒にお腹いっぱい食べたことを思い出すと、今でもヨダレが出ます。魚釣りはすごく楽しかったので、両親の「釣りに行こう」の一言で、カールと私は張り切ってガレージに釣竿を取りに行き、その間、母はお弁当をつめ、魚釣りの餌を手早く準備したのでした。

釣りは秋が深まる時期まで続きましたが、冬が来るとミネソタは氷で覆われます。氷点下での氷上穴釣りは寒すぎました。何度か父に凍った湖に連れて行ってもらいました。だれかが、私たちのために氷にドリルで魚釣り用の穴を開けてくれました。カールと私はできるだけ厚着をし、釣り針の先に餌をつけ、穴へと糸を垂らしましたが、三十分もすると寒さで顔が紫色になり、中断して帰るのが常でした。魚釣りは好きですが、凍ってまでしたいとは思いません。

暖かいカリフォルニアに引っ越した後、釣りは趣味の域を超え、とうとう釣り好きから「釣りオタク」に転身しました。四章で、カールと私の夜明け前の冒険、ラ・コスタ・ゴルフ場での釣りについて書きましたが、その上流のサンマルコスの小川にもよく行きました。ボックスキャニオンの雑木林の中にはあちこちに小さな池があり、バスやザリガニの宝庫でした。それから父は、サンディエゴ港から出発して半日かかる海釣りにも連れて行ってくれました。ジュニアテニスやランキングなどのプレッシャーから解放されるには、釣りがもってこいでした。自然を楽しみ、釣り糸を水面に投げることでリラックスし、友だちや家族と時間を過ごし、しかも期待と挑戦が感じられるスポーツが釣り以外にあるでしょうか。これらの条件を満たしてくれる釣りほど、楽しいものはほかにありません。

十代はじめのころ、魚の研究ができる海洋生物学者になりたいと思いました。学校のレポートの題材で魚を取り上げたこともありました。スポーツ用品店と並んで、マスやナマズが一年中釣れる近隣の貯水池に連れて行ってと父にせがんだものです。また、家でも魚を飼いたいとも思いました。九年生が終わった後にラ・コスタからプラセンシアに引っ越した際、家に観賞用の水槽が欲しいと両親におねだりしました。種類が豊富な明るい色彩のアフリカンシクリッドがいいと、友だちが教えてくれました。初めての水槽は一一〇リットル入るものでした。

一九八九年、股関節の怪我をした後の回復期間中は時間がありました。もっと水槽を買いに行こう。母の許可を得て、今度は六八〇リットルの水槽を居間に置き、またまたアフリカンシクリッドをたくさん飼いました。水槽とアフリカンシクリッド飼育熱は、それで終わりではありませんでした。次の数か月間で、水槽の数は全部で五つに増えました。

一九九〇年に、なぜプラセンシアからコト・デ・カザにある、より大きな家に引っ越したのかはわかりませんが、私の熱帯魚への情熱が高じて、水槽を置く場所がなくなったからかもしれません。両親は新しい家のガレージに、水槽を全部入れたらどうかと提案し、水槽を家の中にもう置くなと宣告しました。あるときには、三七リットルから一一三五リットルという大きさの水槽が少なくとも二十五個ありました。全部の水槽に五センチ大から三〇センチ大まで、十五種類のアフリカンシクリッドを泳がせました。私の一番貴重な魚は、四〇センチで一〇〇ドルもする、キフォティラピア・フロントーサでした。ほかのアフリカンシクリッドは、一匹二ドルから一〇ドル程度でしたが。

アフリカ大陸からやってきた小さな淡水魚に、なぜこんなにも興味を持つのでしょうか？　世界中でもっとも艶やかな色を持つアフリカンシクリッドは、アフリカのさまざまな湖、マラウイ湖、タンガニーカ湖、そして有名なヴィクトリア湖からわが家の水槽にやってきた魚たちで、同じ種でも大きさと形がそれぞれ異なりました。信じてもらえないかもしれませんが、アフリカンシクリッドには、一匹一匹に個性があるのです。泳ぎ方と色で、魚たちの機嫌も手にとるようにわかります。

アフリカンシクリッドは縄張りを作ります。石膏でできた小さな家を水槽の中に入れてみると、家にほかの魚が入ると、シクリッドは怒って追い出します。また大きなシクリッドの場合は水槽に七匹以上入れると、喧嘩をすることがわかりました。

雄が雌を追いかける様子も面白いものです。雄はきらきらと美しい色を誇りながら雌の周りを踊るように泳ぐのです。雌は卵を産むと、口の中に入れて孵化します。

卵は全部、魚になりますから、ペットショップに持って行って成魚と交換します。

シクリッドを収集する人はかなり多いようです。魚を買うときはペットショップではなく、世界中のシクリッド収集家から買います。私はドイツのハノーファーに住むシクリッドのブリーダーや、ニュージャージーの収集家から買うことが多いです。シクリッドの卸売り業者の流通網も発見しました。

シマスズキ釣り

魚を鑑賞するのは面白いですが、釣るのは、その数倍も楽しいものです。一九九一年にカールと私がネバダに移住したとき、ミード湖が近隣にあるのが魅力でした。フーバーダムの後ろにある巨大な貯水湖まで、車で二十五分という近さにわが家はありました。そこで私は、生まれて初めて大きなおもちゃ、レンジャーバスボートを買いました。ミード湖に魚釣りに行くたび、カールと私はボートを車で引っ張りました。二日以上、ヘンダーソンの自宅にいるときは、必ず釣りに行きました。レンジャーは七人乗りで、装備もなかなか良いものでした。流し釣り用のモーター、魚群探知機、貯蔵庫、CDプレーヤーにスピーカーが揃っていました。

ミード湖はシマスズキで有名なはずでしたが、カールと私が行く都度、数匹しか釣れず、私は不満でしたし、カールは興味を失いかけていました。

休暇中の十二月のある日、「さあカール、釣りに行こうよ」と言うと、「嫌だよ。行ってもぜんぜん釣れないじゃないか。ミード湖に行くたびに、小さいのが一、二匹釣れたらラッキーな感じだしさ。時間の無駄だよ」とカールが愚痴をこぼしました。

「魚が湖のどこにいるかをつきとめないとダメだ。少し時間をくれよ。そしたら、どこにいるか探し当てるから」と私は言いました。

ボートには魚群探知機がありました。ハイテク装置でボートの下に何があるか、超音波で探すことができます。すると、スクリーンに魚が映りました。そこだと思って釣り糸を垂れても、何もかからず、カールは依然と腑に落ちない顔つきです。そうしているうちに名案がひらめきました。そうだ、フィッシングガイドを雇おう、と。これは成功でした。フィッシングガイドは釣り場へ案内してくれるだけでなく、魚釣りのさまざまなテクニックも指導してくれ、季節によって獲れる魚の種類も教えてくれました。ミード湖に最後に行ったときは、シマスズキをたくさん釣りました。そのすべてが一匹一キロから二キロの重さでした。それで、休暇でミード湖に戻るたびに、フィッシングガイドを雇い、大漁を味わいます。

ヘンダーソンからマーサー島に引っ越したとき、レンジャーボートは売却し、もっと大きくて船底が深い白と赤のレンジャー620VSフィッシャーマンに買い替えました。マーサー島のワシントン湖には、家の前に自分専用の船着場もあったので有頂天でした。これからいつでも魚釣りができるからです。まだ外が静かな早朝や、時差ぼけで夜中に目が覚めたときも。

ワシントン湖は、魚釣りのボートも水上スキーも同時にできるスペースがあるほど大きな湖です。見たところ、魚釣りの人口は少ないようです。地元の人たちは、周辺にあるほかの湖にわざわざ出かけて釣りをするのです。その一つは、ワシントン湖のすぐ近くにあるサマミッシュ湖で、コクチバスの釣り場として有名です。しかし、私がたいがい釣りをする家の前のワシントン湖では、少し時間をかけて探し当てた秘密の穴場があります。これまでに釣ったコクチバスの中で一番大きいのは、二・

七キロありました。ピュージェット湾でもサンドダブや、チヌークサーモンの大物四キロ級を釣り上げたことがあります。小型のサメを釣ったこともあります。釣り自慢はもうこれぐらいで控えることにしましょう。

ワシントン州に引っ越したことで、釣りに対する考え方を変えざるを得ませんでした。ワシントン湖やピュージェット湾は、フーバーダムの静かな貯水湖では考えられないほどに動きのある水面です。外海よりは船が揺れることはありませんが、それでも私は常に船酔いするので、淡水の湖のほうを好みます。魚釣りがこんなに好きなのに、船酔いするなんて皮肉です。

カールとともに魚釣りを楽しむマイケル(右)。ホウ川で釣ったチヌークサーモン。

太平洋岸北西部で釣りをするためには道具を変える必要もありました。ミード湖でシマスズキを追いかける代わりに、コクチバスを釣るための竿とリールとルアーを用意しなければなりません。何回か釣具屋に出入りしたあと、母に家のガレージを釣り道具屋にしたらどうかと、からかわれました。母の言うことはもっともです。物欲におぼれることはありませんが、素晴らしい品揃えの釣り道具屋や魚釣りの専門店に入ると、頭が少しくらくらすることは確かです。

魚釣りとテニス

魚釣りは、テニスと似てるところがあります。準備と技術が大切だし、どうやったら魚をやっつけることができるかを計画しなければなりません。そのためには正しい釣り針で、ボートを適切な位置に停泊させ、適切なおとりや生き餌を選ぶ必要があります。プラスチックのワームか、ハードルアーか、クランクベイト、またはサーフェスプラグにするか、あるいは生き餌だと、ツチミミズ、ザリガニ、ミールワームかサンショウウオなどです。

ツアーの合間もできるだけ釣りの欲求を満たそうとしましたが、そう簡単にはできません。ゴルフ場の池に糸を垂れるような簡単な釣りもできましたが、あるときは釣りの穴場の湖まで車を運転して、重さ三・六キロの鯉を釣り上げたこともありました。

釣りにもっとも適したトーナメントは、毎年三月マイアミで開催されるエリクソン・オープンです。早めに負けたときは、マヒマヒやバショウカジキ、またはフエダイや大型のカマスなどを釣りに行きました。それはそれは楽しかった。

フロリダのボカラトンでプリンス社が主催するイベントに顔を出したある年、参加者全員のためにチャーターしてくれた船で重さ二〇キロのカンパチを苦戦の末、やっと釣り上げました。釣って戻ったとき、この大きな素晴らしい魚を会場の人たちに見せました。数時間後、私が釣り上げた魚が昼食に出たのには驚きました。今あなたの頭に浮んだ質問にお答えすれば、「はい、あらゆる種類の魚を食べてみたい」です。母が魚料理をする際は、魚を蒸し、中華風の味に仕立てるのが常です。日本の寿司や刺身も大好きです。

ヨーロッパでの釣りは、さほど楽しいとは思いません。多分、私が「スティルフィッシング」と呼んでいるものが主だからと思います。じっと岸に釘付けになって糸を垂れるだけでは、私にとっては「スティル（静か）」すぎて、草が伸びる様を見ているような気がするからです。ゆっくりと動くボートから、おとりを駆使するルアーフィッシングのほうが性に合っています。

数年にわたって、釣りの素晴らしい経験をすることができました。思い出深いものをご紹介します。一九九六年、ウィンブルドンで早々に負けたため、家族と一緒にアラスカのジュノーに飛び、ボートでアラスカ沿岸にあるフィッシング・ロッジに航行。目的はキングサーモンを釣ることでしたが、シーズンは終わりかけでした。代わりに、シルバーサーモン、ピンクサーモン、オヒョウ、キジハタを釣りました。ある日、上流に行きオショロコマというイワナの仲間を釣りました。釣った魚を冷凍し、大きなクーラーボックスに入れて持って帰りました。家族や友人を含め多くの人たちが何か月も、この魚に舌鼓を打ちました。

二〇〇〇年初頭、全豪オープンの後で、父とカールと私はニュージーランドに数日間立ち寄り、美しい自然の中で釣りをしました。オークランドから車でベイ・オブ・アイランズまで行き、そこでボートを借りカジキ釣りに出かけました。カジキは釣れませんでしたが、ヒラマサにありつきました。ニュージーランドの人々は、ヒラマサのことをキングフィッシュと呼びます。

一九九四年十二月、カリフォルニア半島バハの先端カボ・サンルーカスに家族や友人たちと釣りに行きました。マカジキを何匹も釣り上げましたが、勲章もののサイズではありません。

一九九五年、カールがダイアナと結婚する前に、私が召集をかけた独身男性だけの釣り旅行は忘れられません。サンディエゴ港でチャーター船を予約し、カールと友だちや従兄弟一八人で、キハダマグロ釣りに出ました。そのときは大漁で、一八人で計一トン以上を釣り上げました。デッキではクルーが一部をさばいてくれ、一人あたり五匹の魚を持ち帰ることが許されました。なんと一匹の重さは、一一キロから～二〇キロもありました。

それにしても、気の毒な従兄弟のジミー。波止場に戻ると、魚がたくさん入った黒く重い袋を六個ほど陸に引き上げました。ジミーのミニバンの後ろに、生きのいい魚が入った袋を積みました。袋に穴が開いていて、魚の血が流れ出していたのにはだれも気づかなかったのです。オレンジ郡に戻るのに一時間はかかりました。家に着くころ、ジミーのミニバンには、魚の生臭い臭いが充満していたのです。

次の晩、友人をたくさん招待して、マグロのステーキ、マグロのサラダ、マグロの寿司を振舞いました。なにしろたくさん釣ったのですから、マグロと名のつく食べ物はなんでもあったのです。ですが、ジミーには気の毒なことをしました。彼のミニバンは洗っても洗っても何週間もの間、ひどい臭いが染みついてしまったのです。しかしそれは、素晴らしい独身最後のパーティーとなりました。

最後に魚釣りについて思うこと

私は、六メートルの自分のボートに「人をとる漁師」という名前を、とある理由があってつけました。私のボートに相応しい称号だと思っています。なぜなら、テニスのキャリアを通して、多くの人々に神の存在を伝えることができたならと思っているからです。数千人の前で繰り広げられる試合が、テレビを通じて何百万人の人に届けられる際、私のテニスが「人をとる漁師」になれたなら、と願ってきました。テニスを通して、人々を神のもとに連れて来ることができるなら、人々の人生に神の手が触れ、神のもとに人が戻ることを助けられるなら、それはその人たちの中で生涯の宝となり、人のいのちを超えていくものになるのです。名声とお金とランキングは、比べ物にならないほど貧しいものです。

車のバンパーに貼るステッカーに、魚釣りの経験を凝縮したメッセージがあります。

「人をとる漁師になりなさい。あなたが釣れば、神がきれいに洗ってくださる」と。

第11章　精錬の年月

試練の年であった一九九八年の出来事を綴った八章の終わりに、「最悪なことが待ち受けているとは、つゆ知らずに」と結んだのを覚えていますか？　そうなのです。すべてが最悪の状態に陥ったのです。これまで楽に勝てていた相手でも、私が不調とわかると、にわかに手ぐすねをひいて私を負かそうと張り切るようになったのです。彼らは自信たっぷりに試合をする一方、私の自信はどんどん失われ、その結果、早々に敗退しました。一九九九年の半ば、十四回出場したトーナメントのうち二回戦まで進むことができたのは、なんと一回だけでした。

大切なところでポイントが取れないので自分の実力を疑い始め、そして自分の信仰も疑ってしまいました。日記に次のように書きました。「神よ、私はどこでどう間違ったのでしょうか。私はあなたに誠意を尽くしてきたのに、十分ではなかったのですか？　あなたに従ってきたはずなのに。」

牧師が、ほかの教会に行って説教をしようとするたびに障害にぶつかるが、そのときに、自分がそこにいることを神が望んでおられることがわかる、と話していたことを思い出しました。私は神が望む場所にいたはずなのですが、目前に山積みにされた障害に直面しました。「ありったけの時間をかけて、どうしてこうなってしまったのかを理解したとしても、何も変わらない」と、とうとう自分に言いきかせるまでになり、とにかく練習に逃避しましたが、自分の力でテニスを改善しようとすればするほど、うまくいきませんでした。

そんななか、希望をもたらしてくれることもありました。全仏オープンで早々に負けたとき、カールとダイアナに初めての赤ちゃんが生まれるというので、私はマーサー島に戻りました。ダイアナがベルビューのオーバーレイク病院に入っている間、母と私はおむつやベビー服を買いに行きました。母はおばあちゃんになることを、とても楽しみにしていました。そうしていると、携帯にカールが連絡してきました。

「生まれたよ！」とひどく興奮した兄の声。

「えぇっ！　生まれそうになったら電話しろって言ったじゃないか。」

「生まれたよ！」カールは興奮のあまり、ほかに何も言うことができませんでした。

母と私は買い物を後回しにして、すぐにかけつけました。一九九九年六月四日、生まれたてのキャサリン・ジェアン・チャンと初対面しました。

中国では、授乳中の母親にはシマスズキを食べさせるとよいと信じられてきました。シマスズキには赤ちゃんが必要な栄養分とミネラルが含まれているため、母乳にとってもよいとされています。そこで翌月、母は近くの中華食材を売っているスーパーでシマスズキを買い、ダイアナのためにさまざまなシマスズキ料理を作りました。母はいつだって家族のために尽くしてくれました。

挑戦的なイベント

一九九七年にアンドレ・アガシがテニス界の表舞台から消え去り、ランキング一四一位に急落したとき、彼はロサンゼルス郊外バーバンクの下部大会であるチャレンジャートーナメントから出直しました。私のランキングは三桁ではありませんでしたが、試合に勝つ必要があったので、七月にチャレンジャーの大会に出場することにしました。カールのようにシンガポールで使い古されたボールで練習とまではいきませんでしたが、サンフランシスコのベイ近隣にあるアプトスで行われるチャレンジャーの大会に登録しました。子どもたちがコート後ろの砂場で遊んでいましたが、私には相手を負かせるだろうか……という深刻な悩みがありました。三回戦まで勝ち進みましたが、準決勝でランキング二四一位のイスラエル人選手、二十歳のハレル・レビに行く手を阻まれました。

その月末、ロサンゼルスの大会に参加しようと南カリフォルニアに戻りました。その大会で勝ち進み、ジェームズ・セクロブという選手と準々決勝であたりました。第1セットは6—2と楽に取れましたが、ひどい試合をしていると思いました。私は自分自身にプレッシャーをかけて、この無名の選手を倒そうとしました。第2セット1—2のとき、簡単なフォアハンドを打ち損ないました。その瞬間に精神的に崩れてしまいました。私は腿を叩き、呻きました。「なんでこんなミスをしたんだ。」

残りの試合の間もずっと自問し続けました。勝っていた試合を自分で逃し、2―6、2―6で次の2セットを負けてしまったのです。

試合の後、ロッカー室で私は動揺していました。挫折感でいっぱいでした。父と兄が側に来て、そんな私を支えてくれました。

「信じられないひどい試合をした。もう二度と試合なんてしたくない。」

父とカールは無言でした。私に言いたいことを言わせてくれました。

「もうこれで終わりだ。おしまいだ。もうごめんだ。」

「マイケル。お前はイライラしてるんだよ。だから、そんなことを言うんだ。明日という日がまたあるさ」と父は言いました。

私は目を上げて父をじっと見ました。自分が何を訴えたいのかは、わかりませんでした。しかし、私がこんなひどい内容の試合で相手に勝利を譲ってしまうのなら、もうこんりんざいテニスはしたくなかったのです。

考えをまとめるために数日間休みました。辞めるつもりはなかったので、そのことは二度と口にしませんでした。シンシナティでの全米オープンが迫っていました。その後には秋のアジア遠征です。ひどい成績のまま試合だけは続け、フラッシング・メドウズではフランスのアルノー・クレマンに二回戦で負けました。今や精魂尽き果てた自分とその体を、上海まで引きずって行くばかりでした。

母はイーピン叔父さんに、私のテニスのことで、どうしたら励ますことができるかと相談していました。母と私は腹を割って話すことのできる間柄です。

「マイケル、つらい壁にぶつかっているのはわかっているつもりよ。」

「そのとおりだよ、母さん。」

「ここから這い上がる努力をしないとね。」

「知っているさ、そんなこと。努力はしてるんだ。」

「テニスのことを言ってるんじゃない。お前のたましいのことを言っているの。自分を上向きに持っていかなければね」と母は言いました。

母の言っていることは正しいと思いました。自分の人生とテニスに対する見方を変えることが大事でした。

上海に飛びました。長距離のフライトです。試合の前夜、ホテルの部屋のベッドランプの側に自分で置いた『ライフアプリケーションバイブル』（邦題『バイブルナビ』）が目に入りました。旅に出るときはこの聖書をいつも持って行き、ベッドの横に置くのです。寝転びながら、おもむろに聖書を開きました。ページの半分には聖句が記されていますが、あとの半分には聖句の説明と、神が人々に何を教えようとされているのかがわかりやすく解説されています。読み進むうちに、深い、豊かな感情が私の心の中に広がりました。打ちひしがれ、涙が流れてきました。「神よ、私の人生には何の喜びもありません」と言いながら泣きました。「私は頑張ることに疲れました。終わりです。私のテニスのキャリアをすべてあなたにささげます。」以前、私は同じことを神に祈ったことがあります。けれども、そう言いつつも、どこかで自分のテニスにしがみついていましたが、今、それは完全に砕かれました。

その晩が、私にとっての大きな転機でした。人が完全に砕かれたとき、初めて神は、その人を再生させることが可能になると、これまでも何度か聞いたことはありましたが、自分にもそれが起こりました。長いこと、自分の力に頼りすぎていました。頑張りすぎていたのです。今、私はすべてを神に明け渡しました。

資格を得て

世間が私を見限ったとき、「私はもう一度グランドスラムで優勝し、人々をあっと言わせた」と書きたいのは山々ですが、あの上海の一夜の後にも、そんなことは起こりませんでした。

私のランキングが七八位に落ちて以来、私はテニスの表舞台に立つ資格を失いました。十一月末、その年の最後のトーナメントに出場したいと思いました。それはパリ・マスターズでした。私のエージェント、オクタゴンのトム・ロスに推薦状をもらいたいと頼みましたが、それは無理だと言われました。

仕方なく、予選トーナメントに登録しました。出場権を得るために予選トーナメントに出場したのは十五歳のとき以来です。私は試合ごとに自信がつき、本選でも準決勝まで勝ち進み、最後はマラト・サフィンに惜しいところでフルセットで競り負けました。そのおかげで、年末のランキングは五〇位に上昇しました。

夏のパリでは「いつ引退するつもりですか？」という質問を投げかけられることが増えてきました。そんな質問は心外でした。「おい、待ってくれ。負けがちょっと続いたくらいで引退させる気か？」まだ二十七歳で、トップ5から落ちてまだ二年、それなのにメディアは私のテニスの死亡記事を書きたがっている！　最初のショックから覚めると、そんなメディアの対応の背景が見えてくるようになりました。私はこれまで負けたことのなかった対戦者に負け、二回戦に勝ち進むのにも四苦八苦していたのですから、無理もありません。記者会見室の後方から「マイケル、今年で最後ですか？」という声が記者団の中から上がるのは自然なことだったのです。

私のお決まりの答えは次のとおりです。「まだ考えていません。難しい局面に差し掛かっていることは明らかです。でも、人生には浮き沈みはつきものです。」引退に関する質問に答えるのは、容易ではありません。というのも、プロテニス選手は、常にスポットライトを当てられているからです。私たちは個人契約です。アメフトのように、一軍か二軍かと選手の運命を駒のように決めるマネージャーや監督はいません。だれも「チャン、監督が面談を希望しているぞ。個人記録表を忘れるな」と言って、引退を促してはくれないのです。

私はまだ二十七歳だったので、年齢的にも質の良いテニスができるはずでした。最悪の一九九九年のあと、新しい二〇〇〇年は良い年となりました。一月、ニュージーランドのオークランドで決勝戦に進出し、四つのトーナメントでは準決勝（うち二つはウィンブルドンをはじめグラスコート）まで行きました。そしてロサンゼルスで優勝しました。両親やサウザンドオークスから駆けつけた親戚の前でです。太平洋に自分のラケットを投げ捨てたいと思ったのが、一年前のロサンゼルスでしたから皮肉なものです。ＵＣＬＡテニスセンターでの優勝スピーチは、涙で何度も途切れました。もう二度とＡＴＰトーナメントでは優勝できないと思っていたからです。

香港で開催されたセーラム・オープンの授賞式。
故ダイアナ妃の拍手を受けて。

ロサンゼルスでの思いがけない優勝は、私のランキングを三〇位に押し上げました。これには本当に安堵しました。トーナメントごとに優勝を期待しましたが、それは実現しませんでした。二〇〇一年のシーズンは山あり谷ありで、今ひとつの年となりました。

けれども、忘れられない瞬間もありました。その一つは、二〇〇八年に開催される夏のオリンピックに中国が名乗りをあげ、私なりにその後押しをしたことです。ウィンブルドンの一週間前、オリンピック委員会がモスクワで投票する数週間前にロンドンの記者会見に参加し、世界最大人口を誇る中国による、初のオリンピック開催の志願を心からサポートする声明を発表しました。

大きく変わりつつある中国がオリンピック開催地に選ばれたなら、この国はさらにオープンになるだろうと信じていました。「中国がホスト国になれば、本当に特別なことを見ることができるでしょう」とロンドンで語りました。「中国人はこの機会がそんなに頻繁に訪れるとは思っていません。オリンピック開催がどんなに大切かを知っています。中国で初めてのオリンピック開催になるのなら、絶対に素晴らしいものにするはずです。」

中国は二〇〇八年の開催地を勝ち取りました。その年に何が起こるのか楽しみです。中国がオリンピックの開催国となることで飛躍し、さらに良い方向に変化していくことを期待しています。時が来ればわかるでしょう。

第12章　与えるということ

　ある日の午後、母と一緒に格安ストアの「ターゲット」に行きました。何を買おうとしていたかは覚えていませんが、母と二人で商品を物色していると、二人の少年が視界に入って来ました。いつも人目にさらされた生活をしているので、第六感が発達し、だれかが自分を見ているときはすぐにわかります。

　一人の子が、もう一人に耳打ちしました。「ほら、あれマイケル・チャンだよ。絶対そうだよ。」

　二人は、自分たちが言っていることが全部私に聞こえていることに気づいていないようでした。知らないふりをしていると、もう一人の子が私をちらりと見ました。一瞥して、その子が「冗談だろ？マイケル・チャンがターゲットで買い物するとでも思ってんのか？」と答えました。

　思わず私の顔がほころんだのに二人は気づかないようです。ターゲットで買い物して、どこが悪いのか、と思いました。セレブ崇拝の世の中だからでしょうか。私たちが普通のことをすると、まさかと思われることのほうが興味深いのです。ターゲットで買い物する以外にも、当然ながら車のガソリンは自分で入れるし、銀行の窓口では列に並ぶし、テニスボールはコストコで買います。

そうです。ボールはコストコです。トイレットペーパーが一度に四十八個、二キロのピーナッツバター、冷凍タコス九十六個が一度に買え、天井まで商品をうず高く積み上げている、あの会員制ディスカウントストアのコストコです。皆と同じように、少しでも節約しようとコストコに行くと必ずテニスボールを箱買いします。カートに一度に四〜六箱は積みます。一箱二三ドル程度で、一箱は十二缶入りです。人でいっぱいの店内でテニスボールを満載したカートを押していると、買い物客にじろじろ見られるのは確かです。アメリカの一般家庭にフランス料理を紹介したシェフ、故ジュリア・チャイルドはコストコで一〇キロ入りの小麦粉を一度に四つ買っていましたし、ナスカー（全米自動車競争協会）の有名ドライバー、ジェフ・ゴードンは四つ一組のタイヤをコストコで買います。それにいちいち驚くのに似ているのかもしれません。

感謝祭の食事を作るマイケル

「ええっ！　自分のボールを自分で買わなきゃならないの？」というのが、レジの女の子たちの毎度のコメントです。

「はい。そうなんですよ」と答える私。

「でも、ボールにはスポンサーがつかないの？」

「テニスボールの会社は、だれのスポンサーもしないんです。一個一個が安いので、そんなにもうからないから、たくさんの人にテニスをしてもらわないとね。」

「変なの。よくわかんないわ。」

四十八缶入っている四箱のテニスボールも、チャン家では長持ちしません。マーサー島にいたら一週間持つか、持たないかです。小型のボール籠をボールで満たすためには二箱必要です。そのうえ、練習で試合をするときはいつも新しい缶を空ける必要があります。プロテニス選手であるための必要な出費です。

こうして安価なお店に行くのは、若いときに母とツアーに参加したときに覚えた節約の技です。両親がカールと私のために払った経済的な犠牲、それから自分のルーツも絶対に忘れません。中流家庭で育ちましたが、神が経済的にも、思いもよらないほどに祝福してくれました。しかし、両親が質素に暮らすこと、帳簿の帳尻が必ず合うように生活するよう育ててくれたことを心から感謝しています。いつか自分に子どもが与えられるなら、自分の子どもにも質素な生活を指導したいです。

魚釣りの道具に関しても、お得で賢い買い物をするのが好きです。バス釣りのプロが買うので有名なミズーリ州スプリングフィールドにある魚釣り・狩猟専門店のセールは見逃しません。ある商品が定価より一〇ドル安くなっていたら、たいてい買います。買うごとに割引ポイントがもらえるなら、さらに大喜びです。

節約のため、国内を端から端まで飛ぶときもエコノミーを利用します。だれかが冗談で、ファーストクラスの客と、ピーナッツが出されるエコノミーの客とでは、着陸時間の差は一秒以下だと言っていました。シアトル―アトランタ間で、革シートのファーストクラスに乗るために数千ドルも使うことは正当とは言えません。とは言え、ヨーロッパやアジアへの飛行はビジネスクラスです。四時間ひとっ飛びとは違い、十四時間から十六時間の飛行中に、縮こまっていては体に支障が出るので話は別です。

節約するには理由があります。聖書はお金のことについて、多く言及しています。そして、神の教会と神の仕事を助けるように、という神のご命令を真剣に受けとめているからです。神のことばは、新約聖書コリント人への手紙第二、九章六―七節にこう書かれています。「少しだけ蒔く者は、少しだけ刈り取り、豊かに蒔く者は、豊かに刈り取ります。ひとりひとり、いやいやながらでなく、強いられてでもなく、心で決めたとおりにしなさい。神は喜んで与える人を愛してくださいます。」ですから、父母、カールとダイアナとともに、「チャン・ファミリー基金」という非営利団体のチャリティー基金を設立しました。

マタイの福音書六章二―四節の警告にも従おうと努力しています。「だから、施しをするときには、人にほめられたくて会堂や通りで施しをする偽善者たちのように、自分の前でラッパを吹いてはいけません。まことに、あなたがたに告げます。彼らはすでに自分の報いを受け取っているのです。あなたは、施しをするとき、右の手のしていることを左の手に知られないようにしなさい。あなたの施しが隠れているためです。そうすれば、隠れた所で見ておられるあなたの父が、あなたに報いてくださいます。」このように書かれているので、これ以上、チャリティー基金については詳しく書こうとは思いません。しかし、与えることは、クリスチャン一人ひとりにとって大切なことなのです。基金を作ったのは、これはまたしてもカールの名案の一つなのですが、家族として神に本当に祝福され、神が私たちに注いでくださったものを、多くの人々と分かち合いたいと思うからです。

次世代テニスキャンプ

チャン・ファミリー基金は一九九九年に発足し、地域や世界中の子どもたちに、青少年向けのプログラムを通してキリストの福音を紹介し、若い人たちが神様との関係を築きながら育つことを後押ししています。ロサンゼルスの東にあたる郊外、オレンジ郡北部のインダストリー・ヒルズで二〇〇〇年夏、初回の「次世代テニスキャンプ」を開催しました。約一週間のキャンプは、キリストの教えを伝えることを前提としたテニスキャンプです。クリスチャンのコーチやカウンセラーを含め、五人の子どもに対して一人の指導者というスタッフ比率を確保し、小さなグループに分けることで、目がよく行き届くようにしました。二十五人の子どもが初回のキャンプに参加しました。参加費は安価ですが、それでも負担になる家庭のために奨学金も用意しています。

キャンプ開催中、私はコートからコートへと回り、生徒たちとテニスボールを打ち合い、練習し、「世界一周」というゲームもしました。この愉快なゲームのルールは、まず自分のコートでボールを打ったら、すぐに相手側のコートに走って移り、列に並んで順々にボールを打ち返すというものです。（私は決勝戦でカールに勝ちました！）ほとんどの生徒たちが、南カリフォルニアのジュニアランキングを持っていました。そこで、キャンプ内だけでのチーム勝ち抜き戦も企画したのです。

ウォルターという少年と一緒に、チーム勝ち抜き戦で決勝戦を迎えたときのことを覚えています。私とウォルターは、女子テニスのプロツアーに参加したことのあるカミ・ベンジャミンとそのパートナーと対戦し、白熱した試合でタイブレークとなり、マッチポイントを取られて私たちが負けました。残念だったね、ウォルター！

走り回り、テニスをした後にシャワーを浴び、夜は近くのホテルで夕食を一緒に食べました。若いクリスチャン講師を招いて、キリストとともに生きることの素晴らしさを話してもらいました。木曜夜に行われた「アット・ザ・ネット」というプログラムには、七百人以上の人々が集まりました。その晩、二十四人以上の人たちがクリスチャンになると告白し、また、信仰から離れていたけれど、改めてキリストに立ち帰ろうと決意した人たちもいました。

夜には、ちょっとしたお楽しみも用意されていました――私をだしにしたものでしたが。カウンセラーたちが寸劇を披露しました。そのうちの一つがニューヨークのテレビ番組、トークショーで有名なデヴィッド・レターマンの真似をして、「本物のマイケル・チャンを識別するためのリスト10」を発表するものでした。

「リストナンバー一〇、タイトなショーツをはいているかどうかを見る。」

「リストナンバー九、お椀のようなヘアスタイルをしているか」など。だいたいどういうものかおわかりでしょう。

インダストリー・ヒルズの後は、二〇〇一年の全豪オープン直後に、台湾の台北でテニスキャンプの第二弾を開催しました。台湾のいくつかのキリスト教団体を通して呼びかけ、六十人前後の子どもたちが集まりました。ちょうどよい人数です。キャンプ開催には多くの人手が必要です。質の良いカウンセラー、コーチ、ボランティアと良いスタッフを集めることが肝心です。残念ながらカールと私だけでは、すべてをこなすことは不可能です。

次世代キャンプをアメリカや海外でこれからも続けていくつもりです。カールと私は、トーナメントにも出られず、コーチ代も払えなかったころのことを忘れてはいません。若者たちが安価な費用でその才能を伸ばすことができたなら、キャンプは大成功です。私は子どもたちとともに時間を過ごすのが大好きです。彼らは素直で純真です。その才能は素晴らしく、一所懸命な態度は実に感動的です。

加えて、私たちは地域にある複数の教会と一緒に、クリスチャン・スポーツリーグを作り、キリストを知らない家族やその友人たちに声をかけたいと願っています。チャン基金は、教会やクリスチャン団体とともに働き、人々をキリストに出会わせたいのです。もし、その趣旨に賛同してくださるなら、あるいは今後のプログラムに参加したい方は左記にご連絡ください。

The Chang Family Foundation
California Office（Headquarters）
30242 Esperanza
Rancho Santa Margarita, CA 92688
e-mail: cffoundation@mchang.com
http://mchang.com/contact-us/

チャン基金の将来は実り豊かなものになるでしょう。引退後は、基金の活動に全身全霊を尽くすつもりです。キリストのもとに心を一つにし、ともに働けることは、実に豊かなことです。これまでも、思いもよらないユニークな方法で神が人々の心に触れられるのを見せていただきました。さらに将来、どんなに良いもの、素晴らしいものを見せてくださるかを想像すると、期待に胸が膨らむのです。

第13章　Q&A　よく聞かれる質問

私はインタビューが好きです。何年もの間、おびただしい質問に答えなければならなかったので、インタビュー好きだったのは好都合でした。私の自伝を代筆してくれたマイク・ヨーキーが今、インタビュー室に一緒に座っています。ここに、そのときの小さな記者会見の記録を紹介しましょう。

——なぜ、マイケルと呼ばれて、マイク・チャンと呼ばれなかったのですか？

八年生までは一部の人たちからはマイクと呼ばれていました。ですが、ずっとマイケルと呼ばれてきた祖父マイケル・ツンの名前をもらったので、父母は私のことを必ずマイケルで通しました。そう呼ぶことに両親がこだわったことをうれしく思っています。マイク・チャンと言うより、マイケル・チャンのほうが響きが良くて上品ですし。

——テニス・アカデミーに行かずジュニアから直接プロに転身することは、今の時代でも可能でしょうか？

最近はアカデミーに行かない若手選手は希少です。でも、自分のような「自家製」プレーヤーは今もいると思います。カリフォルニア、テキサス、フロリダのように恵まれたテニス環境に住んでいれば、自分のテニス改善のために必要な試合の機会にありつけると思います。

――あなたとピート・サンプラスはジュニア時代は良い友だちだったようですが、ローラン・ギャロスであなたが優勝した後、二人の友情はどうなりましたか？

一九八八年秋、スポーツ週刊誌のフランツ・リッツ記者が、私を紹介する記事を書きたいと申し出ました。ある午後、フェニックス郊外にあるサグアロ湖に、フランツ、母、ピートと私で魚釣りに行きました。二、三時間、ピートは私がインタビューされている間中、話に聞き入っていました。その後記事が出ると、「ときどきマイケルのダブルスの相手」とピートが紹介されていました。彼は自分がそんなふうに書かれたことを当然、面白く思わなかったはずです。私はピートのことをそんなふうに感じたことはありません。私にとっては、ピートはピートだったし、きっといつかすごい選手になると思っていました。

ピートにはピートなりの野心があり、一九八九年の夏以来、疎遠になりました。疎遠という言葉はきつすぎるかもしれません。むしろ、だんだん互いに遠のいていったというほうが適当でしょう。ジュニア時代のように会うことはなくなりましたが、友人だったことは確かです。高いレベルで競り合う間柄になってしまうと、友情を温めるのが難しくなるのは仕方ないことです。

互いにそれぞれが成し遂げたことを尊重し合っているのは、わかっています。長い視野で見て、テニスの解説者やファンたちは、ピートが史上始まって以来の偉大な選手だったかどうかを吟味するでしょう。なぜなら、彼ほどグランドスラムの男子シングルスのタイトルの数を多く獲得（合計十四回）した選手は、これまでほかにいないからです（訳注　その後ロジャー・フェデラーとラファエル・ナダルがサンプラスの優勝回数を上回っている）。


――スーツケースを持って、旅から旅を続ける生活にどのように対応してきましたか？


プロテニス選手にとって、ツアー生活はもっとも過酷な部分であることは確かです。ホテルの部屋のドアを閉めたとき、自分のプライバシーが守れるようにしています。両親やカールが外出して、中華料理を買ってきてくれ、ホテルの部屋で一緒に食べたものです。レストランに行くとファンが押し寄せ、サインなどに大わらわで、ゆっくり食事を楽しむことができないからです。

プライバシーは大切です。ホテルのドアにはいつも「Do Not Disturb」（邪魔をしないでください）の札をかけておきます。そうしないと、ホテルのスタッフが冷蔵庫の中身の補充に来たり、ベッドメイキングに来たりと、ドアノックが絶えません。札をつけておかないと、シャワーに入っているときに、返事がないといってドアを開けられてしまうこともありました。

旅先では、ホテルの部屋を小さなわが家と思うようにしています。同僚のプロテニス選手の中には無頓着な者も多いですが、清潔を保つことは、たましいの清さを保つことに通じるものがあるかもしれません。それで思い出した変な話があります。ある選手が練習から部屋に戻る途中、ロビーでホテルのマネージャーにばったり出会いました。

「失礼ですが、残念なニュースがあります。」

選手はびっくりして「何が起こったんだ？」と言いました。

「メイドがあなたの部屋に入ったとき、泥棒が入ったことを発見しました。本当に申し訳ありません。何か力になりたいと思うのですが。」選手は嘆きながら「なんてことだ、何を盗んだのだろう？」と頭を抱えました。

「今、それを点検中です。お部屋にご一緒しましょうか？」とマネージャー。

マネージャーが部屋のドアを開けると、選手は口をあんぐりと開けました。

「何も盗られてないよ。ぼくが部屋を出たときと同じ状態だから」とその選手は言いました。泥棒は入っていなかったのです。部屋が汚いだけでした。

私は何年間もスーツケースの生活を続けました。試合用のシャツは十二～十五枚、ショーツは十二枚、ソックス二十足、それにウォームアップ用の上下を数セットです。ジーンズに背広、そして靴はテニスシューズだけでも三～六足ですが、それでも二～三週間で履きつぶします。（トーナメント会場に、リーボックの靴を数足用意してもらっています。）

旅暮らしの生活には工夫が必要です。ヨーロッパ各都市を飛び回る際、航空会社のスタッフは荷物の重量を測り、オーバーすると高額な超過料金を取り立てようとします。そこで、私のチケットがアメリカ発で欧州間の飛行が国際線飛行の一部扱いになると指摘することにしています。というのも国際線の重量制限は緩やかだからです。このおかげで、ずいぶんと超過料金を免れました。

――ツアー中の教会での礼拝はどうしていますか？

トーナメント中に教会へ行くのは容易ではありません。日曜日はいつも決勝戦だったり、あるいは次の試合のための移動日だったりするからです。けれども、日曜日が空いたときは行ったことのない地元の教会に出席してみたり、前に行ったことのある教会を再訪したりします。旅の間、教会に行けるかどうかにかかわらず、私は聖書を読み、神と毎日コミュニケーションをとっています。時には、ツアーの間が一番神に近いと感じることもあります。なぜなら、つらいときこそ神の力により頼むからです。

マーサー島に戻ったときは、ファクトリアにあるアジア系アメリカ人教会のライトハウスが、私の教会です。ウェイン・オギマチ牧師は、私の義理の姉ダイアナがカリフォルニア大学バークレー校に通っていたときの教会の牧師でしたからご縁があります。ライトハウスで歌うさまざまな賛美歌も好きです。ライトハウスに行く前、一時ベルビューのコーナーストーン・クリスチャン・フェローシップにも通っていました。

——長年プリンスラケットの看板選手でしたね。それなのに、なぜプリンスのラケットを現在は使わないのですか？

十歳のころから二十三歳ごろまでプリンスグラファイト一一〇を使っていました。ラケット製造技術が日進月歩の時代にあって、十年以上同じものを使っていたというのは驚異的とも言えます。でも、私にとってはプリンスグラファイト一一〇がもっとも相性の良いラケットだったのです。

その後、一九九四年プリンスロングボディに変えました。その話は第七章に書きました。私に合ったフレームを作ってくれるウォレン・ボスワースというラケット技術者の魔法のような技術にもかかわらず、私は最近ラケットを変えることにしました。二〇〇一年にバボラ社のラケットに変えました。このフレームは気に入っています。自分のキャリアの現時点で、パフォーマンスを向上させてくれるラケットだと思います。

——リーボックの服と靴は？

リーボックとの関係は現在に至るまで続いており、必要なものはすべて提供してくれます。最近、私はリーボックの襟なしシャツを着ています。試合でTシャツを着る場合にはルールがありますが、リーボックの襟なしシャツはTシャツではないとATPを説得しました。

——足首につけているそれは何ですか？

キャラシー社製のサポーターです。足首を捻らないように付けています。一九九一年の怪我以来、これがとても役に立っています。

——時差ぼけにはどう対処しますか？

時差、十数時間ものフライト、狭い機内で眠れないなどの様子は人目にさらされませんが、私の人生のかなりの割合を占めています。年を取るにつれ、時差ぼけはきつくなってきていますが、どうにか対処法を身につけました。アメリカからヨーロッパに飛ぶ場合は、たいてい昼近い午前中に到着します。着陸直後から、すぐに全力で活動し、夜まで眠らないようにします。それから疲れ果ててベッドにひっくりかえるので、八〜十時間ほど熟睡します。アジアやオーストラリアに飛ぶ場合は、十時間か十四時間後に疲れ果てて到着するのが一日の終わりか夜間ですから、ホテルのベッドに直行です。

夜間飛行か太陽を追って長時間飛んで別の大陸に行くとき、良い試合をするためにも、体を是が非でも休めないといけないことはわかっています。けれども、睡眠薬やメラトニン、総合風邪薬のシロップなどを飲むことはありません。時差ぼけに対しては、自然に体が調整するのを待つようにしています。

——魚釣り以外に何か趣味がありますか？

ゴルフです。それもかなり本気のです。二〇〇〇年のクリスマス休暇にゴルフを試して以来、やみつきになりました。始めたときはどうしようもなかったのですが、今はコンスタントに八〇台のスコアを維持しています。カールもゴルフが好きなので、どっちがピン近くに打てるか競うのが楽しみです。カールのほうが上手で七〇台です。将来はもっとゴルフをやることになりそうです。今は旅ばかりしているので可能なときだけですが、それでもときどきゴルフクラブを持って出かけることもあります。

もう一つの楽しみは歌です。マーサー島では月曜の夜に教会に立ち寄り、次の日曜礼拝に向けてのバンド練習に加わります。ステージの上でマイク片手に歌う私を想像するのは難しいでしょうが、歌うのが大好きな両親に育てられたので、私にも音楽好きがうつったのだと思います。

私が歌うのが好きというのをだれかが言いふらしたのでしょうか、英語と中国語の両方で歌うので、ソニーレコードが一九九七年、アジアのファン向けにCDを出さないかと打診してきました。クリスチャンソングを一、二曲入れてもよければとの条件を付けました。ソニーは私に声楽のレッスンをつけ、実際にレコーディングが可能かどうかを探りました。何度か声楽のレッスンを受け、一度はネバダ州ヘンダーソンのわが家まで先生に来ていただいたことがあります。マライア・キャリーなど有名人を指導してきた先生は、二時間のレッスン後、ソニーにこれならいけるとゴーサインを出しました。

「レッスンを続けなければなりませんよ」と最後のレッスン時に先生は私に言いました。

「シャワーの中で歌うのも練習のうちですか？　または、運転中はどうですか？」と尋ねました。

先生は微笑みながら、「シャワーで歌うのは練習のうちではないですね」と言いました。次はレコーディングスタジオで歌ってみました。台湾のスタジオに行き、数日間かかって、同じ箇所を何度も何度も吹き込み、ボイストラックを録るうちに、歌を歌うのも一仕事だとわかるようになりました。スタジオに顔を出して、ちょっと歌って終わりというわけにはいきません。一曲の歌の録音に時間を相当取られるなら、アルバムを作っていくのは大変な作業だろうと思い直しました。

中途半端に物事を対処するのは好きではありませんし、昼間の仕事（テニス）を辞めて歌手になるつもりはなかったため、結局ＣＤのプロジェクトは辞退することにしました。

――アジアのファンについて一言

素晴らしいファンたちです。テニス選手団のホテルに泊まっていなくても、必ず私のホテルを突き止めてしまうので、頭の良さに舌を巻きます。私の個人的なアドレスにメールを送りつけてきたこともありました。私が香港のトーナメントで試合をしていないときでも、私が香港にいることを突き止めます。どうやって情報を入手しているのかは今もわかりませんが、ホテルのロビーに出ると、必ず十人以上のファンがカメラを持って待ち伏せをしていて、サインを求めてきます。そのうちの何人かとは知り合いにもなりました。中でもヘイリー、ウィンキー、ビッキー、エマは特別で、毎年必ず香港空港で私を出迎えてくれます。

この四人の女性たちは二十代半ばです。ということは彼女たちが夢見る中学生のころ、この私が初恋の相手だったのかもしれません。最後の香港行きのとき、「もう、追っかけをするには歳とってきちゃったかも」と四人のうちの一人が言い、みんなで大笑いした思い出があります。

日本にはミエコさんという若い女性がいて、必ず「幸運を」という手紙をくださいます。ミエコさんは全豪オープンにも全仏オープンにも来てくれました。テニスが本当に好きなのでしょう。

――大好物はなんですか？

中華料理は何でも好きですが、中でも水餃子が好きです。豆腐や牛肉麵などもいいですね。母の手料理が大好きです。中華料理をしばらく食べないと、口が寂しくなります。体はそれほど大きくありませんが私は大食漢です。一日に四回食べても、まったく太りません。

――グランドスラム以外では、どのトーナメントが好きですか？

私の長いキャリアの中で、グランドスラム以外で毎年出場してきたトーナメントが一つだけあります。メンフィスです。二つの理由があります。トーナメントの代表トミー・バフォードが素晴らしい人であること、それから、たいてい私の誕生日二月二十二日とトーナメントが重なるからです。試合が終わると、トミーが必ず大きなバースデーケーキをワゴンに乗せてコートに持ってきてくれます。私が照れるなか、毎年三〇〇〇人の観客が「ハッピーバースデー、ディアマイケル」と歌ってくれるのが恒例のお楽しみです。

この室内トーナメントは、メンフィスのラケットクラブで開催します。ツアーの中ではもっとも温かい雰囲気の会場で、ファンたちとの親交も楽しめます。まるで自分の膝の上にファンが座ってしまうかと思うほど距離は近いのですが、彼らは本当に親切で温かい人たちです。また、トーナメントで働いている人たちとも友だちになりました。メンフィスは「南部のもてなし」を初めて経験した場所でもあります。

——これまでに一番恥をかいたのは?

それは難しい質問です。なぜなら恥をかいたことは山のようにあるからです。けれども、目立つのが一つ。それは、メンフィスでのことです。旅の終わりにホテルにチェックインする際、フロントでマイケル・チャンという名前は使いません。もし本名を使ったら、電話は二十四時間鳴り続けて寝られなくなり、プライバシーがなくなるからです。

全米国際インドアテニス選手権のある年、「クリスチャン・ブラザーズ」という偽名でチェックインしました。良い偽名だと思いませんか? ところが、だれかが——思うにホテルで働いていた女性従業員だと思うのですが——私のクレジットカード番号を書き取り、アメリカの有名な女性下着店に注文を入れ、セクシーな下着をメンフィスのラケットクラブ「クリスチャン・ブラザーズ」宛に届けさせたのです。

その小包みは、トーナメント終了一週間後に到着しました。私が使った偽名を知っていたトミー・バフォードが下着の店から、しかも試合が終わってから届くのはおかしいと思いながら小包みを開けました。

その日、トミーから電話がありました。いつもと声の調子が少々違いました。「マイケル、きみの義理のお姉さんだけれどね、下着をクラブ宛に注文したかね？」

「いいえ、そんなことダイアナはしませんよ。」

「ああ、ほっとした。すごい派手なやつなんだよ。それにみんな特大サイズだ」とトミー。

「特大？」

「サイズ十六号。」

だんだんと恥ずかしくなってきました。

「トミー、だれかがぼくのクレジットカードを使ったんじゃないかな？　調べてみるよ。」

やはり思ったとおり、だれかが私のカード番号を盗用し、フリルのついた下着を注文し、メンフィスに届けさせたのです。早速カードを止めました。

カード番号を盗用されたのは、これが初めてではありません。一度はカード会社から電話がありました。担当者は「チャンさん、カードから不審な引き出しがありました。この二、三日、リノにいらっしゃいましたか？」

「いいえ、シアトルです。」

「リノにいるだれかが、五〇〇〇ドル使おうとしています。」

義理の姉ダイアナは、〝特大の下着を注文していないときは〟（というのは冗談！）、私の会計を担当してくれています。そして、不自然な支出や引き出しがないかと常にチェックしてくれています。

――コンタクトレンズのようですが、メガネでプレーしたことは？

視力があまり良くないので、プレーのときコンタクトが必要です。夜の長距離飛行のときはメガネにしますが、常用はしません。メガネを使うと目がかえって疲れます。

コンタクトをするようになって、かれこれ十四年ほどになるので、入れるのに二秒とかかりません。旅をするときは二～三箱持っていきます。全部、一日の使い捨てのものですが、くもってきたら取り替えるようにしています。

一九九二年ウィンブルドン後の一週間、スイスのグスタッドでプレーしました。アルプスの青い空、まるで絵本の中のお菓子の家のようなログハウス、そしてスイスチョコレートは実に美味でした。けれども、標高が高いせいで酸素が薄くなり、コンタクトがすぐにくもって、まるで二時間ほど泣き続けたかのように目が真っ赤になりました。

それで、最初で最後でしたが、メガネをかけて試合をしました。ダブルスでカールと組み、ファブリス・サントロとアモス・マンスドルフと対戦。午後六時からの試合でしたが、アルプスは太陽の光を受けて輝いていました。

試合開始直後、「なんで空に雲が出ているんだろう」とカールに聞きました。

「何？　雲だって？」と答えながらカールは私のメガネがくもっているのを見つけ、「お前が何でそんなことを言ったのかがわかった」と笑い出しました。

翌日は薄いコンタクトレンズに変えました。もう天気の良い日に雲を見ることはありませんでした。


――サインはこれまでに何回したでしょうね。


考えただけで手がだるくなる。トーナメントで大都市に行くと、一日に五十回から百回はサインをします。一年に二百日そういう日があるとすると、一九八九年から毎年、少なめにみても年に一万か二万のサインをしているはずです。たぶん二十万回前後、自分の名前を書いたことになるのかな。

初めのころは、神を知らない人のために、「神はあなたを愛している、M・チャン」とサインしていました。そうすれば、神のことを知らない人たちに紹介することになると思ったのですが、あるときから、変えることにしました。マレーシアのクアラルンプールでの試合のとき、若い女の子にサインを求められました。一九九一年だったと思います。

サインに応じたところ、彼女はサインを見て「『神はあなたを愛している』と書いてくれるのは素晴らしいけれど、あなたがどの神様のことを言っているのかを知らない人は多いですよ」と言いました。

彼女の言ったことは正しいと思いました。以来、私は「イエスはあなたを愛している！　M・チャン」に変えました。

サインを頼んでくる人たちはいつも「ありがとう」と言ってくれるのでありがたいです。

――何千回とインタビューされましたが、中でも印象に残る記者は？

バッド・コリンズは、いつも公正に、そして好意的に書いてくれます。彼を見かけたら、いつも挨拶し、しばらく一緒に過ごします。全仏オープンとウィンブルドンでの、コリンズとディック・エンバーグの実況中継を聞きながら私は育ちました。彼はテニス記者として断トツだったし、とても尊敬しています。

もう一人は、ロサンゼルス・タイムズのスポーツ欄の記者ジム・マーレイ、彼の記事はいつも楽しみです。この数年で、ジムは私について六、七本のコラムを書いたと思います。彼個人を知る機会はありませんでしたが、インタビューのプロです。信頼できるジャーナリストの一人です。

何千回もインタビューされるうちに、ジャーナリストが、自分たちの質問にどう答えてほしいかがわかるようになったうえ、何を言ってもらいたいかも察することができるようになりました。ネガティブな記事を書きたがっているときは、特にピンときますが、まあ、人それぞれのやり方があるということです。

――テニスのコメンテーターとしては、だれが断トツですか？

グランドスラムの実況は、たいていジョン・マッケンローのようです。コメントはうまいし、面白いですが、自分としてはテニス選手ではないディック・エンバーグや、テッド・ロビンソンがいいですね。バッド・コリンズは過去の試合の歴史を盛り込みます。また、多彩で豊かな描写をするメアリー・カリロのファンでもあります。メアリーもバッドも、選手がベストを尽くすところを一番観たいという熱い思いが伝わって来るのです。

——中国語を話しますか？

その質問は、マンダリン（標準中国語）を話しますか？と言い換えるほうがよいと思います。答えはイエスとノーの両方です。父と母はカールと私が幼いときは、マンダリンだけで話していました。しかし、カールが小学校に上がったとき（私は三歳でしたが）、両親は英語に切り替えました。そのころは宿題も英語だったので、英語だけに統一するほうが楽でした。その後の人生は全部英語です。移民の家庭では、子どもが英語のネイティブスピーカーになることを奨励します。なぜなら両親は、さまざまな人種が混在する偉大なるアメリカ合衆国の一員として、私たちが生きていくことを望むからです。

一方で、簡単なものですが、私はマンダリンでの会話を学びました。香港や上海で買い物し、人々と挨拶を交わし、短い会話をすることもできます。深い話になると、ついていけなくなります。英語が母国語の者にとって、マンダリンは難しい言語です。

けれども中国に行く都度、私のマンダリンは改善され上達しました。アメリカに戻るたびに前よりも流暢になり、語彙も増えていることに気づきます。マイクを渡されて、短いスピーチをしたこともあります。上海でハイネケン・オープンで優勝したときもそうでした。

最後になりますが、いつかマンダリンを流暢に話せるようになりたいと願っています。練習すれば可能です。自分に子どもができたら、その子どもたちにもマンダリンを話してほしいです。中国文化は私たちが受け継ぐべき遺産だからです。

――ダブルスになぜ、力を入れなかったのですか?

ダブルスをもっとやりたかったのですが、グランドスラムやほかのトーナメントが主流ななか、ダブルスに力を入れているトップ選手たちはほとんどいません。それは残念なことです。私はダブルスが好きですが、現実は厳しいのです。男子の場合、グランドスラムの試合が5セットマッチで行われるかぎり難しいと思います――これはおそらく変わることはないでしょう。そのうえ、試合の二週目まで勝ち残りたいなら、シングルスとダブルスの二兎を追うには体力的な限界もあります。ダブルスで疲れていたら、自分よりも体を休ませて調整したトップ選手とグランドスラムで戦うことになるので、シングルスが犠牲になります。それに伝統的なグランドスラムの大会のシングルスで好成績をあげれば、スポーツ界においてキャリアが認められます。

比較的小さいトーナメントで試合をすると、ダブルスは一日の最後のプログラムに組み込まれます。屋内トーナメントでは、ダブルスは夜の十時から始まりますから、一日中シングルスで戦っていれば、その時間は翌日のために休む必要があるのです。雨で試合が延期される場合もあります。天候が不安定なイギリスのウィンブルドンでは、火曜日にダブルスの一回戦をし、八日後の水曜日に第二回戦をした選手たちがいる話を聞いたことがあります。八日後ですよ！

――あなたはアジアで大変有名だそうですが、本当ですか？

赤面のいたりです。私のことを「アジアのマイケル・ジョーダン」だと聞いたり、あるいは香港の裏道を歩くときは警官の護衛が必要だと耳にされたりしたのでしょうか。前者はどうかわかりませんが、後者は本当です。香港のホテルを出るときは警備員の助けが必要でした。日本、香港、中国、台湾、シンガポール、マレーシアに特別なファンがいます。私はアジア系ですから。

――ビリー・グラハム大会のような伝道集会に参加したことは？

スタジアムでの大きな集会に今まで参加したことはありません。ですが、ビリー・グラハム伝道協会のために、キリストについての証しを語ったテープを送ったことはあります。それは一九九五年に開催された国際大会で使われました。その年の三月、グラハム博士はプエルトリコのサンフアンにあるヒラム・ビソーン・スタジアムの伝道集会に行かれました。スタジアムに隣接する屋内アリーナに、おびただしい数の機材が持ち込まれ、彼のメッセージは世界一八五か国に中継されました。

アリーナのブースでは、有能な通訳がグラハム博士のメッセージを四八か国語に同時通訳し、そのときに私の録音テープも、マンダリンに通訳され、中国語圏に流されました。同時に、中国人クリスチャンで結成された音楽も届けられました。
青少年伝道イベントには、いくつか参加したことがあります。一九九七年に首都ワシントンとロサンゼルスで開かれたユース・フォー・クライストの大集会には、数万人のティーンエイジャーが集まりました。

――ラケットのストリングはどのぐらいの頻度で変えますか？

クレーでの試合時は、ナチュラルガットストリングを使います。よくもったときで、試合後の二十分から三十分で、ストリングの一本が切れるのが普通です。一日に十本のストリングがダメになります。ということは、トーナメント会場に常駐するストリンガーに足繁く通うことになります。クレーの粉塵はガットを二つに裂きます。三十分に一回はそれをやるので、試合中もカールがストリンガーと会場の間を消防士のような切迫感をもって、行ったり来たりするのです。

――一年に何キロほど空の旅をしますか？

とにかくすごい距離です。ユナイテッド航空のプレミア会員とデルタ航空のスカイマイルのメンバーになっています。最近はシアトル空港から、ユナイテッドとデルタを使って飛ぶことがほとんどです。両方で、それぞれ約一六万キロ飛んでいます。多くの人々がそうしているように、私もクレジットカードで買い物をする際、マイレージがもらえるよう手続きしています。便利なシステムです。

兄の結婚式がミッションビエホであったとき、式の数か月前に母が「マイケル、マイレージがたくさんあるでしょ？　カールとダイアナはおじいさんとおばあさんのほかにも、親戚をニューヨークから招待する必要があるでしょ。お前のマイレージを使えば、二人がお金を使わなくてすむわ」と言いました。そんな母の願いを、はねのける息子がどこにいるでしょうか。喜んで七人分の切符を引き受けました。

——夜更かししますか？　それとも早起き？

早起きです。早朝に起きて、その日に何が起こるだろうかと思いを巡らせるのが好きです。

——どんな本を読みますか？

キリスト教関係の本を読みます。特に、マックス・ルケードが好きです。彼は素晴らしいストーリーテラーです。そして、彼の小作品をまとめた本がたくさんあります。私は、自分が気に入った作家の本を読みあさる傾向にあります。教会の人や友人の推薦なしに、適当に本を選んで読むことはしません。

アトランタ周辺のチャールズ・スタンリー牧師も私の大好きな著者です。彼の「インタッチ」というプログラムは日曜朝のテレビでもやっています。チャンネルを探していて「インタッチ」が放映されていると、必ず見ることにしています。スタンリー牧師はまた、たくさんの教育用テープを出しています。私もいくつか注文しました。

——テレビはよく見ますか？

ツアー中は、必ずＣＮＮニュースを見て、アメリカや世界各地で何が起こっているかをチェックします。世界のどこのホテルでもＣＮＮは見られますから。

ですが、家にいるときはあまりテレビは見ません。子どものときには漫画やホームコメディなどを見たものですが、今はもう見ません。テレビを見なくても生活できます。

——試合の最中に、邪魔されて中断を強いられたことはありますか？

もちろんです。それは日常茶飯事です。それは、ルール内なら、勝つためにやるべきことはすべきであるという、ゲームズマンシップと呼ばれます。そのゲームズマンシップが原因で、いくつかの試合を犠牲にしたこともあります。例を挙げてみましょう。ある選手と試合をしていました。自分のサービスでした。ボールを二度バウンドさせてから相手を見ると、相手が手を上げて、準備ができていないという合図をしました。テニスというゲームは、ペースとリズムから成り立つものですから、相手がその流れを邪魔すると、リズムが狂ってしまう危険があるのです。

この選手とは何度も対戦していましたから、何をしようとしているのかが、すぐわかりました。サービスのモーションを崩そうとした彼に、このときはとっさに対処法を思いつきました。審判に向かって、彼に用意ができているかどうかを聞いたのです。審判は「準備は良いですか」と尋ねました。彼は「もちろんです」と答えました。審判から注意されたことが、彼の気力を奪ったのです。チャンのアドバンテージでした。

テニスでは、コートの上でのゲームのほかに心理戦もあります。相手は私の頭の中をこじ開けて入って来ようとするものです。

——全仏オープン優勝のときのように、これからもアンダーハンドのサービスをしますか?

しないと思います。パリのイワン・レンドルのときは特別でした。あれが最初で最後だと思います。

第14章　次は何？

一九八九年、全仏オープン優勝直後にまず聞かれたのは、「今後、もっと多くのグランドスラムに挑戦しますか？」という質問でした。

「自分に限界を設けたくありません」と、その記念すべき日に答えました。『マイケル、きみは全仏で勝ったけど、それだけだね』と言われたくありませんでした。コト・デ・カザにある両親の家に飾られているグランドスラムのトロフィーは、神の奇跡が働いたおかげで獲れたローラン・ギャロスのものただ一つ、というのはありそうなことでした。

テニス選手の偉大さとは、どれだけ多くのグランドスラムでタイトルを獲ったかで判断されます。全仏オープン、ウィンブルドン、全米オープン、そして全豪オープンが四大タイトルです。そのうち一つでも獲得したら、エリート選手クラブへの仲間入りを意味します。

けれども、私は再びグランドスラムのタイトルを手にすることはありませんでした。本当にもう少しのところでした。そのうえ、あと一戦勝ったなら世界ランキング一位になることができたのです。

それらを達成していたら、どうだったろうかと想像するとき、私は何をどう感じるでしょうか。迷わずに答えます。私は信じがたいほどに素晴らしい存在を身をもって体験してきました。私にはテニスで一番になる必要はありませんでした。豊かで祝福に満ちた人生を送るために、もう一度グランドスラムで優勝する必要はありません。旅の過程は目的地よりもずっと大切でした。テニスのキャリアで過去数年間に遭った試練のおかげで、以前よりも、ずっとましな人間になったと思います。試練から抜け出た今、私の人間性を練ったつらい時期があったことを心から感謝しています。

将来を見つめて

引退したら何をしようか。駆け出しのころにこの質問をされていたら、海洋生物学者とか、大学に戻るとか答えたでしょう。今はそうは思いません。もっとも何かを勉強するのは面白そうですが、学生になる気はまったくありません。

いずれにせよ、テニス関連のことをするでしょう。この書物の行方と同様に、具体的に神がどう私を使われるかは不透明です。プロのテニス試合ではないことだけは明白ですが、あらゆる方法で自分がこの分野で用いられることを望みます。おそらく私のアジア系の血筋のせいかもしれませんが、中国絡みだと思います。中国の人々への思いがあります。中国やほかのアジアの人々に対する、伝道に参加することを真剣に考えたいです。長年かかって私のうちに培われたことを、多くの人たちと共有できればうれしく思います。アジアの人々に対して私の存在が励ましとなり、その人たちがテニスコートの内外で偉大なことを成し遂げるために元気を与えられたら幸いです。

九章で述べたように、そろそろ結婚して家庭を持ち、マーサー島の家に落ち着きたいとも思います。まだ、ロッキングチェアに座り込むには早すぎます。二、三週間釣りをしたりゴルフをするのは良いですが、生涯を通して生産的なことがしたいです。

何人かの人に、引退したらほかの新しいスポーツをやってみては、と言われました。スノーボードやロッククライミングを始めようとは思いません。バンジージャンプはごめんです。パトリック・ラフターが数年前にやったように、橋からジャンプするのは嫌です。ゴルフを続けますが、上達しなければがっかりすること間違いなしでしょう。

イワン・レンドルのゴルフシューズのスパイクの跡に続くつもりはありません。一九九四年に腰を痛めて引退した彼は、心からの楽しみであるゴルフの試合に積極的に参加しました。イワンは今や熱烈なゴルフマニアです。練習を重ね、努力し、素晴らしく上手になり、ゴルフトーナメントで二度優勝しました。（面白いことに、イワンはアメフトNFLの偉大なるジム・ブラウンや、野球のマイク・シュミットのようにゴルフの大会で優勝したときのほうが、テニスで優勝したときよりもずっと興奮したそうです。）

私の引退の時期は、いつごろはっきりするのでしょうか。よくわかりませんが、あと一、二年はツアーに参加するつもりです。テニスのキャリアで、何か素晴らしいことが起こる予感が、いまだにいつもするからです。それ自体が私に元気を与え、キャリア続行が可能になるのです。それに、神が何を用意してくださっているかは、だれにもわからないのですから……。

マッチポイント

プロの選手生活の終盤に近づくと、人々の記憶にどのように残りたいかという質問をよく聞かれます。それに答えるのは簡単ではありません。本書を読んでもらえば、私自身について、その人生、信仰、性格、家族の大切さなどについて知っていただくことができると思います。

一九八九年全仏オープン優勝から数か月後に、ロサンゼルス・タイムズのスポーツ記者ジム・マーレイによって書かれたコラムは、正直に私とテニスのキャリアについて、的を射て書かれています。彼がこれを書いたのは、まだ私が十七歳のときです。けれども、いろいろな面で、ジム・マーレイの洞察は正しかったと思います。（そこで許可を得て）その記事を左記に載せさせてもらいました。あらゆる点で、ジム・マーレイが記事に書いたマイケルが、みなさんの記憶の中に残ればと願っています。

「この少年はテニスのチャンピオンになれるほど性悪ではない」

ロサンゼルス・タイムズ、一九八九年九月二十二日
ジム・マーレイ

ボリスとかイワンとかいう名の選手たちがわれらの全米オープンで活躍するのを見るにつけ、わが国のテニス界が恥ずべき状況にあることはご存じのとおり。ボリスやイワンなどという名前はB級映画でおなじみだが、センターコートの大見出しになっていいわけがない。

そこで、三十四年ぶりにヤンキー（アメリカ人）が今年の全仏オープンで優勝したとあって、多くの人々が大いに元気づけられた。勝ち上がっていく中で、対戦相手のイワンとアンドレイを惨敗させ、いつも出てくるあのスウェーデン人をひどい目に遭わせた。熟達した十七歳だ。

マイケル・チャンはすぐに、アメリカテニス界のヤンキー・ドゥードゥル・ダンディ（訳注「ブロードウェイの父」と呼ばれ、第二次世界大戦中に愛国的な歌や軍歌を作詞・作曲して国威高揚した人物の伝記映画）のような寵児になった。私たちをビル・チルデン、ドナルド・バッジ、ジャック・クレーマー、アーサー・アッシュのころの、過去の栄光の日々に連れて行ってくれる。

彼ははたして、アメリカのテニス界を救ってくれるだろうか？

いいや、無理だろう。

祝勝気分をしらけさせるつもりはないし、パレードに雨を降らせるようなことはしたくはないが、若いチャン名人をチェックして見たかぎり、彼にチャンスはないと言わざるを得ない。

彼が弾丸のようなサーブを持ち合わせていないのは心配無用だ。ボビー・リッグスだって、ビック・セイシャスだって武器になるサーブは持ち合わせていなかったが、ウィンブルドンと全米で優勝した。マイケル・チャンが常に自分よりも大きく、強く、時にはすばやい選手たちと試合をすることについても心配はない。ビッツィー・グラントも同様だったが、問題なしだった。

そんなことではない。私が心配するのは、彼が今の時代のテニスチャンピオンになるために上手に教育されていないという点だ。バックハンドボレー、ゆっくりとしたロブ、ドロップショット、ラインに沿ったフォアハンドなどは、すべてクリアできている。

しかし、ラケットを地面に叩きつけることや、線審をいじめ、主審にかみつくことも習わなければならない。彼が偉大なテニスチャンピオンになるためには、罵り言葉の語彙が千個ぐらい不足している。

テニスチャンピオンたちは間違ったことばかりに集中してきた。冷静な人ならだれでも、現代テニスで成功するには何が必要かは一目瞭然なはずだ。それは腐った根性、不機嫌さ、泣き言をいうメンタリティーだ。

私が見るかぎりでは、マイケル・チャンはこのようなテクニックをまったく持ち合わせていない。

彼はわがままで甘やかされた悪ガキでもない。トーナメントの委員会を威圧し、敵対者を苛立たせ、国際関係を緊迫させ、ボールボーイたちをこき使い、客をバカにし、ふくれっ面をし、口をとんがらせ、愚痴をこぼす――これらすべての要素が私たちは大好きで、本物のチャンピオンに期待しているのではないか？

チャン名人は今すぐにでも自分の部屋に戻り、イリ・ナスターゼ、ジョン・マッケンロー、ジミー・コナーズのビデオを見て、メモをとるべきだ。ジョン・マッケンローがイギリスのテニスン卿、アーサー大王、獅子心王リチャードとウィリアム・シェークスピアに向かって「最低」と叫んだところでビデオを止めるように。イリ・ナスターゼが不幸な女性線審のアウトというジャッジに怒り、彼女に唾をはきかけたところで写真を撮って。ジミー・コナーズとマッケンローの口から悪態が流れ出てくるときには音量を上げるように。テニスのチャンピオンシップを正しく学ぶべきだ。

コートでのマイケル・チャンを見てみよう。ポーカーフェイスで謎めいていて、忍耐強く、ただそこに立っている。マイケルは校庭で絶対に敵に回したくない静かなタイプの男の子なのだ。敵に回したら最後、必要とあらば三日かかっても応戦してくる相手だ。そして、そいつに勝つためには殺すしかない。

マイケル・チャンはそういう調子なのだ。試合が毎度四時間かかるのは問題なし。五時間でも六時間でもかまわない。彼は葬儀のときのように真面目だ。顔の表情にもあまり変化はない。ただそこに立ち、ボールを返してくるだけ。しかも、もっとも予想しない場所に返してくるのが常だ。

しかし、主審のコールが彼にとって逆風となったとき、よく観察するといい。そのときに、マイケルがまだまだ学習不足なのが明白になる。彼は軽く頭を下げ、ボールを二度地面にバウンドさせ、ラケットを上げてサーブをするだけ。怒りの爆発はない。甲高く叫ぶこともない。審判台に向かって歩き出すことは決してない。怒りで首筋の血管が浮きだすこともなく、顔も赤くならず、汚い言葉も口から出ない。

勝てば神に感謝する。時間があると聖書を読む。なんというウィンブルドンへの準備だろうか？このようなマナーの良い選手が、わが国で世界ナンバーワンになった試しがあっただろうか。

一世一代のテニスをするための、多くの細かいことを学ぶ時間が、マイケル、きみにまだ残されているだろうか。テニスコートで大成功するためには、一流の大バカ野郎にならなければならない。多分、無理だろう。彼には大バカ野郎になれるバックグラウンドがないからだ。マイケルは、ヨットが沈んだから、やむなくテニスに転向したロングアイランドの富豪の息子ではない。マイケルはホーボーケンで生まれた。両親のジョーとベティー・チャンは、アメリカの移民だ。ジョーの家族は一九四八年、文化大革命で中国を逃れた。ベティーは中国の外交官の令嬢でインド生まれだ。

癇癪はこの家庭の血には流れていない。マイケルは両親から学ぶほかないだろう。家族が南カリフォルニアに引っ越したとき、マイケルはサーフボードの代わりにテニスラケットを手にした。なぜなら、仲間の中で彼だけが、浜辺にいるだけで船酔いしてしまうからだ。

「ビーチを走るだけで船酔いする」と彼は言う。

野球は、ある晩テレビでデッドボールの事故の再放送を観たため、やめておいた。「何度も何度も、気分が悪くなるまで放映は続いたんだ」と彼は言った。「もしボールに当たるならテニスのボールがいいと決めた。」

テニスでは早熟で、十二歳で全国大会優勝、十五歳で全米オープン一回戦を突破。その勝利で彼はウィンブルドンに六十年ぶりの最年少選手として出場した。

マイケルは数年の間にさまざまなテニスの教育を受けた。しかし、一番信頼しているのはマタイ、マルコ、ルカ、ヨハネ（新約聖書の福音書記者）の四人である。その四人のだれも、ラケットを投げたり、主審に悪態をついたり、報道陣を蔑むように彼を仕向けない。彼の信仰心は家族から来ている。

「私の曽祖母は台湾でガンにかかりました。そしてガンが末期だとわかると、曾祖母はイエス・キリストにより頼んでみたらと教えた友人のところに行きました。曽祖母はクリスチャンになりましたが、その後ガンは奇跡的に治ってしまいました」とマイケルは説明する。

クリスチャンとしての強い信仰が、今もチャン家に脈々と流れている。

「子どものときは飽き飽きしていましたが、あるとき、牧師が人生の奥義は聖書の中に隠されていると話したのを聞きました。好奇心がそそられました。聖書が語っていることは、正しいことをしなさいということ。それなら、もっと良い人間になろうと決心したのです」とマイケルは言う。

問題は、もっと良い人になると、悪い選手になってしまうことだ。

マイケル・チャンは、今週ＵＣＬＡテニスセンターで開催されるファーマーズ・クラシックのトップシードだ。ということは試合に子どもを連れて来ても、彼がミスをしたときに親は両手で子どもの耳をふさぐ必要がないということだ。マイケル・チャンが神の名を口にするときは、祈るときで、呪いの言葉ではない。

しかしながら、アメリカのテニスには維持すべき定評というものがある。もし、マイケル・チャンにそれができなかったら、昔のマッケンローのテープを次のグランドスラム直前に彼に見せればいい。そうでもしなければ、マイケルの今のプレーだと、世界の人々はアメリカ人を好きになってしまうかもしれない。

第15章　最終段階の成功

成功哲学のエキスパートとして知られるピーター・ロウのサクセスセミナーに講師として招待されたことはありませんが、ポジティブ志向を学ぶことができる終日続くセミナーには、元アメリカ大統領ジョージ・ブッシュや、その夫人バーバラ・ブッシュ、故元イギリス首相マーガレット・サッチャー、元陸軍大将コリン・パウエル、ブロードキャスターのラリー・キング、元フットボール選手ジョー・モンタナなどの著名人たちが出演するので有名です。アリーナには、全米から一万六〇〇〇人の人々が押し寄せるほどの人気があります。

午後のプログラム半ばで、主催者ピーター・ロウが成功の五段階について話します。成功の第五段階目を「信じる者には、すべてが可能だと言っているのはだれでしょうか？」と言い、最終段階は神に基づくのだと言います。

この言葉は、ビジネスマンの聴衆を惹きつけます。ピーターは続けます。「さて、私の話は、ほとんどこれで終了ですが、もし、私の十四分間の『おまけの講義』に残って、いったいどのようにして、自分の人生に神を当てはめたらよいのか知りたい方は、ご自分の席にとどまってください。一分間の休憩の後に再開します。」

同じように、本書はこれで終わりです。これ以上、読む必要はありません。けれども、もう少し読んでもいいと思う方には、どのようにしたら神を、自分の人生の一部にすることができるかをお話ししましょう。

これから語ることは、私の心から直接湧き上がってきた言葉です。どうして自分がテニス選手として成功したかと考えても、適切な答えは見つかりません。なぜなら、神のみこころの深さを知ることは、だれにもできないからです。ただ、神が私を試合に勝たせたのは、人々の前で私がイエス・キリストを証しするためだったと思います。ですから、全仏オープン優勝以来、私は自分をラケットを持った伝道者だと自負しつつ、今日に至ったのです。コート・セントラルから説教をしたことはありませんが、私は自分の人生をキリストを現す者として生きようとしてきました。そうすることによって、多くの人々がキリストに出会えたならと願います。福音とは、グッドニュース（良き知らせ）です。イエス・キリストは私たちのところに、人となって来られました。そして、十字架にかかって死に、三日目によみがえりました。キリストの十字架によって、父なる神の御愛が、私たち人間にあふれんばかりに注ぎ込まれてきたのです。

若いころの私は、テニスの勝敗にこだわりすぎました。けれどもクリスチャンになってから、見方が変わりました。勝利だけでなく、負けることを通しても、神が私の人生に触れてくださることを知り、心の平安を得たのです。もちろん過去数年、世界ランキング一〇位以下に落ちたのは苦しいことでしたが、どんなときにも神に栄光を帰すということを、奮闘しつつも実行してきました。すべてのことに、神の目的があることを知っています。そのことを信じることで私は自由になりました。

私にとってキリスト教の真の意義は、キリストと個人的な関係を持つことにあります。主を知る喜びは、どんな喜びにも勝るものです。この素晴らしい喜びを、あなたにも味わっていただきたい。私が知っているその豊かなご自身の愛を、神は私を通してあなたにも伝えたいと願っておられます。その愛は寛容であり、親切です。その愛は、変わりたいと願わせる偉大な愛なのです。あなたの深く傷ついたところを癒してくださる愛なのです。

強引にキリスト教を押しつけるつもりはありません。なぜなら、神はそんなふうにして、あなたを無理やりご自分に向かせようとは思っておられないからです。意味ある、面白い、永遠に続くキリストとの関係を、あなたが発見すること、そして、神が造られた本来の素晴らしいあなたになることを願ってやみません。あなたの人生の、ほんの小さなことにも神は心にとめられ、あなたと本当に親密な関係を築きたいと願っておられるのです。旧約聖書の詩篇一三九篇一三―一六節には、次のように書かれています。

それはあなた（神）が私の内臓を造り、
母の胎のうちで私を組み立てられたからです。

私は感謝します。
あなたは私に、奇しいことをなさって
恐ろしいほどです。
私のたましいは、それをよく知っています。
私がひそかに造られ、地の深い所で仕組まれたとき、
私の骨組みはあなたに隠れてはいませんでした。
あたたの目は胎児の私を見られ、
あなたの書物にすべてが、書きしるされました。
私のために作られた日々が、
しかも、その一日もないうちに。

「ローマの道」と親しみを持って呼ばれる新約聖書ローマ人への手紙には、すべての人は、罪を犯した（三章二三節）とあります。罪から来る報酬は死（同六章二三節）ですが、キリストが私たちのために死んでくださったことにより（同五章八節）、私たちは信じ、イエスは主であると口で告白して救われます。なぜなら、救いはイエス・キリストを通してのみ与えられるからです（同一〇章八―一〇節）。

もし神がその強い御手で、あなたの心を引っ張っていると感じるならば、もし、あなたが神を自分

の心の中に迎え入れたいと願い、神が救ってくれると信じるなら、次のことをすればよいのです。

1　**自分には神が必要だと認める。**
2　**罪から離れて、自己中心の生活をやめる。**
3　**イエス・キリストがあなたを救うために十字架にかかり、死からよみがえったことを信じる。**
4　**あなたの人生にキリストを招く。**

もし、あなたがキリストを自分の人生に受け入れる用意があるなら、次の祈りを今、私とともに祈ってください。

イエスさま、今、私はあなたのもとに来ました。私は自分が罪人であることを認めます。私はあなたに対して犯した罪を悔います。この罪のために、あなたが十字架にかかってくださり、そして三日後によみがえったことを信じます。私があなたを信じれば、あなたとともに永遠のいのちに与ることができることを知っています。赦してください。そして、私の人生にあなたをお迎えします。アーメン

祈りましたか?　もし祈ったなら、神の御国へようこそ!　神はあなたに目をとめ、あなたを導き、

教え、愛し、あなたがこれまでいつも求めていた心の平安を与えてくれます。今、あなたが祈ったことを、友人や教会の牧師に告げてください。

最後に、神が私に与えてくださった、この人生の旅に加わってくださったことに感謝します。これまで私は神に喜ばれようと「サーブを続け（hold serve）」その一瞬一瞬を心から楽しんできました。どうぞ、お元気で。神の祝福がありますように。この神だけが、あなたを祝福できるお方なのです。

おわりに

どこから始めたらよいでしょうか。長年、本当に多くの人々にお世話になりました。すべての人に感謝を述べることはできませんが、まず兄のカールに、良いときもつらいときも変わらず支え続けてくれたことを感謝したいと思います。カールの愛とその献身的なサポートが私を最高の選手にしてくれました。本当にありがとう。義理の姉のダイアナは、本当の姉以上に親身になってくれて、これ以上の祝福はありません。祖父母ケウー・チャンとペイファン・チャン、そしてマイケル・ツンとドロシー・ツン、尊い愛情を注いでくれてありがとう。そして、何時間も私たちのために祈ってくれたことを感謝します。私の小さな姪ケイティ、きみが生まれて家族に仲間入りしたのは最高だよ！　きみとその愛らしい微笑みが与えてくれる祝福に神を賛美します。

長年にわたりオクタゴンでエージェントを務めてくれたトム・ロス、数々の新しい機会を私のために設けてくれて、私のテニス生活を管理してくれました。トムとともにオクタゴンで働くケリー・ウルフは、インタビューやテレビ出演、そのほかもろもろの事柄をまとめてくれました。二人とも、私の面倒をよくみてくださり、ありがとうございました。さぞ、大変な仕事だったと思います。リーボックのダイアン・ヘイズは誠実な友人であり、サポーターでもありました。トレーナーのケン・マツダは十年越しの良い友だちです。私の体力向上を助けてくれたうえ、激励し続けてくれました。シアトル、南カリフォルニア、ニューヨーク、テキサスそして世界中に散らばる私の家族と友人へ、祈りとサポートをありがとう。

この著書に関しては、執筆の「ダブルスのパートナー」であるマイク・ヨーキーと組めて、とても楽しかったです。マイク・ヨーキーは私の思いや考えを、今あなたが手にしている本にしたためてくれました。トマス・ネルソン出版社のジャネット・トーマが、このプロジェクトを始めから終わりまで監修してくださったことにも感謝します。クリスチャン出版物に私のことを書き続けたフロリダ州サラソータのクリスティン・ディッチフィールドは、これまで書いた多くのインタビュー記事の宝庫を惜しみなく提供してくれました。そして次の方々にも感謝の意を表します。スイス、シュピーツのリネット・ヴィンクラー、ジョージア州のフラワリーブランチのトレントとメアリー・ゲイツ。原稿に目を通してくれたカリフォルニア州エンシニータスのニコール・ヨーキー。編集助手はペル・ナッツ、ジョスリン・フィエネ、またフランステニス連盟のステファン・ブルンが務めてくれました。

そして最後に、私の世界中のファンの皆さん、常に信じてくれたことを感謝します。これからも、皆さんは、きっと信じてくださるに違いないでしょう。それは言葉では言い表せないほど、私にとっては大きな意味があるのです。ありがとう！

訳者あとがき

　マイケル・チャンの自伝『勝利の秘訣』（原題 Holding Serve）の翻訳を終え、達成感とともに一抹の寂しさを感じる。マイケル少年が追いかけてきた夢をともに追いかけ、育み、そして一緒に手に入れたような錯覚に陥ったからだ。本書はラケットを手にした小さな男の子が青年になるまでの成長過程の記述で、勝利あり敗北あり、叶った夢、敗れた夢が綴られており、まるで眩しく光るタペストリーを目の当たりにするかの感がある。緯《よこ》糸がマイケルのテニス人生、そして経《たて》糸がイエス・キリストとともに歩く彼の信仰生活だ。

　緯糸のテニス人生の記録は、プロテニスへの洞察を深めてくれる。訳者は全英オープンで有名なウィンブルドン村に住み三十六年目を迎える。毎年、初夏になると、日焼けした長身の選手たちが真っ白なテニス着で村を闊歩する姿に出会う。まるで白い渡り鳥のような、一見華やかな選手たちだが、実は想像を絶する苦悶を抱えた旅ガラスであること、ランキングや怪我が、どれだけ精神的な重荷になるか、試合のただ中に何を思うか等々、知っていたつもりだったが、マイケルの生の声に触れ、目から鱗が落ちる思いだった。

一方、経糸はテニス人生を通し深まったクリスチャンの信仰生活の記録だ。賞金、名声、体力と、自分の力だけを信じて生きるのか、すべてをイエス・キリストに明け渡して生きるのかは、人生の大きな分岐点を示唆する選択肢だ。人間が自力だけに頼ると、いかに間違いを犯しやすいかを、自身の苦い体験を通してマイケルは我々に指南する。また、体が小さく、痙攣に陥りやすい弱点を抱えながら、瞬間風速に乗って黄色いテニスボールの軌跡を追いかける際、信仰がなかったら、窮地で、あれだけ大胆には戦えなかったはずだ。弱さにこそ、尊いキリストの力がこもり、文字どおり勝利に導かれると、彼は勇敢に証しする。本物の勝利者とは灰燼の中に希望を見いだせる者だと示す。

マイケル・チャンは二〇一三年から日本のエース錦織圭選手のコーチ陣に加わった。錦織が選手として、人間として、これからも大きく成長することを彼は信じてやまない。その一方で錦織には「キリストのことは、特に伝えない」と信仰が個人の選択であることを強調する。二〇〇八年十月に中国系アメリカ人テニス選手アンバー・リューと結婚し、今では三児の父親だ。「大切な子育てがあるので妻の同意がなければ圭のコーチは引き受けなかった」と言う彼、家族全員を引き連れて錦織の遠征に付き添う。「食事をともにする機会を頻繁に持つなど、圭は家族の一員同然」と言う。

終わりに、根気良く見守ってくださった「いのちのことば社」編集者、碓井真衣氏に感謝の意を表したい。また、試合状況の翻訳に悩む都度、助けてくれた私の夫コリンにも「ありがとう」を言いたい。彼の父親はウィンブルドン郊外でテニスクラブ経営に携わっていた。夫もまたテニス少年だった。

本書が、夢を追いかける多くの日本の青少年たちの、霊的成長のために役に立つことを心から願いつつ、筆を置くことにする。

山形優子フットマン

訳者

山形優子フットマン

上智大学文学部社会学科卒。
カリフォルニア州立大学ヒューマニスティック心理学修士(ロータリー財団奨学生)
新聞記者を経てフリーに。在英36年。英国人男性と結婚、3人の娘の母。
著作に『憧れのイングリッシュ・ガーデンの暮らし』(エディション・ドゥ・パリ)、『けっこう笑えるイギリス人』、同文庫本『なんでもアリの国イギリス、なんでもダメの国日本』(いずれも講談社)がある。

監修

持田明広

関西学院大学法学部卒。テニスのインストラクターをしながら司法試験合格。

エステール北浜法律事務所・弁護士。関西のVIPクラブのリーダーとして活躍。

全国法曹東西対抗テニス大会において単・複同時優勝3回。

2014年から3年連続で全日本ベテランテニス選手権出場。著作に『クリスチャン弁護士のちょっと気になる事件簿』『続・事件簿』(いのちのことば社)。

VIP関西 アドバイザー 、関西法曹テニスクラブ幹事、ライオン橋聖書ひろば主催。

マイケル・チャン　**勝利の秘訣**

2017年10月1日　発行
2017年10月20日　再刷

著　者　マイケル・チャン
編　者　マイク・ヨーキー
訳　者　山形優子フットマン
監　修　持田明広
印刷製本　シナノ印刷株式会社
発　行　いのちのことば社
〒164-0001 東京都中野区中野2-1-5
電話 03-5341-6922(編集)
03-5341-6920(営業)
FAX03-5341-6921
e-mail:support@wlpm.or.jp
http://www.wlpm.or.jp/

ISBN 978-4-264-03642-5